講談社文庫

明治維新という過ち・完結編

虚像の西郷隆盛 虚構の明治150年

原田伊織

講談社

明治維新という過ち・完結編
虚像の西郷隆盛　虚構の明治150年　目次

はじめに　～グランドデザインの描けない社会は崩壊する～

私が社会へ出た頃、社会が高齢化することは明白な将来像として語られていた。そして、子供が少なくなることについても、同様であった。マーケティングセクションに身を置いていた私は、日々の仕事を遂行する中で、このような将来の人口動態を常に意識しておかなければならなかった。つまり、今日の言葉でいう「少子高齢化」は、私のような若い駆け出しのマーケッターでも、どのような事業を企画するについても必須の大前提として身に付けておかなければならない初歩的な知識として叩き込まれたものである。

尤《もっと》も、当時は今のように「シニア」という言葉は使われず、「シルバー」という表現が使われていた。「シルバーエイジ」「シルバー産業」といった具合で、シルバー産業は大いなる成長産業とみられていたのである。

時は昭和四十年代、高度成長期のピークの時代であった。

では、「少子高齢化」という事態が確実に到来することが分かっていて、当時の社会は何らかの対策を講じたか。殆《ほとん》ど何もしなかったと言っていい。

問題を理解し易くするために、この頃の人口に関する指標をみておこう。

その前に、今、日本の人口は何人か。

この、極めて初歩的な質問に答えられない学生が余りにも多いことに驚いている。当然、世帯数を聞いても無理であり、東京の人口は、という問いに答えられる学生が果たして何パーセントいるだろうか。「少子高齢化」という言葉を流行語のように殆ど毎日のように耳にするご時世にしてこの有様である。

当然といえば、悲しいことであるが当然のことながら、「合計特殊出生《しゅっしょう》率」「人口の置換水準」「平均余命」「人口の自然増加と社会増加」「高齢化率」などといっても無理であろう。「少子高齢化」を云々するのなら、それを意味のある議論にするために最低限の人口情報は知っておきたいものである。「シルバー」ということを盛んに口にしていたあの頃から四十年以上経っても、社会の情報レベルに変化はないのだ。

三年前の平成二十七（２０１５）年に国勢調査が行われたことを覚えておられるだろうか。国勢調査とは、国のもっとも基本的な統計調査で、人口や世帯数、職業別の人口や住居の種類等、人口と世帯に関する基本的な状況をすべての人と世帯を対象として明らかにする調査である。すべての人を対象とすることで、これはマーケティングリサーチ用語では「悉皆《しっかい》調査」と言われる。現実には調査票が百パーセント回収されるわけではないが、理論的には悉皆調査であり、極端な例を出せばホームレスの人も対象となっているのだ。

人口資料には、この五年に一度実施される国勢調査のほかに「住民基本台帳」があり、私の若い頃には精度を重視する場合には国勢調査結果を、最新時点の人口を求める場合には「住民基本台帳」と使い分けていたものだが、近年は総務省統計局が、最新の国勢調査をベースにした推計人口を毎月発表している。

では、国勢調査がベースとなっているこの総務省の推計値で、我が国の最新の人口をみておこう。

平成三十年三月一日時点の我が国の総人口は、1億2652万人である（概算値）。この人口は、前年同月に比べると23万人減少している。我が国は、既に人口減少局面に入っているのだ。

国勢調査は、大正九（1920）年に始まった。その時の人口は、5596万3000人であった。その後、大東亜戦争中も含めて一貫して人口は増え続け、高度成長期のピークに当たる昭和四十五（1970）年には国勢調査では初めて1億467万人と、1億人を突破した。当時の経済成長は凄まじく、物価も上がるが、給料は有能・無能に拘らず誰でも毎年上がり、コピー機が登場し、コンピュータなるものが現れ、社員数は増え、当然人口は膨れ上がるものと、人びとは万事世の中の〝数字〟は「右肩上がり」と信じて疑わなかった時代であった。しかし、この時点で既に、四十年先には人口の減少局面に入ることは分かっていたのである。

現実に、平成二十二（2010）年に1億2806万人という史上最大の人口を記録したものの、五年後の平成二十七（2015）年、1億2711万人と国勢調査開始以来初めて前回調査の人口を下回ったのだ。五年間に減少した人口は、94万7000人、年平均減少率はまだマイナス0・15パーセントに過ぎない。しかし、日本の人口は今後調査ごとに減少し、再び増加に転じることはまずないのである。少なくとも、今後半世紀の間に増加に転じることはないと断じていいだろう。

それは何故か。

ひと言でいえば、「合計特殊出生率」が「人口の置換水準」を大きく下回っており、この傾向が変化することは当面考えられないからである。

合計特殊出生率とは、平たく言えば一人の女性が一生に産む子供の数のことを言う。但し、出産可能な年齢を15歳から49歳までと規定して算出したものである。

厚生労働省の人口動態調査によれば、２０１５年の我が国の合計特殊出生率は１・46であった。つまり、日本の女性は、一生の間に平均して１・46人の子供を産むということを意味している。いわゆる「団塊世代」が生まれた昭和二十二（１９４７）～二十四（１９４９）年の三年間の合計特殊出生率が、４・54、４・40、４・32と、４人台であったことを考えると、大変な減り様であるが、昭和五十（１９７５）年以降はずっと一人台が続いている。下限は、平成十七（２００５）年の１・26であった。半世紀以上一人台が続くと、人口モメンタムという傾向が作用し、女性がみんな急に二人、三人ずつ子供を産んだとしても人口は簡単には元に戻らない。この問題は、現役のマーケッターたちに任せて、これ以上深入りすることは避ける。

平成二十七年の１・46であれ、これまでの下限の１・26であれ、気づくことはないだろうか。女性が一生に産む子供の数といっても、子供は女性単独では産めない。シングルマザーがどうこう、隠し子がどうこうという話ではない。精子と卵子が結合しなければならないということだ。

ということは、夫婦単位、或いは入籍していようがいまいが、男と女のカップルが単位になるということだ。カップルということは、数字で言えば二人である。二人で一生かかって１・46人の子供を産むという実態は何を意味しているのか。そう、人口は減るということである。カップルごとに0・54人ずつ不足しているということなのだ。

二人は、いずれこの世を去る。その時、二人の子供が残されていれば人口は差し引きゼロで変わらず、維持できる。この、何人産めば人口が維持できるかを表す数字を「人口の置換水準」と言う。

カップルだから当然二人産めば維持できると考えがちであろうが、世の中はそうはいかない。不幸にも幼くして病死するというケースもあるだろうし、事故死ということもある。冷たい表現だが、社会全体でみれば多少の〝予備〟を産んでおかないと、カップルがこの世を去って二人の子供を残すことができないのである。

国立社会保障・人口問題研究所の計算によれば、我が国の人口置換水準は平成二十五（2013）年時点で2・07であった。つまり、一組の夫婦・カップルは、平均して2・07人の子供を残さないと人口は維持できないということになるのだ。言い方を換えれば、合計特殊出生率が2・07以下では人口は減少するのである。

平成二十六（2014）年の数字であるが、都道府県別では、東京の合計特殊出生率がもっとも小さく、1・15でしかなかった。最大は沖縄であったが、それでも1・86と置換水準には達していなかった（厚生労働省大臣官房統計情報部）。今や、2・

0に達する都道府県は一つもないのである。

因みに、世界の平均値は2・56で、もっとも出生率の高い国のそれはニジェールの7・15である。次いで、アフガニスタン6・63、東ティモール6・53と続いている(国際連合世界の人口推計)。

世界196の国・地域について発表された、この国連の人口推計は、西暦2005〜2010年の幅で国と地域によって調査時点、計算時点にばらつきがあるが、日本の出生率は大体170位〜180位台にあるとみられ、世界の中でももっとも出生率の低いグループに属している。

しかし、人口は出生率だけでは決まらないのだ。人口増加には、自然増加と社会増加がある。しかし、ここは人口問題を論じる場ではないので、これ以上〝深入り〟することは、敢えて避けたい。

世界の人口増加率は1・18パーセントで、依然として地球上の人口は膨張し続けている。現在の地球人口は約75億人とみられるが、その1・18パーセントとは8850万人である。これが、複利計算と同じ理屈で増えていくのだ。いろいろな学者の試算があるが、地球はそろそろ限界に近づいているようだ。100億人に達するのにさほどの年数を要しないであろうが、そうなるともはや地球一つではその人口を養いきれないというのである。

国や地域別にみて大雑把な言い方であるが、二百の国や地域でまだ人口は増えており、約三十の国・地域で人口は減少し始めている。日本はその三十ヵ国の中に入っており、いよいよ人口の減少局面に入ったのである。

そのことは、「少子高齢化」という言葉と共に今や一般化してきているが、では「高齢者」とは何歳以上の人を指すのか。これは、国際的に定義が存在しており、六十五歳以上のことを指している。当然、私は既に正真正銘の高齢者である。付言しておくと、高齢者ではあるが、無念なことにまだ一円の年金も頂戴したことがないのだ。

実は、この年金に代表される高齢者福祉の問題が社会を大きく揺るがすことになることから「少子高齢化」ということが社会的な重大課題となっているのだ。

人口に関する用語としては、0～14歳を「年少人口」、15～64歳を「生産年齢人口」、65歳以上を「老年人口」と呼んでいる。そして、「年少人口」と「老年人口」を「従属人口」と呼称し、生産年齢の者に扶養される者と位置づけているのだ。異議を唱えたい人たちは大勢いることであろうが、人口学ではそうなっているのでご容赦いただきたい。私自身が後輩世代を扶養しているという意識をもっており、許されるものなら真っ先に異議を唱えたいところである。

前述した最新の国勢調査（平成二十七年）によれば、我が国の「年少人口」＝子供人口は約1600万人にまで落ち込み、全体の12・6パーセントに過ぎない。これに対して「老年人口」＝高齢者は約3500万人、全体の27・3パーセントに達している。勿論、この割合は世界最高である。

高齢化ということを、もう少し正確に整理しておくと、「高齢化率」に従って次の三つの段階がある。高齢化率とは、「老年人口」の全体に占める割合のことを言い、述べてきた通り我が国は既に27・3パーセントに達している。国民の四人に一人以上が、高齢者なのだ。

国際的には、高齢化率が7パーセントを超えた社会を「高齢化社会」と言う。そして、14パーセントを超えた社会を「高齢社会」、21パーセントを超えた社会を「超高齢社会」という。平成日本は、「超高齢社会」なのだ。

これだけでも大問題であるが、如何にも日本らしい深刻な問題がある。高齢化を考える時、最初の「高齢化社会」から第三のステージ「超高齢社会」となるまでの時間が注目されるのだ。フランスは、「高齢化社会」となってから第三ステージ「超高齢社会」に入るまでに114年かかった。これに対して、ドイツは僅か42年しかかかっていない。これは、驚異的なスピードだと言われる。では、日本はどうであったかといえば、何と24年しかかかっていないのだ。ドイツが「驚異的なスピード」なら、これは何と表現すればいいのか。「あっという間」か？　そう、文字通りあっという間に「超高齢社会」になっていたのである。

何でもせっかちな日本人らしいといえばそれまでだが、保育園も養老施設も、追いつかないはずである。

などとは言っていられないのだ。繰り返すが、こういう社会になることは、四十年以上前に十分分かっていたことである。分かっていながら、手を打たなかっただけなのだ。それは、決して政治家だけの問題ではないのである。

人類の文明を動かす主要因は、人口、資源、技術の三つであると言われる。その中で、人口がもっとも強い影響力をもっている。

「貧乏人の子だくさん」といった感覚で、近代以前の江戸期を単純に「多産多死」の社会だと思っている人が圧倒的に多いが、本当にそうだったのか。江戸期の人びとは、平成日本人のように人口問題に無頓着であったのか。答えは、いずれも「否」である。

自然の摂理に任せれば、生まれてくる子供の性比は女１００に対して男は１０５となる。主に男女の生命力とも言うべき要因が作用し、自然界はこの性比を法則としてきた。ところが、今は多くの人が出産前に男か女かを知り、それによっては堕胎をする人もいる。これが長期に亘って続けば、男女の比率に関しては、自然界の法則を無視した異常な社会が出現することになるだろう。

人口問題一つとっても、無為無策はこの有様である。いや、人口問題は単なる一つではなく社会の根幹に影響を及ぼす重大な社会問題であるが、それに対しても私たちは「知っていながら」何も有効な手を打ってこなかった。高度成長を支えた世代の一人として、私にも痛切な反省の思いがある。

本来ならオピニオン形成をリードすべき時の政権、今の政権はどうか。何らかのリーダーシップを発揮したか。そもそもリーダーシップを発揮するに際して求められる見識をもっていたか。残念ながら、それ以上に不幸なことに、如何な詭弁《きべん》を弄《ろう》しても「イエス」とは口にできないであろう。

少子高齢化問題、即ち、人口問題を例として採り上げたが、文明を動かす三大要因の他の二つ、資源と技術の問題についても同様である。

現代文明は「石油文明」である。この、石油という資源を殆ど唯一の資源として成立している現代文明の有限性についても、人類社会が、特に「先進国」であるという自覚と自負をもつに至った我が国がどう考え、どう対応すべきかについて、およそ半世紀も前から多くの指摘や問題提起が為されてきたはずである。その範疇《はんちゅう》にある原子力利用の問題についても、この社会は情緒的な反応はするものの、将来社会を見据えた論理的な議論を避けてきたとしかみえない。

技術というテーマについては、「２００７年問題」という言葉を覚えておられるだろうか。

これは、西暦２００７年に、いわゆる「団塊世代」の定年退職者がもっとも多く発生することから、団塊世代以前の世代から継承されてきた技術の継承が困難になることが懸念された社会問題のことである。

２００７年直前にこの問題がクローズアップされ、退職金の負担増加が企業収益を悪化させ、経済成長率を低下させることまで懸念された。この時点で、多くの企業の定年は60歳であった。

しかし、実際には大きな問題は発生しなかった。少なくとも表面上は、無事に過ぎたのだ。それは、既にそれ以前から、非正規雇用という形ではあったが、定年後の再雇用が進んでいたこと、企業が定年延長を進めたことなどが要因であったとされている。

しかし、私は、技術の継承という点については「無事に過ぎた」とは考えていない。特に、製造業を中心としたマニュアル化しづらい現場技術が、今の五十代、四十代にスムースに継承されたとはとても思えないのである。

例えば、ＪＲ北海道で頻発したお粗末な保守、航空機のパーツ落下をはじめとするさまざまな整備不良事故の増加、トンネル天井の崩落事故、これまでは存在しなかった新幹線の保守不全等々が、この問題と無関係であるとは考え難いのだ。この種の事故は、今後益々増加するだろう。

人口、資源、技術という文明の三大推進要因にまたがる課題は、何を意味しているのか。

それは、この社会が先々の社会について全く青写真をもっていないことを示しているのではないか。私たちは、どちらを向いて進むのか、次の時代をどういう形で成立させるのかということについて、何も考えていないのではないか。更に辛辣《しんらつ》な表現をすれば、次世代に引き継ぐべき社会のグランドデザインを考えていないのではなく、それを描くことができないでいるのではないか。このことが、日々の仕事生活のモチベーションにまで影響を及ぼしているのではないか。明治・大正・昭和を含む「明治近代」がそうであったように、グランドデザインを描けない社会は必ず崩壊するだろう。

現代文明とは、産業革命に端を発する機械文明であり、工業文明である。つまり、今、世界を支配している西欧文明による社会とは、工業化社会なのだ。やはりおよそ半世紀も前から世界の社会学者、経済学者が指摘している通り、この西欧工業化社会は今、確実に終焉に向かっている。このことは、八十年代から「パラダイムシフト」という形で少しずつ顕在化しているではないか。

西欧文明が終焉に向かっている時、次の社会のあり方をデザインできない社会は真っ先に滅びを迎えるだろう。

それを防ぐチャンスは存在した。大東亜戦争敗戦時が最大のチャンスであった。しかし、その時、我が国では「歴史の検証」を行わなかった。私は、「歴史の検証」、これを無視してきたことが、今、グランドデザインを描けない最大の原因であると考えている。

思えば、徳川政権は確固とした時代のコンセプトを保持していた。梃子《てこ》でも動かぬという、強烈な治世の基本方針をもっていたのである。

これに対して、関ヶ原の怨念に衝《つ》き動かされてこの政権を倒した明治新政権は、何のグランドデザインももっていなかった。元凶は、この時点にある。

即ち、明治維新以降の歴史を、或いは、明治維新と呼ばれている出来事そのものを何ら検証せず、後づけの歴史物語を唯々諾々《いいだくだく》と受け容れてきたことが、今日将来設計を描けないという悲劇をもたらした元凶ではないのか。

私は、繰り返し明治維新という出来事は民族としての過ちではなかったかというテーマを提起してきた。本書は、この問いかけをひとまず完結させることを予め《あらかじ》義務づけられている。

能力に比して重すぎる問題提起を完結させるについて、どうしても触れなければならない人物が残されている。

それは、維新の三傑の中でも筆頭と位置づけられてきた西郷隆盛である。明治維新という出来事が後世の捏造《ねつぞう》による虚構だとすれば、「大西郷」とまで称されたこの人物像も虚像である。

どの陣営、どの立場にとっても都合のいいことも悪いことも、白日の下に晒《さら》して正直に検証するには、虚構や虚像は剥がさなければならない。

折しも本年は、「明治近代」百五十年という節目の年に当たる。明治精神への回帰を唱える現政権は、これを国家行事として祝賀することを企図し、「明治維新百五十年」というキャンペーン名称を付した。ところが、さすがに後ろめたさを感じたのか、「維新」を削除し「明治百五十年」とした。「維新」とは、世直しのためには天誅《てんちゅう》も肯定するという意味を内に込めた水戸学由来の言葉である。単に「明治百五十年」だけなら、明治と改元されてから百五十年に当たるという「言い訳」が成り立つのだ。

「維新」を付けようが付けまいが、この機会を維新以降の歴史を検証するきっかけとするならば、このキャンペーンには意義がある。ところが、天皇原理主義の一つのシンボルとも言うべき軍国時代の「教育勅語」を閣議決定までして是認し、堂々と明治精神への回帰を唱えるとなると、これはもう昭和初期に燃え盛った「昭和維新運動」そのままではないか。再び、天皇権威を利用して反対派を問答無用の態度で抹殺する、極右国粋主義社会に復帰しようとするのだろうか。それとも、単なる歴史に対する無知の為せるところか。褒められた話ではないが、せめて後者であって欲しいと願うのは、私だけではあるまい。

歴史は勿論、凡《およ》そ政治に何ら関心をもたない、従って知識も貧弱な若年有権者を増やすために選挙人年齢を引き下げ、憲法改正気運を盛り上げているが、第九条に自衛隊の存在を明記するだけのことを「憲法改正」とは言わない。逆に、当時のアメリカの国益を優先したに過ぎない現行の占領軍憲法を固定化するだけである。次の時代をデザインするとなると、いつまでもいつまでも、このような占領軍憲法を放置しておくことなど許されないのではないか。凡そ独立国家の国民であるとするならば、怠慢の誹《そし》りは免れないであろう。

憲法論議はさておくとしても、明治維新という軍事クーデターを「過ち」ではなかったかと問うだけで、現政権に「反旗」を翻すものとして、私は常に強烈な反撥を受けている。全共闘に抵抗した学生時代には「右翼反動軍国主義者」のレッテルを貼られ、今は逆に「反日主義者」というレッテルを貼られているのだ。堂々と表札も出せない身としては、これは笑い話では済まされない。

レッテルを貼るのは自由であろうが、歴史とは冷徹なものである。史実は史実なのだ。

尤も、昨今支配的な史料原理主義に縛られていると、歴史は点でしか語れないことが多くなる。史実という点をめぐって重箱の隅を突つき合うという現象が、学者とネット人を中心として横行しているのだ。

本書では、これまでと変わらず、「洞察」ということを重視し、可能な限り線で語ることを心掛けたい。「洞察」とは「推測」と異なることは、今更付言するまでもないことであろう。

ひとまずの完結編となる本書では、維新の巨魁《きょかい》・西郷隆盛という虚像を剥がすことによって、「明治維新物語」とも言うべき虚構の歴史の虚構たる部分の、前二作ではまだ触れていない部分のタブーとされている事柄にも触れていきたい。

この先も続くであろうこの難作業を、浅学菲才《せんがくひさい》な私一人でやり遂げることは到底不可能なことを理解している。熱意ある読者諸兄の健全な反論、助言を切にお願いする次第である。

平成三十年戊戌　早苗月

井の頭池にて　原田伊織

第一章　「明治百五十年」という虚構の歴史

1　グランドデザインなき軍事クーデター

改めて確認しておきたい。

「明治維新」という言葉は、軍国主義が沸騰した昭和初期〜同十年代に燃え盛った昭和維新運動の際に「明治精神への回帰」ということが叫ばれたことに伴って一般化した言葉である。つまり、幕末動乱の終結と共に、或いは明治改元と共に、その時点で一般化していた言葉ではない。

むしろ、話は逆である。「昭和維新」というムーブメントがあって、これが「明治維新」という言葉を一般化させたものである。因《ちな》みに、「維新」とは、「国体」や「尊王攘夷」と共に水戸学由来の言葉である。

従って、この言葉は特定の事変や政変を指すものではなく、言葉面《づら》だけでいえば、「明治の世直し」「明治の社会刷新」という程度の意味にしかならない。強く指摘しておきたいことは、「明治維新」という名称の事変、事件、政変の類は、日本史上のどこにも存在しないということである。

しかし、明治から平成の今日に至る百五十年に亘る歴史叙述が如何に史実からかけ離れているとしても、この言葉は、徳川幕府を倒し、明治新政府を樹立させた一連の政治的な動きの総称として既に私たちの社会に定着している。そこで本書では、一般通念通り、便宜上「明治維新」という言葉をそのまま使用することにする。

では、明治維新とはそもそも何であったのか。

こういう問いかけは、一面で単純であるが、もう一つの側面では哲学的な、或いは文学的な、時に詩的と言ってもいいような情緒的な解答を求めている。

司馬遼太郎氏が、明治維新とは「革命」であったということをしきりに述べるのは、後者の立場で表現しているに過ぎない。私は、そのように善意に解釈している。

現に、アメリカの歴史社会学者チャールズ・ティリーは、明治維新を指して、革命ではなく単なるクーデターであると明確に断定している。政治史、社会変革史という観点から表現すれば、この断定に疑義を差し挟む余地は全くない。

明治維新とは、薩摩・長州・安芸（広島）、やや遅れて加わった土佐・肥前（佐賀）諸藩による、徳川幕府からの政権奪取を目的とした軍事クーデターであった。

革命もクーデターも、目先の政権を倒すという政治行動においては共通しており、変わるところはない。そして、どちらも〝キャッチフレーズ〟や〝スローガン〟を掲げて、現政権を倒そうとするのである。

余談であるが、スローガンとはもともと「勝ち鬨《どき》」とか「鬨《とき》の声」という意味をもっており、本質的に政治的、軍事的な意味合いを内包している、例えば、「リメンバー・パールハーバー」や「欲しがりません、勝つまでは」「守れ満蒙、帝国の生命線」などは、大東亜戦争（第二次世界大戦太平洋戦線）遂行を目指した日米双方の国民を鼓舞するスローガンであった。「守れ満蒙〜」は、軍部が唱えたスローガンではなく、東京日日新聞（毎日新聞東京本社版の前身）によるもので、戦時中の我が国の新聞はこぞって戦争を煽《あお》ったのである。

これに対して、キャッチフレーズとは、特定の組織、団体が掲げる標語のことを指すに過ぎない。

ところが、クーデターにおけるスローガンには、政権を奪取した後、自分たちがどういう国家を、どういう社会を新しく創るかというビジョンや「理念」が欠落しているのが普通である。そこで、現政権の非や悪政を正すという意味を込めたキャッチフレーズを前面に押し出すことになる。

これに対して「革命」というものは、その是非は別にして、こういう社会を創る、こういう国家にするという「理念」を掲げ、この理念の実現を目指すものである。繰り返すが、その是非は別の話である。

いずれにしても、「自由・平等・博愛」という、人類にとって普遍性があると考えられているスローガンを掲げたフランス革命や、民族を超えて階級闘争というポジショニングを固定化した共産革命を傍らに置けば、革命とクーデターの違いは分かり易いであろう。

徳川幕府からの政権奪取を目指した維新クーデターを起こした勢力は、どういうスローガンを掲げたか。それは、ただ一つ「尊皇攘夷」であった。ただそれだけであったのだ。他にこれといったスローガンもなく、益《ま》して徳川政権に取って代わってどういう国家を創るのかとなると、全くそのグランドデザインをもっていなかったのである。

この「尊皇攘夷」という謳《うた》い文句は、果たして政権奪取におけるスローガンとなり得たのか。ひと言で言い切るが、全くなり得なかった。何故なら、クーデターによって倒される側の方も「尊皇」意識をもっていたからである。そして、尊皇度という点では、むしろ倒される側の方が強かったのだ。

そうなると、双方の違いは「攘夷」であるか否かという点だけになるが、これはもう単なる政策の相違、外交方針の相違というレベルに過ぎない。このように考えると、明治維新という軍事クーデターは、クーデターとしても誠に珍妙なクーデターであったと言わざるを得ないのだ。

いきおい、どちらの尊皇度が高いか、どちらが真の尊皇かという建前としての観念のアピール合戦となり、このことが「尊皇」という民族意識と言ってもいい伝統的には素朴な貴種尊重意識を「天皇原理主義」という暴力的な思想にまで高めてしまうことになったとみられるのである。

幕末動乱時の正義の基準は、朝廷即ち天皇の意に沿っているかどうかであった。つまり、「尊皇」であるかどうかであった。

江戸中期以降、永きに亘った平和の成果として諸学が隆盛し、それは儒学及びその派生とみられるジャンルのみならず、浮世絵に代表される芸術ジャンルから世界最高水準とされる和算のような理数ジャンルにまで及び、江戸期日本は世界的にみても高度な文化国家として円熟していた。

そういう社会に一人、鬼っ子のような「水戸学」が登場する。これについては三部作の初作『明治維新という過ち　日本を滅ぼした吉田松陰と長州テロリスト』（毎日ワンズ・講談社）において詳述したので重複を避けるが、これは十二～十三世紀に中国で興った宋学を十八世紀にもなって無理矢理我が国の政治体制に押し込めるように当てはめた代物であった。

具体的に言えば、宋学にいう「尊王斥覇」の王に天皇を当てはめ、幕府を覇王と位置づけたのである。北方夷狄《いてき》に苦しめられ続けた宋という王朝の政治環境、対外環境を無視し、まるで言葉遊びのように「尊王斥覇」という言葉と考え方をもち込み、流布させたものであった。

簡略に述べれば、これによってこれまで政治的には真に無色で、平穏な存在であった天皇が、俄《にわ》かに政治的色彩を帯びることになった。「尊攘激派」と呼ばれるクーデター勢力が、無理矢理不自然な色を塗りつけたのである。特に、長州の吉田松陰に代表される若者が水戸学にかぶれて過激な「尊皇攘夷」思想をアジテートするに至り、「尊皇テロリスト」とも呼ぶべき暴徒が京に溢れることになった。

「尊皇」という考え方そのものは、この時代、既に読書人階級である徳川武家には穏やかに根づいていたのだが、長州過激派を核とした一派が政治的野心から出てきた攘夷という言葉とセットにして「尊皇攘夷」を下層階層に向けて単調なリズムで喚くことによって、大きな政治的な流れが生まれたのである。

「尊皇」という言葉は、「勤皇の志士」などというように、かつては「勤皇」と表現することが多かったが、「尊皇」も「勤皇」も政争における正義の基準というものを考えるについては同義であったと言って差支えはない。

幕末動乱時においては「尊皇」「勤皇」こそが正義であり、「尊皇」に非《あら》ざる者は、今でいえば「反日主義者」、戦時中の表現なら「国賊」である。「尊皇」派は天皇を、即ち朝廷を守護する立場であるから「官」となる。「官」にはもともと「大勢の人」とか「おおやけ」という意味がある。

「尊皇」即ち「官」に非ざる者は「賊」である。「賊」は、天皇＝朝廷に反逆する者、国家に反逆する者であるから「悪」となる。このようにして、幕末動乱時にこの国は天皇を軸にして「官」と「賊」に分かれて血を流したのである。それは、豊潤な文化社会にいきなり単細胞的な原理主義スローガンが登場したといった様《さま》であった。

つまるところ、明治維新という軍事クーデターは、貧弱なスローガンを掲げはしたが、国家や社会のあり方に関わる「理念」、或いはグランドデザインというものを全くもっていなかった。逆にいえば、だからこそこの出来事は「革命」ではなく、単なる軍事クーデターと定義されるのである。明治維新の最大の過ちは、次の時代を描くグランドデザインを全くもっていなかったことなのだ。

では、クーデター勢力、特にその中核を成した薩摩・長州は、何故徳川幕府を倒そうとしたのであろうか。

2　関ヶ原の怨念　長州の場合

明治維新とは、目的とする社会体制のグランドデザインを全く描かずに断行された軍事クーデターであった。

列強の侵略を防ぐべく立ち上がった勤皇の志士たちの政治闘争、日本に近代をもたらした必然的な革命、徳川の圧政から近代へと社会を解放した日本の〝夜明け〟等々、この百五十年間一貫して語られてきた解釈は、〝明治維新物語〟とも言うべき後付けの麗《うるわ》しい歴史フィクションに過ぎない。

このことについては、本シリーズ前二作でも述べてきたが、本書においても更に補足していく心算《つもり》である。

では、何のグランドデザインももたずに討幕に走った薩摩・長州の「動機」は何であったのか。殆どの犯罪に動機があるように、反乱にも動機となる目的意識がある。薩摩・長州をして打倒徳川に駆り立てたものは何であったのか。

それは、ひと言でいえば「関ヶ原の合戦」の怨念である。

「関ヶ原の合戦」とは、自国の歴史に疎《うと》い日本人でも殆どの人が、少なくともその名称だけは知っているであろう「天下分け目」の合戦と言われ、一般的には徳川家康と石田三成の覇権争いのように語られてきた。しかし、これは明白な誤りである。

確かに、この時点で家康は最大の実力者のポジションを固めつつあったが、形式であれ建前であれ、豊臣秀吉亡き後のこの時点の国政は五大老五奉行の合議によって執《と》り行われていた。家康のひと言で事を容易に運べる状況ではなかったのだ。従って、家康が号令して、東軍を構成する諸大名がこれに従ったというような図式は存在しない。

益して石田三成は、家康を実質的な筆頭とする五大老の下位に位置する五奉行の一人であり、西軍という連合軍を編成できるほどの政治力をもっていなかった。戦《いくさ》には大義名分が必要であり、その意味で五大老五奉行合議制という形式は、単に建前に過ぎないと切り捨てることはできないのだ。

改めての確認になるが、豊臣政権の五大老五奉行のメンバーは、以下の通りである。

五大老
徳川家康　武蔵など256万石
前田利家　加賀など83万石
宇喜多《うきた》秀家《ひでいえ》　備前など57万石
上杉景勝　会津など120万石
毛利輝元《てるもと》　安芸など112万石
五奉行
浅野長政　甲府22万石
前田玄以《げんい》　亀山5万石
石田三成　佐和山19万石
増田《ました》長盛《ながもり》　郡山22万石
長束《なつか》正家《まさいえ》　水口5万石

この職制は、豊臣秀吉の遺言、遺訓によって定められたものとされるが、当初から五人ずつと定められていたものではなく、例えば小早川隆景《たかかげ》は生前大老のポジションにいた。名称も、大老のことを「年寄衆」と呼んでいたこともあった。

徳川家康
(写真提供:Bridgeman Images/時事通信フォト)

しかし、その石高からして明らかな通り、五大老の力が優位であったことは言うまでもなく、後世の徳川政権になぞらえれば、五大老は幕閣、五奉行は官僚に近い存在であったと考えれば、職制上の力関係を理解し易いだろう。

秀吉没後、当然のように政権内の主導権争いが表面化する。ここでは、その細かい経緯は省略するが、この主導権争いが軍事衝突となって爆発したのが「関ヶ原の合戦」であった。家康がこの戦いに勝利したことによって、主導権は一気に家康に傾いていったが、この合戦を経ただけで天下が豊臣から一転して徳川へ移行したというような戦いではない。「天下分け目の戦い」とも言われるが、それは後の時代から振り返ってみれば、この合戦が決定的なターニングポイントとなったという意味であり、まるで政争の〝決勝戦〟のように語られ、理解されていることには問題があると言えるだろう。

そのことも今は措《お》くとして、問題はこの時点の島津と毛利である。

家康に与《くみ》した勢力を東軍、反家康勢力を西軍と呼ぶが、美濃関ヶ原に布陣した東西両軍にはそれぞれどういう大名が参陣していたのか。以下に一覧してみる。

東軍

徳川家康　動員３００００
松平忠吉《ただよし》　３０００
福島正則　６０００
細川忠興《ただおき》　５０００
筒井定次　２８００
黒田長政　５４００
藤堂高虎　２５００
浅野幸長　６５００
池田輝政　４５００
生駒一正　１８００
加藤嘉明　３０００
山内一豊《かずとよ》　２０００
京極高知《たかとも》　３０００
井伊直政　３６００
本多忠勝　５００

その他		9000
総計		88600

西軍

毛利秀元	▲	15000
吉川広家《きっかわひろいえ》	×	3000
宇喜多秀家		17200
島津義弘		1500
小早川秀秋	×	15000
小西行長		4000
長宗我部《ちょうそかべ》盛親《もりちか》	▲	6600
石田三成		6900
大谷吉継		600
大谷吉治		2500
小川祐忠《すけただ》	×	2100
長束正家	▲	1500

安国寺恵瓊《あんこくじえけい》　▲1800
　その他　4400
その他寝返り　2200
実質総計　32700
▲＝布陣のみ
×＝寝返り

このように、東軍が8万を超える兵力を動員して戦闘に臨もうとしたのに対して、西軍は布陣だけはしたものの戦闘には加わろうとしなかった大名や東軍に寝返った者もいて、西軍としての戦闘兵力は3万人強であった。実際の戦闘兵力にこれだけ差があると、所詮西軍に勝ち目はなかったのである。

東軍の総大将は、言うまでもなく徳川家康である。では、西軍の総大将は誰か。もっとも激しく戦った石田三成でも大谷吉継でもないのだ。毛利輝元である。

映画やテレビドラマなどで何度も描かれてきた「関ヶ原の合戦」では、大概この点が無視されている。政略に長《た》けた〝狸親父〟家康と豊臣家の忠臣、やや神経質で融通の利かないキレ者三成の激突という構図は、「忠臣蔵」や「源平合戦」のように定型化しているのだ。

形式としては、「関ヶ原の合戦」とは、共に五大老の一人である徳川家康と毛利輝元を総大将とする東軍、西軍の戦である。

ところが、西軍の総大将である毛利輝元は、前線である関ヶ原に出陣していない。前線には一族の毛利秀元、吉川広家と、もともと秀元の後見人であった安国寺恵瓊が出陣しているが、2万近くに達するこの三者の兵が合戦時に動くことはなかった。

この、関ヶ原の毛利一族の動きについては、今なおさまざまな説が唱えられているが、毛利輝元を総大将に担いだのが石田三成と安国寺恵瓊であることは、まず間違いない。一族や配下の者が慎重であったのに対して、輝元自身は総大将として立つことに意欲的であったと言われる。

輝元が、家康が退去した大坂城西の丸に入ったのは、合戦の二ヵ月ほど前であるが、西の丸に入場するということは「諸大名に号令する」という意味をもっている。少なくとも、その意志があることを示す行動なのだ。

関ヶ原で西軍が敗退した後も、輝元は豊臣秀頼を擁して大坂城に留まっていた。この時点では、まだ籠城しての徹底抗戦の可能性も存在したのである。大坂城攻めの東軍先鋒は、福島正則と黒田長政であった。

ところが、この時、家康直参の井伊直政と本多忠勝が、家康には毛利の所領安堵の意向があることを保証する起請文《きしょうもん》を提出した。これによって、輝元は開城し、合戦から九日目に当たる九月二十四日、西の丸を退去した。その三日後に家康は大坂城に入り、秀頼に拝謁している。そして、西の丸には、徳川秀忠を入れたのである。

とにもかくにも、毛利輝元を総大将とする西軍は、家康率いる東軍に完敗した。その後、輝元が諸大名へ西軍への参加を呼びかけた書状の存在が明らかになるなどして、本多・井伊の起請文が守られることはなく、中国・安芸八ヵ国112万石を誇った、徳川・上杉と並ぶ大大名毛利家は、防長（周防・長門）二ヵ国29万8000石（後に36万9000石）に押し込められたのである。輝元は出家、家督は嫡男毛利秀《ひで》就《なり》が継いだ。

この関ヶ原での敗戦と戦後処理が、毛利の徳川に対する〝怨み〟となって残らないはずがない。

その後の長州萩藩は、徳川幕藩体制を構成する一員として表面上は盟主徳川家に従って代を重ねることになる。しかし、関ヶ原で受けた仕打ちに対する反撥、怨みは、地下に眠るマグマのようにそのままの熱を帯びて潜んでいたと見受けられるのだ。

例えば、次のようなエピソードが残っている。

正月には、藩主は家臣団から年賀の挨拶を受ける。このことは、どの藩においても同じである。ところが、長州毛利家では変わった〝儀式〟が存在した。家臣団を代表して、筆頭家老が年頭の祝詞を言上する。その際、次のひと言を盛り込むことが慣例、吉礼となっていたのだ。

「江戸攻めの用意が整ってございます」

「江戸攻め」とは、言うまでもなく徳川を討つべく軍を起こすということである。これに対して、藩主が答礼を返す。これにも、決まったひと言が盛り込まれる。

「時期尚早である」

こういうやり取りがあって、年賀の儀は滞りなく行われた、ということになるのだ。

彼らは、年が改まる度にこういうやり取りを繰り返し、重ねて、幕末を迎えるのである。

3 関ヶ原の怨念 薩摩の場合

関ヶ原の合戦において、西軍にとって毛利一族の戦力ウエイトは非常に大きかった。その毛利が動かなかったことが、西軍敗北の最大の要因と言えるだろう。石田三成に推されて総大将の座を引き受けたとはいえ、秀吉亡き後の豊臣政権において主導権を取ろうという意志があったのなら、毛利輝元は大坂城西の丸へ入るという形だけでよかったのか。何故、前線関ヶ原へ出っ張り、全軍を指揮するという姿勢を見せなかったのか。それ以前に、五大老の中で家康に伍していくだけのリーダーシップを発揮していたか。

一族吉川広家が家康に内応していたことで明らかな通り、そもそも毛利一族を束ねることすらできていない。

つまるところ、西軍総大将毛利輝元の敗北は、己の器量が招いた結果であり、平たく言えば、自ら能動的に動かなかった点で「自業自得《じごうじとく》」とも言えるものであった。

しかし、過酷な大幅減封《げんぽう》は毛利に徳川に対する怨みを残したのである。

では、薩摩の場合はどうであったのか。薩摩の場合は、長州以上に深い怨みを抱き続けることになったのである。

薩摩には、平成の今も「妙円寺詣り」という伝統的な行事が残っている。

この行事は、単に観光的な意味合いのみの伝統行事というだけで済ませることはできない由緒をもっている。この行事は、薩摩が何故朝敵となった長州をかばってまで討幕に走ったか、その解とも言うべき成り立ちをもつイベントなのだ。

話は少し逸《そ》れるが、私の育った田舎は石田三成の佐和山城下であり、小学校、中学校時代は佐和山城址や佐和山一帯は私ども腕白坊主の遊び場でもあった。ところが、学区が一気に広くなる高等学校は彦根城下、というより彦根城内内曲輪《うちくるわ》に在った彦根藩藩校弘道館の流れを汲むとされる学校へ通うことになった。

このこと自体に何も不審な点、不思議なことはない。当時も、周囲の殆どの者が何も感じなかったはずであるが、当初、私は内心穏やかではなかったのだ。理由はお分かりであろう、石田三成の城下である里山で育ち、三成を身近に感じて育った中学生が、「関ヶ原の合戦」で三成を討ち、三成に過ぎたるものと謳《うた》われた佐和山城を焼き落とした敵の城内に毎日通うことになったのだ。

現在国宝に指定されている城は五つしか存在しないが、彦根城はその代表的な一つである。その彦根城とは、「関ヶ原」の後、佐和山城へ入った井伊直政が城を佐和山から彦根山へ移築するという形で成立したものである。彦根山は、佐和山から見下ろせば目と鼻の先という距離に在る。

江戸幕府成立後、井伊家は、当初こそ三成の19万石を引き継いだだけであったが、その後、徳川四天王の筆頭として、35万石という譜代としては破格の石高で近江を治め、京の朝廷勢力と長州、薩摩までを見通した西国外様《とざま》大名の目付的な位置づけを背負わされた。これは、彦根藩立藩のポジショニングであったのだ。彦根城の築城工事が、諸大名に協力させる、いわゆる「天下普請」として行われたことが、この彦根藩の位置づけを端的に表わしている。

「天下普請」とは、征夷大将軍のような時の最高権力者、即ち、天下人の命令によって行われるもので、事は一人井伊家の問題ではなく、幕府全体に関わる〝公的な〟事柄であるという意味が込められている。そのため、この築城工事には近隣七ヵ国の資金・人員が動員、投下されている。

近江という土地は、特に戦国期以降、常に天下というものと近い距離にあったと言えるだろう。天下に直結していた感があったのだ。「近江を制する者は天下を制す」

という言い古されたフレーズも、このことをストレートに表現したものである。

中でも、佐和山一帯、つまり、中仙道鳥居本宿から米原、醒ケ井《さめがい》に至る地域は、摺《すり》針峠《はりとうげ》を越えれば美濃であり、米原から北へ北国街道を辿れば直ぐ越前に至る。つまり、織田信長がそうであったように、東国勢力は摺針峠から近江に入ることになり、これができない限り京へは上《のぼ》れない。越後の上杉謙信は、越中、越前を制したとしても、近江を真っ直ぐ南下しない限り京へは上れないのだ。

そういう土地柄で少年時代を過ごした私にとっては、信長も家康も、また秀吉も三成も、身近にその歴史的足跡を遺《のこ》しており、三成の城下で育って井伊家の藩校へ進むことについて何かを感じることは極めて自然な感情の流れであったと、今となっては頷けるものがあるのだ。

歴史的空気の密度の濃い地方に育った人間にとって、歴史は単なる過去の政治向きだけのお話ではない。身近にさまざまな痕跡を残している昨日の確執であり、悔恨であり、誇りでもある。その時流れた涙と血潮を風が、今日も同じ土地に同じ音を立てて、同じ香りを放って吹いているのだ。

さて、薩摩である。

薩摩という土地には、佐和山、彦根一帯と同じような濃密な歴史の空気が漂っているように感じる。いや、佐和山、彦根以上にその空気には鮮度がある気がしてならない。

薩摩・長州という倒幕勢力が新時代を切り開く何らかのビジョンなりをもっていたかと問えば、それは全くなかったことは既に述べた。

そして、私は、これまでの著作で、討幕戦争である「戊辰《ぼしん》戦争」には何ら大義名分はなく、益して「戊辰東北戦争」になると人道に対する犯罪行為を含む単なる私怨を晴らすための戦でしかなかったこと、倒幕勢力には外交能力も行政能力も、即ち、統治能力がなかったこと、欧米列強による日本侵略を防いだのは優秀な徳川直参官僚たちであったこと等々、従来の薩長史観によるいわゆる「官軍教育」が明白な誤りであることを言葉を尽くし、表現を変えて繰り返し述べてきた。このことは、本書でも随所で更に補強していくことになるだろう。

では、薩摩は、何故倒幕路線に乗り、朝敵長州と歩調を合わせて討幕に走ったのか。

勿論、後述することになるが、倒幕に向けての討幕という軍事行動について薩摩が一枚岩になったことはない。薩摩では名君の誉れ高い島津斉彬《なりあきら》は、雄藩連合をリードすることを企図してはいたが、その生前に限れば討幕に動いたことはない。弟の島津久光になると、その本質は「佐幕派」であると断じて間違いはない。

では、西郷吉之助（隆盛）、大久保一蔵（利通《としみち》）を含む小松帯刀《たてわき》一派は、明確な青写真ももたず、何故幕府にとって代わろうとしたのか。

　このことについて本人たちに問うたとすれば、本人たちですらそれなりに後付けの理由を述べたことだろう。しかし、彼らを駆り立てたものも、伏流水のように三百年近くも薩摩人の血の中に流れ続けていた「関ヶ原」に対する遺恨、怨念ではなかったろうか。私は、このことに確信をもっている。

「関ヶ原」で西軍に与した島津義弘率いる島津軍の壮絶な退却戦は、「島津の退《の》き口」として今もなお語り継がれている。彼らが薩摩まで帰り着くまでの艱難辛苦《かんなんしんく》に想いを馳せ、併せて藩士たちの心身鍛錬の行事として、毎年「関ヶ原」の前夜（九月十四日）、鹿児島照国神社から義弘の菩提寺、伊集院町の妙円寺まで、甲冑《かっちゅう》に身を固めて片道二十キロ、往復四十キロという道程《みちのり》を夜を徹して歩き、参拝した行事を「妙円寺詣り」と言う。西郷も、大久保も、この「妙円寺詣り」に参加した。

　今は、二十キロコースや十キロコースも設けられており、日程こそ十月第四土日に変更されたものの、今なおこの行事は脈々と続いている。陣羽織や袴姿の小学生や中学生、旗竿を掲げた女の子たちから鎧兜《よろいかぶと》の年配者まで、平成の今日でも十万人を超す人びとが参加しているのだ。

その時、参加者の多くが歌を唄いながら行進する。その歌を「妙円寺詣りの歌」と言う。以下が、その歌詞である。

一、明くれど閉ざす雲暗く
薄《すすき》かるかやそよがせて
嵐はさっと吹き渡り
万馬いななく声高し

二、銃《つつ》・雷轟《いかづち》けば
太刀稲妻ときらめきつ
天下分目の戦いは
今や開けぬ関ヶ原

三、石田しきりに促せど
更に動かぬ島津勢
占《し》むる小池の陣営に
鉄甲《てっこう》堅くよろうなり

四、名だたる敵の井伊本多
霧にまぎれて寄せ来るや
我が昌巌《しょうがん》ら待ち伏せて
縦横無尽に駆け散らす

五、東軍威望《いぼう》の恃《たの》みあり
西軍恩義によりて立つ
二十余万の総勢の
勝敗何《いず》れに決せんや

六、戦い今やたけなわの
折しも醜《しこ》の小早川
松尾山を駆け下《くだ》り
刃返《やいば》すぞ恨めしき

七、前に後ろに支えかね
大勢すでに崩るれど
精鋭一千我独り
猛虎負嵎《ふぐう》の威を振るう

関ヶ原古戦場

大正四年に創られたこの歌は、延々と二十二番まで続く。この後、島津軍の奮戦、島津豊久の義弘の盾となっての討死などがたたみ込むように唄われ、以下に続く。

十八、欺かれたる悔しさに
　息をもつかず忠吉《ただよし》ら
　くつわ並べて追い来しが
　返す我が余威《よい》また猛《たけ》し
十九、牧田《まきた》川《かわ》沿いひと筋に
　行く行く敵を蹴散らして
　駒野峠の夜に紛れ
　伊勢路さしてぞ落ち給う
二〇、献策遂に容れられず
　六十余年の生涯に
　初めて不覚を取らしたる
　公の無念や嗚呼《ああ》如何に
二一、興亡総《す》べて夢なれど

敵に背《そびら》を見せざりし
壮烈無比の薩摩武士
誉れは永久《とわ》に匂うなり

二二、無心の蔓草《つるぐさ》今もなお
勇士の血潮に茂るらん
仰げば月色縹渺《げつしよくひようびよう》と
転《うた》た往時の懐かしや

蛇足と知りつつ、二、三注釈を加えておくと、三の「石田しきりに促せど」の石田とは、言うまでもなく実質的に西軍を指揮した石田三成のことである。

四の「名だたる敵の井伊本多」の井伊が、井伊直政であり、「井伊の赤備え」で有名な徳川四天王の筆頭と位置づけられた初代彦根藩主である。本多は、同じく四天王に数えられる本多忠勝。三河以来の家康の家臣であり、大多喜藩、桑名藩の藩祖である。

六に裏切った小早川秀秋の名が出てくるが、これについては「醜」とあからさまに言い切っている。

「関ヶ原の合戦」が、東軍徳川家康の勝利に終わり、毛利輝元が総大将を務めた西軍が惨敗したことは、誰でも知っている史実である。小早川秀秋の裏切りについては諸説があるが、頼みの毛利軍が動かず、西軍が総崩れとなり、諸将が次々と敗走する中、東軍に包囲されるように取り残された島津義弘率いる島津軍は、歴史に名高い敵中に突っ込む中央突破の退却戦を試みた。これが「島津の退き口」である。

この戦法が、「捨て奸《がまり》」と言われる島津軍独特の退却戦法を伴うことになった。本隊を無事に退却させるために、殿軍《しんがり》の中から少人数を留まらせ、追ってくる敵軍を一時的にでも食い止めるため、死ぬまで戦わせる。この一隊が全滅すると、次の一隊が、また敵の足止めを図る。この足止め隊は、本隊を逃《のが》すための置き捨て兵であって生き残る可能性はゼロであると言っていい。つまり、トカゲのしっぽ切り戦法とも言われる所以《ゆえん》である。

この時の島津軍は、「捨て奸」として銃を持った兵を退却路に点々と胡坐《あぐら》をかいて座らせた。この兵たちが追手の指揮官クラスを狙撃した後、槍を衝き立て突撃する。全滅したら、次の「捨て奸」を退路に置く。この繰り返しなのだ。

退却する島津軍を執拗に追撃したのは、松平忠吉隊、井伊直政隊、本多忠勝隊であるが、島津軍の「捨て奸」によって本多忠勝が馬を撃たれて落馬し、井伊直政、松平忠吉は重傷を負った。井伊直政は、戦後、この時の傷がもとで死亡したとされる。

島津軍は、「関ヶ原」に千五百の兵しか動員していない。これもこの戦に対する島津義弘の複雑な立ち位置を示すものと考えられるが、「島津の退き口」として語られる敵中突破を図った時には既に三百の兵しか残っていなかったという説も存在する。この説を採れば、この僅か三百が、大将島津義弘を落ち延びさせるために壮烈な「捨て奸」を敢行したのである。妙円寺詣りの歌にも出てくる甥の島津豊久、家老長寿院盛淳らが義弘の身代わりになるなど多くの犠牲を出し、生きて薩摩へ帰り着いたのは八十余名に過ぎなかったという。

島津義弘は薩摩へ帰り着くや否や、直ぐ薩摩・日向・大隅三州の国境を鎖《とざ》し、防御城砦を築き、外城衆《とじょうしゅう》を動員して臨戦態勢を採ったのである。「関ヶ原」で見せつけられた「捨て奸」の壮絶さとまだ戦おうとする島津の凄みが、家康の戦後の島津征伐を思い留まらせた面もあるはずである。なお、外城衆とは、半農半士の在郷戦闘集団のことで、これも薩摩独特の存在である。

「関ヶ原」の勝利を経て、徳川家康による江戸幕府が成立しても、薩摩自身がその幕藩体制に組み込まれても、江戸期二百七十年を通じて薩摩人はこの「関ヶ原」における「島津の退き口」において「捨て奸」戦法を採らざるを得なかった悔しさ、無念を忘れなかった。「忘れるな！」という薩摩人の合言葉を形にしたものが「妙円寺詣り」という延々と受け継がれてきた行事であると言える。この怨念とも言うべき執念が、薩摩隼人の凄みであるとも言えよう。そして、その行事は、平成の今も続いているのだ。

私は、薩摩が幕府を倒すに至る心底の動機とも言うべき要因がここにあると考えている。小松帯刀の無意識かも知れない深い心理に、西郷の心の奥底に、大久保の心の深層にも、「関ヶ原」が脈々と生きていたのではないか。これが、薩摩を討幕に走らせた真因ではないか。即ち、辛酸をなめた「関ヶ原」の怨念が、討幕にせよ、雄藩連合の主役として徳川に取って代わろうと企図したにせよ、幕末の薩摩を走らせたエネルギーではなかったか。

少なくとも、近代日本の構築を目指して、などという後付け史観を排して、真に明治維新というクーデターを検証しようとする時、「妙円寺詣り」という累年塁代に亘って引き継がれている、もはや薩摩の風俗と言ってもいい催しを無視することはできないであろう。

薩長いずれにとっても「関ヶ原」は、討幕に動く、深く沈殿していた大きな心理的要因であったと言えるのではないだろうか。

4　自己正当化のための「江戸」の全否定

どういう国を、どういう社会を創るかという点について、全く何の理念も、構想ももっていなかった薩摩・長州の過激派が「明治」を名乗る国を創ってしまった。封建的な権力を打倒し、近代的な国民国家を創ったなどという最大級の誤解を含めて、当初から近代社会の構築を目指していたかのような解釈は、全くの後付け解釈であることを、改めて強く指摘しておきたい。

「関ヶ原」以来深く溜め込んできたマグマのような鬱憤《うっぷん》を一気に晴らしたまではよかったかも知れないが、さてこれからどうするか。

ここで、青写真を描いていなかった不幸が噴出することになる。

こういう時、政権を奪取した勢力がとりあえず行うことは、前政権、前時代の否定である。薩摩・長州も、前政権＝徳川政権＝江戸時代を「誤った、悪しき時代」として否定することからスタートを切ったのである。

江戸がどんな時代であったかって、そんなことは知ってるさと、誰もが簡単に答えるかも知れない。しかし、失礼ながら殆どの方が実は知らないと、こればかりは断定的に言わなければならない。そして、それはその方々の不勉強でも何でもないことを同時に指摘しておく必要がある。

何故なら、江戸は土の中深くに埋め去られてしまった時代であるからだ。それを知ろうと思えば、土の中から掘り起こさなければならないのである。

江戸という三百年近くに及ぶ時代は、高度な社会システムと文化、独自性のある精神文化をもった、世界史の上でも他に例をみないオリジナリティに満ちた時代であった。何よりも、これほど永きに亘って平和を維持した例は人類の歴史に照らしても他に例がないのだ。

では、それほどの時代を誰が土の中に埋め去ってしまったのか。それが、薩摩・長州の作った「明治近代」なのだ。この場合、歴史の検証というスタンスに重きを置く者として、「明治近代」とは、明治から平成の今日までを含む言葉として扱いたい。

薩摩・長州は、徳川幕府から政権を奪った手前、幕府の時代＝江戸時代を徹底的に否定した。何から何まで悪であった、野蛮であったと「全否定」したのである。

こういうことは、人類の歴史では決して珍しいことではない。多くの民族において、戦争、闘争に勝った方が歴史を書くものである。勝者は、そうやって自分たちを正当化しないと奪った政権を維持できないからだ。

「関ヶ原の合戦」で敗者となった薩摩・長州も全く同じであった。繰り返すが、彼らは、徳川に政権を獲《と》られた怨念に衝き動かされて徳川幕府を倒したものの、その後どういう政体を採り、どのような社会を創るのか、その青写真とも言うべきビジョンや構想を何ももっていなかった。何をどうすればいいのか、何も分からなかったのだ。明治を誰よりも賛美してきた司馬遼太郎氏もこの時の討幕勢力＝薩摩・長州勢力の状況を指して、「勝者の虚脱感」という言い方をしている。

となると、まず行うことは、前政権の「全否定」になるのだ。理屈抜きで、徳川政権の時代はすべてが間違っていたと断定することであったのだ。

天皇を徹底的に利用した彼らは、その手前「復古」というキャッチフレーズを激しく唱えてきたが、その実、討幕に当たっては大英帝国の支援を受けていた。そこで、徳川政権の時代はすべてが間違っていたとすると同時に、「すべてが野蛮であった、遅れていた」とひと言で決めつけ、これを埋め去る必要があったのである。

政権を獲った薩摩・長州の新政府は、「復古」から一転して極端な欧化主義を採り、多くの西欧人を「お雇い外国人」として招聘《しょうへい》した。今の「東大医学部」で教鞭をとったドイツ人エルヴィン・フォン・ベルツ（1849〜1913）もその一人であるが、彼が残した『ベルツの日記』（岩波書店改訳版）には以下のような記述がある。

――現代の日本人は自分自身の過去については、もう何も知りたくはないのです。それどころか、教養ある人たちは、それを恥じてさえいます。「いや、何もかもすっかり野蛮なものでした！」とわたしに言明したものがあるかと思うと、またあるものは、わたしが日本の歴史について質問したとき、きっぱりと「われわれには歴史はありません、われわれの歴史は今からやっと始まるのです」と断言しました。――

近年「自虐史観」という言葉が流行《はや》ったが、これこそ何という自虐的なメンタリティであろうか。これが、幕府を倒した薩摩・長州勢力の、いわゆる当時の新興階級の人びとの態度でもあったのだ。お気づきのことだろうが、大東亜戦争に敗れ、GHQ（連合国軍最高司令部総司令部）が日本を支配した時も、日本人は全く同じようなことを言っていたはずである。まだ幼かった私でさえ、その記憶は身体中に焼き付いている。

ベルツ博士は明治九（1876）年から二十九年滞日した知日家であるが、一般には温泉療養を普及させたことで知られており、草津温泉や伊香保温泉には彼の足跡がたくさん残されている。彼は、このような自国を蔑む明治新政権の人びとの態度に激しく怒っている。

また、近代史家の渡辺京二氏は、名著『逝《ゆ》きし世の面影』（平凡社）で次のように述べている。

――われわれはまだ、近代以前の文明はただ変貌しただけで、おなじ日本という文明が時代の装いを替えて今日も続いていると信じているのではなかろうか。つまりすべては、日本文化という持続する実体の変容の過程にすぎないと、おめでたくも錯覚して来たのではあるまいか。（中略）日本近代が経験したドラマをどのように叙述するにせよ、それがひとつの文明の扼殺と葬送の上にしか始まらなかったドラマだということは銘記されるべきである。――

渡辺氏の視点は非常に重要で、私が江戸時代を指して「埋め去られた」と表現するのは渡辺氏のこの見方に全く同意するからである。

つまり、私たちが今知っている江戸時代とは、「明治近代」が表現したものに過ぎず、それは著しく自虐的で、正当な歴史の見方からはほど遠いものなのだ。もっと突き詰めれば、私たちは真の江戸時代の姿を殆ど知らないと言っても過言ではないであろう。

江戸期という「近世」そのものの時代は、その助走期と余韻がそのまま残った時期を含めれば、実質的には約三百年もの永きに亘る。これを具《つぶさ》に述べるには膨大な紙幅を要することになるが、私たちは明治維新という出来事を検証する一環として、つまり、明治維新が過ちであったことを立証するためには、江戸の解明もまた不可欠な作業としてやり遂げなければならないのである。

土中深く埋め去られてしまっている江戸を、そのままの姿で掘り起こすことが可能かどうか、私には分からない。しかし、細くてもいいから何本も何本もポールを打ち込み、そこから「江戸のエキス」を吸い上げることはまだ可能なのではないかと考えている。そして、そのエキスから次の時代に必要な、まるでDNAのような時代の構成要素を取り出すことも可能なのではないだろうか。

一例に過ぎないが、近年、「共生社会」などと言って、自然との共生ということがさも進歩的であるかのように語られている。これを江戸人が聞いたら、目をむいて驚き、怒るに違いない。平成人は、何と傲慢《ごうまん》なことを言うのかと。

自然との共生とは、自然と人間を同等の立場に置かないと出てこない思想である。即ち、薩摩・長州政権がその初期において絶対的な正義とした西欧社会の、換言すれば狩猟民族の発想である。

江戸人はそのようなおこがましいことを考えなかった。彼らは、「人間も自然の一部に過ぎない」と考えてきたのである。

為政者が言う「天道」という考え方、庶民が日々使い、行動指針とした「お天道様」という言葉。これらはすべて、人間も自然の一部に過ぎないという、「自然の身の内」に入り込んで生きてきた伝統的な心情から生まれたものなのだ。日本人の日本人たる所以、即ち、日本人のアイデンティティとは、このような自然観から生まれたはずである。

私たちは、そろそろあの時西欧人から借りた眼鏡で自国の過去をみることを止め、自分たちが体内に受け継いでいるはずの民族としての独自の思想で自国のこの先をデザインする時代に差しかかっているのではないだろうか。

このことに思い至ると、薩摩・長州の手による「明治近代」が「江戸」を全否定したことは実に罪深いことであったと断じざるを得ない。

5 「復古」という名の天皇原理主義

軍事クーデターによって成立した明治新政権は、前時代の「江戸」を全否定した。自らの正当性をアピールするために、全否定せざるを得なかったのである。

時計の針を少し戻す。

そもそも「明治維新」という名称の事件や事変、政変は日本史のどこにも存在しない。この名称が、一連の社会変革の総称であることに間違いはないが、その核となる出来事は何かといえば、「大政奉還」と「王政復古の大号令」であるとする学者がいれば、「王政復古の大号令」と「廃藩置県」であるとする研究者もいる。どちらも、満点の解であるとは言い難いが、間違いであるとも言えないのではないだろうか。いつの時代の政変もそうであるが、この国の武力を伴う政変とは、武力を用いたからといって今日ゲームソフトやテレビドラマ、そして、学校教育が語るようにはスッキリとシンプルには進展していないのだ。学校教育が語る幕末動乱史がスッキリと整理されているのは、それが後付けの歴史物語であるからに過ぎない。つまり、それは史実とはかけ離れているのだ。

このあたりの細かい流れについては、シリーズ第一作『明治維新という過ち』（毎日ワンズ・講談社）を参照していただきたいが、尊攘過激派によるテロ活動によって幕府権威に揺らぎがみえていたとはいえ、元治元（１８６４）年七月、「禁門の変」に敗れた長州を核とした討幕勢力は完全に追い込まれていた。

ここで岩倉具視《ともみ》と薩摩・長州の討幕派は、苦し紛れに天皇の勅許を偽造するという、我が国の歴史に例をみない犯罪に手を染める。

この事実は、本来特筆されるべき史実である。民族統合の象徴として、民族の歴史そのものとして存在してきた天皇は、いざとなればいつでも政治的に国家の最高権力者たり得るのだ。現実に、明治新政権以降の日本近代政権が行ったことがこれである。

そういう存在である天皇の政治的意思を表明する「勅許」というものを、己の政治的野心を遂げるために偽造したのだ。この国において、これほどの悪業、大罪が他にあるだろうか。維新の三傑と言われてきた西郷、大久保、木戸、過激だけが〝売り〟の下級公家岩倉具視、そして、この偽勅に直接署名した中山忠能《ただやす》（前権大納言）、正《おお》親町三条実愛《ぎまちさんじょうさねなる》（前大納言）、中御門経之《なかみかどつねゆき》（権中納言）が、何故歴史の審判を受けないのか、私には不思議でならない。

平成三十年に入って安倍晋三内閣下で公文書の改ざん問題が大きな政治問題となったが、この時の「勅諚の偽造」こそ「最高レベルに高度な公文書の偽造」であって、「明治近代」における公文書というものを軽視する政治感覚のルーツがここにある。

ところが、討幕の勅許を偽造したものの徳川慶喜に「大政奉還」という先手を打たれ、討幕派は再び窮してしまう。「大政」を「奉還」されても、朝廷サイドには行政能力が全くないのだ。慶喜に、そこを見透かされたのである。

そこで、今度は幼い明治天皇を人質とした軍事クーデターという荒っぽい手を用いて「王政復古の大号令」を発する。しかし、これも再び佐幕派の反撃にあって、岩倉具視と西郷・大久保たちの徳川幕府打倒計画は完璧に挫折した。

このクーデターの主役は薩摩と長州であるが、「大政奉還」の時点で長州藩はまだ公式に「朝敵」であった。一方の薩摩はといえば、そもそも薩摩藩の大勢は、討幕には断固反対であった。官軍教育が支配する中で、このことは全くと言っていいほど語られてこなかったのである。

島津久光を筆頭とする薩摩藩の総意は、天皇が徳川家を将軍に任じ、諸大名がその麾下《きか》に列した以上、討幕を企図することは即ち天皇に対する不義であり、幕府を支えることこそが尊皇であるというものであった。この論理には、政治的な整合性がある。

これは、名分論としては尊皇佐幕そのものであり、大政委任論でもある。「大政奉還」の直前に薩長芸三藩の出兵協定が密約として締結されたが、薩摩藩内では反撥が渦巻き、「逆賊の長賊」という言葉が飛び交ったほどであった。藩論が分裂していたというより、西郷・大久保たち討幕急進派が藩内で孤立していたのである。必然として三藩の出兵協定は簡単に崩れ、薩摩藩内には西郷刺殺を主張する声さえ表面化していたことを知っておく必要がある。

第二のクーデターと言われる「王政復古の大号令」が発せられた同日、慶応三（1867）年十二月九日に開かれた小御所《こごしょ》会議は紛糾した。この時、西郷の漏らしたひと言が会議の趨勢《すうせい》を決したこともシリーズ第一作で述べた。「短刀一本あれば片が付く」という、最後は何でも武力に頼る西郷の〝本性〟が発したと思われるひと言である。

クーデターに失敗した西郷たちは、結局これを、つまり、「短刀一本」を実行することになる。しかし、事が思い通りに進んでいない状況では、その短刀は一本では済まなくなっていたのだ。何十本、何百本もの短刀、即ち、軍事力で幕府を倒すという、本格的な討幕戦の意思を固めざるを得なくなっていたのである。

薩摩・長州としては、何とか幕府を戦に引きずり出さなければならない。ここで西郷の使った手が、後に「赤報隊」と呼ばれることになるテロ集団を組織し、江戸市中及び関東でテロ活動を繰り広げ、幕府を挑発するという、なりふり構わぬ乱暴な手段であった。これは、どこまでも幕府への挑発行動であり、西郷という人間にはその際に「必要な犠牲」となる庶民、市民に対する視線というものが全く欠落している。要するに、眼中にないのだ。この点は、西郷という人間の大きな特徴である。

徳川慶喜が、この挑発に乗ってしまったことで、西郷たちは待望の幕府との戦を創り上げることに成功した。これが「鳥羽伏見の戦い」である。

ほんの少し、論理的に考えていただきたい。「王政復古の大号令」が成功していれば、西郷は幕府を挑発する必要はなかったはずである。即ち、「鳥羽伏見の戦い」が起こるはずはないのだ。公教育も学者も、何故この点を無視するのか、不思議でならない。

しかし、望んでいた武力衝突であったとはいえ、「鳥羽伏見の戦い」とは討幕勢力にとって決して勝利が確信できた戦ではなかった。挑発を担当した西郷にとっても、イチかバチかの思いで臨んだ戦であったのだ。総合的な武力では、幕府側に分があったからである。

錦旗《きんき》を偽造し、勅許までをも偽造して臨んだこの戦において、西郷・大久保は、開戦と同時に天皇の逃げ道を準備していた。この逃げ道の事前探査に走らされたのが、後に最後の元老と言われた西園寺公望《きんもち》である。西園寺は、この時数えで二十歳。薩長の兵二百と大砲二門を与えられ、洛北山国荘方面へ走ったのである。京を出たのが、慶応四（1868）年の正月五日早朝、西園寺たちは昼の弁当も用意していなかったというから、正月三日に開戦した「鳥羽伏見の戦い」という局面で天皇を脱出させるということが、如何に緊急に、非常案件として検討されていたかが分かる。

つまり、西郷たちは、負け戦の覚悟を求められていたということだ。まるで勝つべくして勝ったかのように語られてきた薩長政権によるこの戦の様相も、どこまでも後付けの歴史物語に過ぎない。西郷はこの時、明治天皇を女装させ、女輿に乗せて山陰道を長州へ逃れさせようとしていたようだ。

「鳥羽伏見の戦い」が殆どすべてと言っていい討幕戦争とは、それほどきわどい戦であったということだ。では、圧倒的に不利であった薩摩・長州に討幕戦争の勝利をもたらし、倒幕を成功させた要因は何であったのか。

それは、テロリズムと「恭順《きようじゆん》」という概念、この二つであろう。

嘉永七（1854）年の日米和親条約締結以降、長州過激派を核とする尊攘激派と言われる水戸学にかぶれた暴力主義者によるテロリズム、具体的には暗殺が大きな効果を上げたことは事実である。特に公家に対しては実効のある脅しとなり、これによって長州は朝廷を意のままに操り、天皇すら政治的道具として利用するという思考を身につけてしまった感がある。桂小五郎（木戸孝允《たかよし》）たちが天皇を「玉《ぎよく》」と呼び、「玉を転がす」とか、「玉《たま》を抱く」などと平然と言い放っていたことが、長州人に許されざる思い上がりがあったことを如実に示している。

しかし、テロリズムだけで倒幕が成就《じようじゆ》したかと問えば、それは否であろう。人類史上もっとも長い平和な時代を成立させた江戸の政治社会システムとは、衰えたりとはいえそれほどひ弱なものではなかった。

江戸期とは、特に後期になると百姓、商人階層に至るまで教育熱が燃え盛った時代であった。現代平成の子供たちは、その成果は別として学校教育だけでは親が満足せず、塾通いや習い事に多くの時間とエネルギーを費やし、実に多忙な毎日を送っている。この多忙さだけは、江戸後期の子供たちも全く同じであった。

平和な時代であればこその、この庶民レベルの教育熱の高さが社会のベースにある。そして、それを足場とした学問的な頂点を形成していたのが武家階級であった。読書人階級と言ってもいいこの武家の間に、古学の系譜を引く国学やその他諸学が高いレベルに達していたという文化的土壌があってこそ「恭順」という現象が雪崩を打って現出したわけであり、この文化的要因が倒幕を成立させた最大の要因であろう。

この「恭順」とは、なかなかセンシティブな言葉であり、概念である。英国公使パークスなどは、これを「降伏」と同義に解釈していたフシがあり、それを完璧な間違いであると一蹴することはできないが、二重丸の正解とも言い難いのだ。広辞苑には「つつしんで従うこと。心から服従すること」とあるが、その通りであって、心底からの敬意、尊崇の念を伴った降伏でないと「恭順」とは言えないのである。

戊辰戦争と呼んでいる戦において、東征軍がしずしずと江戸へ向かっていくだけで、行く手の大名たちは次々と「恭順」した。この雪崩を打って伝播していった「恭順」という現象こそが倒幕を成立させた最大の要因である。戦争の被害者は少ないに越したことはないが、戊辰戦争の犠牲者が内戦と言うには余りにも少ないことも「恭順」という敗者になる側の文化レベルの高さを背景とした政治姿勢があったればこそなのだ。

江戸幕府の官学は、朱子学である。しかし、江戸の文化的成熟は、朱子学を否定する「古学」の普及を容認し、その結果、山崎闇斎《あんさい》や竹内式部の、天皇の神性を強調する天皇原理主義、勤皇原理主義が畿内から西日本を中心に普及し、これが幕末の尊皇テロリズムを生む素地となった。この思想の初期の担い手が神官たちであったことが、この思想を観念論、原理主義というレベルに留めた要因ではないかと考えられる。

一方、武家は行政の担い手であると同時に、高度に倫理を重視した士道という精神文化の具現者でもあった。流行りの勤皇思想は、武家にも影響を与えたが、それは必須の教養として定着したとみるべきであろう。

尊皇原理主義が生んだテロリズムだけでは倒幕は成立せず、武家の教養としての尊皇意識が作用した「恭順」という概念こそがその成立を可能にしたとすれば、真《まこと》に皮肉な現象であったと言わねばならない。

いずれにしても、幕府を倒してこれに取って代わった薩長政権とは、「古学」が創り上げた「復古」を唱え、それ故に「尊皇攘夷」を喚いて「恭順」を引き出して成立した、いわば「復古政権」である。復古にしても尊皇攘夷にしても、その実《じつ》は討幕戦を勝利するための〝キャッチフレーズ〟、よく言ってもスローガンに過ぎなかった。討幕という流れを奔流とするためには、簡素なスローガンが必要であったのだ。

ところが、既に述べたように、派手なキャッチフレーズだけは存在するが、幕府から政権を奪ってどのような社会を構築するのかという点については、全く何も青写真をもっていなかった。逆に、倒される幕府側には、ディテールはともかく方向感としては既に明確にもち合わせがあったのである。

例えば、イギリス型の議会制度構想がその一つと言えるだろう。

慶応三（1867）年十月、徳川慶喜は「大政奉還」を行うに当たって、形式的ではあるがその旨を諸大名に諮問《しもん》している。西郷・大久保たちが偽の勅許を創って天皇権威を利用してまで「討幕」をオーソライズしようとしていたのに対して、慶喜や幕臣の一群にはその先に対する思考が存在していたということだ。

大政奉還という、形式的には徳川幕府の幕引きを図るという重大事を諸大名に諮《はか》るというこの重要な局面で、同時期に慶喜は西周《にしあまね》を呼び出し、イギリスの議会制度についてその仕組みを問い、解説を受けているのだ。彼の頭には、アメリカの大統領制とイギリスの議会制度が既に目指すべき一つの政体として存在したことは、多くの研究者によって指摘されている。平成二十七年に対談させていただいた、徳川慶喜研究家としても知られる大庭《おおにわ》邦彦氏もその一人である。

慶喜にイギリスの議会制度について進講した西周とは、福澤諭吉や津田真道《まみち》らと並ぶ、幕末から明治にかけての我が国を代表する知識人の一人であった。石見《いわみ》津和野藩出身で、京でテロの嵐が吹き荒れていた文久二（1862）年に幕命を受けてオランダへ留学している。津田真道も榎本武揚《たけあき》も、この時の留学生仲間である。

西という人物をひと言で何者と表現することは、かなり難しい。福澤と同じように「啓蒙思想家」と称されることがもっとも多いと思われるが、彼は法学者でもあり、哲学者でもあり、経済学者と言ってもよく、万国公法に精通した外務官僚でもあった。そもそも、「哲学」や「知識」「概念」という訳語を創ったのは西であり、その他「芸術」「心理学」「意識」「命題」、更には「帰納」と「演繹《えんえき》」なども同様で、今日の私たちは物事を思索する上で西の創った言葉に大いに助けられているのだ。

一方で、かの「明六社《めいろくしゃ》」創設メンバーの一人として、漢字かな交じりの日本語廃止を唱えたり、後々まで帝国陸軍軍人にとって軍人精神のバイブルとなった「軍人勅諭」を起草するなど、西という人物は特定の一つ、二つの事績で評価することのできない〝難解な〟人間であったと言えよう。即ち、画一的な切り口で彼を分析することは危険である。

いずれにしても、彼が高度なレベルの知識人であったことは紛れもない。ただ、私にはその思考の軸が若干ドイツに傾き過ぎているようにも思える。

倒される幕府側に存在したという、次の時代の青写真の事例としては、小栗上野介《おぐりこうずけのすけ》忠順《ただまさ》の郡県構想も忘れることはできない。

小栗の郡県制とは、言うまでもなく藩を廃止し、日本国を幾つかの郡に分け、更に郡は幾つかの県で構成されるという中央集権体制である。つまり、小栗を殺した明治新政府が、その直後に目指した中央集権体制の青写真となったものなのだ。

小栗といえば横須賀造船所、それもそのハード面である施設、設備のみが注目されるが、確かにその後百三十年にも亘って無事に稼働し続けたそのタービンの優秀さは驚異的であるとはいえ、この造船所に初めて導入された労務管理、マネジメント上の施策はもっと注目されていいものではないだろうか。

小栗は、我が国で初めての就業規則や年功給を設けた給与規定を導入したのである。このようなソフト面の事績は余り目立たないが、これは小栗の優れた行政能力を裏付けるものであり、我が国最初の株式会社システムを導入した築地ホテルの建設や兵庫商社設立も同様の事例である。

余談ながら、我が国最初の株式会社というと、坂本龍馬の亀山社中という全く根拠のない俗説が根深く生きているが、典型的な〝死の商人〟として幕末日本の殺し合いを演出したグラバー商会の単なる下請けとして薩摩と長州の間を、密輸入した武器を中心とした物品を運んでいただけの亀山社中とは、概念としても株式会社でも何でもない。

明治維新至上主義者と言ってもいい司馬遼太郎氏は、幕臣小栗を称して「明治の父」と言うが、確かに小栗は徳川という一つの政権の枠を超えた国家人であった。ただ、司馬氏が小栗を「明治の父」と讃えるのは、明治維新絶対主義の立場から言っているに過ぎないことは明白である。

明治新政府の重鎮にして新政府の中では唯一と言えるバランス感覚に秀でた政治家であった大隈重信《おおくましげのぶ》は、

「我々の行っている近代化というものは、小栗上野介の模倣に過ぎない」

と公言して憚《はばか》らなかったが、これは大隈の妻が小栗の親族であることに因《よ》る身びいきの言などではない。明治新政府の中心人物の一人に育った大隈は幼少期に小栗家に同居しており、小栗に感化されて育った一面があるとみるべきであろう。

日露戦争時の聯合艦隊司令長官東郷平八郎が、戦後自邸に小栗の遺族を招いて横須賀造船所建設について謝意を述べたり、幕臣大鳥圭介は、

「小栗の屋敷へ行くといつも世界情勢のことばかり聞いてきた」

と証言しており、小栗の先見性を示す事例は多々存在する。

結局、明治の近代化などと言うが、それは殆ど小栗を中心とした幕臣たちの描いていた青写真に拠るものであり、幕府の残したインフラや流通、通信などを含む社会システムに頼ったものであり、何よりも江戸期庶民の高い教育レベルに支えられたものであって、決定的には幕臣の政権参加によって可能となったものであったのだ。

これに対して、ただ「関ヶ原」の怨念に衝き動かされて討幕テロに走った薩摩・長州勢力が〝名分〟として喚いたのが、「復古」であり、「尊皇攘夷」という、単純で分かり易いキャッチフレーズであった。

しかし、これはどこまでもキャッチフレーズかせいぜいスローガンと呼ぶべきレベルのものであって、繰り返すが、彼らは、幕府を倒してどういう社会を創るのかということについては何のグランドデザインも描いていなかったのである。これまで語られてきた明治維新解釈がこのことを隠蔽していることは、もっとも罪深いことの一つであることを強調しておきたい。

振り返れば、老中首座阿部《あべ》正弘《まさひろ》の決断によって江戸幕府は歴史的な対外政策の大転換を行い、対外協調路線に踏み切った。更に、大老井伊直弼《なおすけ》は、徳川政権に委ねられていた「大政委任」という政治的なスジを通して、阿部の決断を政治の現実として確立させた。その間、阿部の残した優秀な幕臣官僚たちが、帝国主義を掲げる欧米列強と激しくわたり合って、近代日本の礎を必死に構築しつつあったのである。

この足を引っ張ったのが、「復古」「復古」と喚いて、「尊皇攘夷」というスローガンだけで徳川政権から積年の悲願として政権奪取を図った、いわゆる勤皇勢力、尊皇攘夷派、即ち、薩摩・長州勢力であった。

実は、尊皇攘夷派にとって、政権を奪取する上でもっとも邪魔になったのが孝明天皇の存在であったことに留意しておく必要がある。

孝明天皇という人は、もともと〝夷人嫌い〟で知られている。同時に、頑迷なまでの大政委任論者であり、何よりも「復古」が嫌いであった。「復古」を喚く勢力が大嫌いであったとも言える。

このような事実から、孝明天皇の暗殺説が生まれ、これをまるで推理ドラマの謎解きのように詳述する書籍が数多く世に出るに至った。孝明天皇暗殺説の真偽については、ここでは著しく本旨から外れるので一切触れないが、少なくとも「禁断の〜」とか「〜秘史」などと銘打ってまるで大スキャンダルが発生したかのような印象を売りにする〝歴史書〟には細心の注意を払うべきであることを申し添えておきたい。孝明天皇暗殺説の真偽に結論を出そうとするなら、孝明天皇陵の発掘調査を行うしかないであろう。

大切なことは、「復古」という薩摩・長州のスタンスが「天皇原理主義」を生むことになるという点であり、現実に「明治近代」はそういう国家になったということである。

復古、復古というが、では一体どこへ復古すべきだというのか。成立した明治新政権の姿からみれば、それは律令制の時代、即ち、奈良朝あたりである。尊攘激派の唱える、天皇を神格化した狂信的な尊皇原理主義からいえばこれもおかしな話で、奈良朝にしても飛鳥朝にしても政治的にも文化的にも中国の影響なくして成立し得たはずはないのだ。復古主義者、尊皇原理主義者たちも、当然このことは分かっている。彼らは、実のところ神代の古代に復古したかったのである。このことはもはや、勤皇思想の過熱、暴走が生んだ妄想と言うべきであろう。

記紀が叙述する神話の世界とは、史実かどうかを云々する対象ではない。これを史実とすれば、神武天皇以下、日本開闢《かいびゃく》初期の天皇は、二百歳、三百歳という長寿の天皇が何人も存在することになるのだが、これに目くじらを立てることはナンセンスであろう。本来神話の世界とは、民族の精神文化を生んだ母胎として長閑《のどか》に好ましい気分で大事に抱いていていいものではないだろうか。

ただ、愚かで卑劣なりとはいえ、尊皇原理主義者たちを多少擁護するとすれば、いつの世においても新しい政権が成立早々盤石《ばんじゃく》というケースは、まず存在しないのではないか。政権奪取に役立った建て前、方便というものを一定期間は具現化することもまた、政権を固める上では必要となるものであろう。

現実に、幕府から政権を奪って間もない明治二（1869）年七月、新政府は二官六省を設置した。二官とは、神祇官、太政官、六省とは、民部、大蔵、兵部、刑部、宮内、外務の六省を言う。

何という名称であろうか。まるで律令時代へ遡ったようではないか。流石《さすが》に神代の時代には役所は存在しなかったので、可能な限り復古したということである。そして、この名称の殆どは、昭和まで使われていたことをご存知であろう。大蔵省は、平成十三（2001）年一月に財務省と改称されるまで存続していたし、外務省は現在もその名称のまま存在する。宮内省は、内閣府宮内庁となったが、実質的に名称は変わっていない。斯様《かよう》に「明治近代」という今の私たちの国は、民族の歴史上初めて外国の軍隊に占領されるという、一時的にせよ国家としては滅亡しながら、それでも薩長政権の骨格のようなものを引き継いでいるのである。このことも、明治維新以降の歴史を全く検証していないことを、何よりも雄弁に物語っていると言えるのではないだろうか。

6 「文明開化」という西欧模倣主義

原理主義というものが、社会に幸せをもたらしたという例はまずない。

「復古」「復古」と、熱に浮かされたかのように喚きながら政権奪取に成功した薩摩・長州の原理主義者たちは、「復古」を具現化しようとして「廃仏毀釈」という日本の伝統文化の大々的な破壊活動を展開するに至った。

「廃仏毀釈」とは、薩摩・長州政権が打ち出した思想政策によって惹き起こされた仏教施設や僧侶・仏教徒に対する無差別、無分別な攻撃、破壊活動のことを言う。

これによって、日本全国で奈良朝以来の夥《おびただ》しい数の貴重な仏像、仏具、寺院が破壊され、僧侶は激しい弾圧を受け、還俗《げんぞく》を強制されたりした。仏教徒の虐殺も発生している。ひと言でいえば、長州・薩摩という新権力による、千年以上の永きに亘って創り上げられた我が国固有の伝統文化の破壊活動である。現代のイスラム原理主義勢力、タリバーンや「イスラム国」（IS）を思えば分かり易いであろう。明治新政権の下で繰り広げられたこの蛮行は、それと全く同様のものであった。

このことは、シリーズ第一作の冒頭で述べたのでここでは繰り返さないが、実はこれを主導した明治新政権原理主義者の心性というものは、本節で述べようとしている西欧模倣主義と底で繋がっているとしか思えないので、繋ぎとして必要なポイントのみをなぞっておきたい。

発端は、慶応四（1868）年三月の太政官布告「神仏判然令」と明治三（1870）年一月に詔書として出された「大教宣布」にある。学者は、これ自体が直接仏教排斥を指示したり、煽ったりしていないと弁明するが、それは文章面《づら》のことであって当たり前である。これを後ろ盾として、仏教弾圧の嵐が吹き荒れたことは否定のしようもないことなのだ。

更に付け加えれば、「大教宣布」の前年明治二年には寺院から菊の紋章を取り外させ、明治四年にはやはり太政官布告「寺社領上知令」を発令して寺社領を接収した。明治五年になると、僧侶に肉食妻帯させ、托鉢《たくはつ》を禁止した。明治六年頃からは、落語・講談などで僧侶の腐敗や失態を演じさせるというプロパガンダも展開した。

演劇などを利用したプロパガンダは、明治新政権がよく使った手法で、『水戸黄門漫遊記』などはこのムードに乗って登場したものである。そして、明治三十九（19

06）年、遂に学校から神道以外の宗教教育を排除し、「神国日本」教育が本格化するのである。

私たち大和民族は、それまで千年以上に亘って「神仏習合」という形で穏やかな宗教秩序を維持してきた。平たく言えば、神社には仏様も祀って別《わ》け隔てなく敬ってきたのである。これは、極めて濃厚にアジア的多元主義を具現する習俗であったと言える。それをいきなり廃止せよと命じ、神社から仏教的要素を徹底的に排斥することを推進し、ご神体に仏像を使用することも禁止したのだ。これが、全国的に大々的な廃仏運動を燃え盛らせたのである。

奈良興福寺、内山永久寺、伊勢慶光院以下百ヵ寺の惨状は「負の記憶遺産」として永く記憶されるべきであり、千葉・鋸山の五百羅漢像はすべて破壊され、当の薩摩でも1616寺が廃寺に追い込まれ、2966人の僧侶が還俗を強制された。美濃苗木藩では、藩主の菩提寺を含むすべての寺院・仏壇・仏像が破壊され尽くし、この地域では現在殆どの家庭が神道で葬儀を行っているのもこの名残りである。恐ろしいことは、これらが決して一部の特異な事例ではないということである。

今や平成日本人は、「神仏習合」が大和的な、大らかで自然な姿であったことも知らなくなっている。神道の聖地とも言うべき伊勢神宮の神官も、熱心に寺に通って救済を願って仏に手を合わせていたのである。「廃仏毀釈」に目をつむる歴史教育とは、極めて悪質な怠慢を意図して行っていると言えるだろう。

廃仏毀釈という形で我が国固有の文化を嬉々《きき》として自ら破壊する「維新人」の様を見て一番驚き、失望或いは怒りを覚えたのは、維新人が無条件に憧れ、尊敬した当の「文明開化人」、即ち、西洋人であった。

先にベルツの怒りを含んだ忠告とも受け取れる記録に触れたが、廃仏毀釈に代表される自国の文化破壊を怒ったのは、勿論ベルツだけではない。フランス人画家ジョルジュ・ビゴーもその一人である。

学校教科書でビゴーの絵を見た読者は多いことであろうが、このフランス人画家については、彼が居留民の外国人を主たる顧客としていたことや、貧相な日本人像を描いたことで〝反日家〟と捉える向きも多い。しかし、それは全く間違っている。士族の娘を妻に迎えたこの画家は、薩摩・長州人を核とする新興上流階級の日本人は辛辣《しんらつ》な風刺画の対象としたが、庶民の伝統的な日々の生活スタイルには共感を抱き、敬意を払っていた。彼が批判したのは新政府の皮相的とも言える上っ面《つら》の欧化主義であったことは明白である。特に、彼にとって当時の日本女性は、江戸情緒を保ったままの、彼の求めてやまなかった日本的なるものを具現している存在であったのだ。

ビゴーは言う。

「日本で一番いいもの、それは女性だ」

「せっかく日本の女性に生まれたのだから、日本の女性のままでいて欲しい」

さて平成の日本女性は、このビゴーの願いを何と聞くか。

明治新政府が主導した日本的なるものの否定は、廃仏毀釈だけではなかった。

平成生まれ以外の読者なら、誰でも「文明開化」という言葉を知っているだろう。

明治八（1875）年、福澤諭吉が『文明論之概略』において、シヴィライゼーション Civilization の訳語として使ったのが始まりであるとするのが定説となっている。

一般には、文明開化といえば次の俗謡を思い起こす人が多いのではないだろうか。


「ちょんまげ頭を叩いてみれば、因循姑息《いんじゅんこそく》の音がする」

「総髪頭を叩いてみれば、王政復古の音がする」

「散《ざん》切り頭を叩いてみれば、文明開化の音がする」

要するに、当時の流行り歌である。こういう俗謡が流行るほど、新政府は人びとの髪、即ち、ヘアスタイルに至るまで西欧化を強制したのだ。太政官布告を発令し、法律を定めているから、これは「強制」と言っていい。西洋のものなら何でもいいという価値観による風俗統制を行ったのである。こういう点からも、明治新政府による「近代化」とは単なる「西欧化」に他ならなかったことが分かる。

新政府は、「違式詿違《かいい》条例」という法律を施行し、これによって風俗統制を行ったのである。この法律は、現代の軽犯罪法に当たるとも言われるが、それがどういうものであったかは、直接その条例の条項をみた方が分かり易い。

以下は、明治五（1872）年十一月、東京府において布達された「違式詿違条例」の抜粋である。

違式詿違条例

第一条　違式の罪を犯す者は七拾五銭より少なからず百五拾銭より多からざる贖金を追徴す

第五条　違式詿違の罪を犯し人に損失を蒙らしむる時は先ず其損失に当る償金を出さしめ後に贖金を命ず可し

違式罪目

第七条　贋造の飲食物並に腐敗の食物を知て販売する者
第九条　春画及び其類の諸器物を販売する者
第十条　病牛死牛其他病死の禽獣を知りて販売する者
第十一条　身体に刺繍を為す者
第十二条　男女入込の湯を渡世する者
第十四条　外国人を無届にて止宿せしむる者
第十七条　夜中無燈の馬車を以て通行する者
第十八条　人家稠密の場所に於て妄りに火技を玩ぶ者
第二十一条　戯に往来の常燈台を破毀する者
第二十二条　裸体又は袒裼《たんせき》し或いは股脚を露はし醜体をなす者
第二十五条　男女相撲並蛇遣ひ其他醜体を見世物に出す者
第二十六条　第二十二条の如き見苦敷き容体にて乗馬する者
第二十八条　軒外へ木石炭薪等を積置く者

註違罪目
第二十九条　狭隘《きょうあい》の小路を馬車にて馳走する者
第三十条　夜中無提燈にて人力車を輓き及び乗馬する者
第三十一条　暮六つ時より荷車を輓く者
第三十七条　湯屋渡世の者戸口を明放ち或は二階へ目隠簾を垂れざる者
第三十八条　居宅前掃除を怠り或は下水を浚《さら》はざる者
第三十九条　婦人にて謂れなく断髪する者
第四十一条　下掃除の者蓋なき糞桶を以て搬運する者
第四十二条　旅籠屋渡世の者止宿人名を記載せず或は之を届け出でざる者
第四十五条　往来の常燈を戯に消滅する者
第四十八条　物を打掛け電信線を妨害する者
第四十九条　市中往来筋に於て便所にあらざる場所へ大小便する者
第五十三条　犬を闘わしめ及戯に人に嗾《ぞく》する者
第五十四条　巨大の紙鳶《たこ》を揚げ妨害を為す者

以上は、文化人類学者百瀬響氏が『文明開化　失われた風俗』（吉川弘文館）において資料として紹介されているものから、現代からも想像し易く、この条例がどういうものであったかを理解する上で分かり易いと考えられる項目を引かせていただいたものである。

この「東京府下違式詿違条令」が公布された翌明治六（1873）年七月、「各地方違式詿違条例」が、これまた太政官布告として公布された。これは、全国での施行を促すための〝ひな形〟として公布されたものである。

東京府条例が五十四条から成るのに対して、各地方条例は九十条と、規則項目が多くなっている。東京府条例を「都市型」とすれば、地方条例は「農村型」或いは「村落型」と呼ぶことができるであろう。百瀬氏は、「都市型」「村落型」という呼称で分類しているので、本書もこれに倣うこととする。

各地方条例には、確かに村落型らしい規則項目が盛り込まれている。例えばそれは、以下のような項目である。

・他人持場の海草類を断りなく苅採る者
・毒薬並に激烈気物を用ひ魚鳥を捕ふる物
・他人分の田水は勿論組合持の田水を断りなく自恣《じし》に我が田に引入る者

・他人の持場に入り筍《たけのこ》或は蕈《きのこ》類を無断《ことわりなく》採り去る者
・堤を壊《こぼ》ち又は断りなく他人の田園を掘る者
・他村又は他人持場の秣《まぐさ》或は苗代草等を断りなく苅採る者
・神物祭事に托し人に妨害をなす者
・往来にて死牛馬の皮を剥き肉を屠る者
・神社仏閣の器物類を破毀する者
・雑魚乾場に妨害をなす者
・海苔乾場に妨害をなす者
・他人の猟場に妨害する者
・渡舟橋梁の賃銭を不払《はらわず》して去る者
・牧場外猥りに牛馬を放ち飼する者
・山林原野にて徒らに火を焚《た》く者
・田畝中に瓦礫竹木等を投入る者
・遊園及び路傍の花木を折り或は植物を害する者
・往来並木の枝に古草履等を投掛る者

このように、東京府条例も各地方条例も、規制の対象とした日常行動は幅広く、全体を通じて実に細かいという印象を受ける。中には、このようなことまでわざわざ成文化するかと苦笑せざるを得ないものやばかばかしささえ感じる条項もある。

しかし、このような受けとめ方はどこまでも平成という現代の価値基準なり法令というものに対するコモンセンスからみたものであって、新政府の開化主義者は大真面目であり、必死であったのだ。

違式詿違条例に先立って、東京府は「悪習五条の禁」と言われる布令を出している。野蛮な五つの風俗を「悪習」として禁止するというものである。この条項や精神は違式詿違条例に包含されていくのだが、これは典型的な風俗規制であった。その五つの禁とは、以下の風習、行為であった。

・裸体などで往来に出ること
・男女入込洗場（男女混浴）
・春画売買
・陰茎模型売買
・入墨

このような動きだけを観察して江戸期にはこれらが認められていたかのような錯覚を生む言い方をする向きもあるが、それは注意すべきであろう。範囲の微妙な「裸体」の問題は別にして、今でいう「猥褻《わいせつ》」に当たる行為は、江戸期においても「町《まち》触《ぶれ》」などを通して禁止はされていたのだ。

平成の今を考えてみれば分かることである。猥褻に当たる行為は、法令で禁止されており、該当する幾つかの法令に反したとして逮捕されたなどという報道に接することは日常茶飯事ではないか。一方で、猥褻な動画を観ることは容易であり、〝大人のおもちゃ〟を通販で購入することも簡単である。つまり、法令が存在したとしても、殆どのケースはどこかに〝言い訳〟が施されているものだ。或いは、〝言い訳〟の施しようによっては取り締まる側がその気になればいつでも摘発できるというのが実情であろう。この種の〝犯罪〟や軽犯罪と言われるものを法令に照らして厳格に摘発しようとすれば、取り締まる側の物理的キャパシティを大幅に増強しない限り無理であって、そこで、時に予定を組んで「一斉取締り」を実施したりすることになる。交通違反の一斉取締りなども、全く同様である。

現代では稀に〝別件逮捕〟に利用されることもあるが、要するに風俗の取締りとは、法律と倫理観、道徳観の狭間にある事象を対象とすることになると言えるだろう。

復古、復古と喚いて幕府を倒した途端に仏教文化の殲滅《せんめつ》に精を出し、開化、開化の大合唱に覆われたこの時、開化主義者がもっとも神経質になったのが「裸体」であった。

この場合の「裸体」とは全裸という意味ではなく、「肌をみせる」ことすべてを含んでおり、混浴や脛や腿をみせることなども包含している。更に言えば、肩肌脱いで、という姿も、風呂屋の戸口を開けておくことも「裸体」の系統に入れられるべき「醜態」となるのだ。この規制に対して、地方では「裸体免許」を求める運動が発生した事例もある。

注目すべきことは、これらの規制は、開化主義者が偏《ひとえ》に〝外国人の目〟を意識して制定したものであるという点だ。確かに外国人が日本人の公共マナーの欠落や習俗の範囲に入る行為に対して抗議する、クレームを入れるということは、あったようである。しかし、規制の多くは、多分外国人が嫌うであろう、文句を言うであろうという開化主義者の先回りした想定や思惑によって制定されている。要するに「忖度《そんたく》」である。

確かに日本では、裸に接する機会は多かった。当時、混浴は一般的であったし、百姓や車夫が半裸で仕事をすることも日常的な光景であった。開化主義者は、このような「裸体文化」とも称された日本人の習俗を外国人が非文明的であるとして嫌悪するならば、多分あれも同様であろう、これも非難されるであろうと先回りして「野蛮」「汚習」と自己否定して規制の範囲を無秩序に拡げていったのである。

先に紹介した百瀬響氏も『文明開化　失われた風俗』において次のように述べている。

——このような規制は外国人のまなざし——野蛮／文明という判断の——を意識したものであったが、日本国内で禁止された風俗にかかわる項目は、彼らによって批判されたもののみではなかった。外国人によって直接批判されていないものについても、「外国人が批判するであろうから」という理由で禁止されていく。あるいはまた外国人から批判的意見を聞いたことから、率先して禁止を提案する例もある。——

つまり、彼ら開化主義者は、〝率先して〟外国人からみて〝いい子〟になろうとしたのだ。

百瀬氏は、『東京日日新聞』『新聞雑誌』『日要新聞』といった当時のメディアがこれを煽った様子も紹介している。

大東亜戦争に敗れ、米軍に占領支配されていた昭和二十年代からその後の三、四十年代がまさにそうであったように、外圧による、またその影響による世代りの時にはこの国には必ず「勝者に媚びる知識人」がオピニオンリーダーとして登場する。

例えば、森有礼《ありのり》や西周は紛れもなくこの時期のオピニオンリーダーと位置づけられる。そして、興味深いことに二人共日本語廃止論者であった。彼らにしてみれば、固有の言語である日本語、日本語文すら非文明的であったのだ。実は、大東亜戦争敗戦時、即ち、ＧＨＱによる日本の占領統治が始まった時期にも全く同じ主張をする者がいたことも知っておくべきであろう。

開化主義者の中には、西洋人と混血すべきであると主張する者さえいた。西洋人の肉体的な優秀性を説き、強健な肉体を作るには肉食すべきであるとし、その延長線上に人種改造論とも言うべき西洋人との混血が必要であるとする主張が大真面目に展開されたのである。

ここまでくると、もはや究極の〝西洋かぶれ〟と言うべきであるが、この種の主張は投げやりの気分で為されたものでなければ、皮肉や不真面目によるものでもなかった。むしろ真剣に自分たちの非文明、野蛮を嘆いた上での主張であったのだ。

これが、明治復古政権による「文明開化」の正体である。そして、これもまた「明治精神」の一つであった。

混浴や裸体について多少付言しておくと、庶民の男女混浴を強く批判して世界に広報したのは、かのペリーである。下田で混浴を見聞したペリーは、これを指して日本人の道徳性の欠如、堕落と断定した。『東洋紀行』で知られるクライトナーも、公衆道徳の欠如であると強く非難した。

一方で、駐日スイス領事R・リンダウになると見方が異なる。非難を急ぎ過ぎる危険性を説き、

「育てられてきた社会の約束を何一つ犯していない個人を、恥知らず者呼ばわりすべきではない」


と主張する（『スイス領事の見た幕末日本』）。

また、英国女性イザベラ・バードは明治十一（1878）年に来日し、三ヵ月に亘って東北、北海道を旅して貧しい農村風景を『日本奥地紀行』として著したことで知

られるが、やはり農婦や車夫の半裸姿に驚き、戸惑っている。しかし、彼女は、そういう庶民の勤勉さや礼儀正しさも同時に正しく観察している。

つまるところ、彼ら西洋人に文明的優越感があり、それに由来する余裕とも言うべき心理やいわゆる〝上から目線〟とも言うべき見方、態度が共通して存在したことは紛れもないが、ペリーとバードの違いは普遍的な知性の差であるとみることもできるだろう。

改めて振り返ると、薩摩・長州は早くからイギリスへ秘密留学生を送り、密輸入という形でイギリスから武器の支援を受けて幕府を倒すことに成功した。薩摩に至っては、伝統的に日本第一の蘭癖《らんぺき》（西洋かぶれ）藩であった。そういう彼らが、天皇権威を利用するために〝方便〟として「尊皇攘夷」を声高《こわだか》に喚きながら、事が成就するや否や一転して、日本語廃止を主張するほど、或は混血による人種改造を唱えるほど西洋に憧れ、万事西洋化に狂奔したことは決して不思議なことではないのである。

そして、彼らは武器の優劣＝軍事力の優劣、即ち、工業力のみで西洋の優位を認め、工業力で劣る自らを「非文明」と位置づけ、非文明の民族の風俗は野蛮、野習であると断じて恥じたのである。当然、このことが前時代＝江戸期を全否定することに繋がったことは言うまでもない。

多くの学者、研究者が、一連の文明開化策は不平等条約の撤廃を意識して文明国家として世界に認められることを目指して、明確な目的意識を以て展開されたものであったと、今日でもまだ説いているが、これこそ官軍史観による後付け史観の典型である。

私自身が、このような歴史教育を受けて育った一人である。曰く、「好き好んで鹿《ろく》鳴館《めいかん》で踊っていたわけではない」と。

敢えて言うが、彼らは好き好んで踊っていたのだ。ここまで述べてきた文明開化の正体が、そのことを正直に示している。

不平等条約の改定に対する新政府中枢の態度がどういうものであったかは、後章で詳しく述べるが、岩倉使節団の成立過程とその顚末を具にみれば明白である。開化主義者に条約改定に対する意識が全くなかったわけではないが、すべては条約改定のためにというような悲壮な思いで西洋化に邁進したなどということは全くなかったことを強く指摘しておきたい。

高度な文化国家であった「江戸」を埋め去られ、その情報を失った日本人が西欧コンプレックスという心理に支配されたのは、実にここからのことであった。

7 官民癒着による「長州型政治」

凡そ私たち現代日本人ほど自国の歴史を知らない民族というのも、世界的にみて珍しいのではないだろうか。

何故そうなったか。その〝戦犯〟を挙げろと言われれば、それははっきりしている。文部省（文部科学省）であろう。

私どもの少年期から既にその芽はあったが、中学・高校の歴史の授業とは、歴史事象を時系列に並べて簡単に解説していくだけであった。生徒は、年号を暗記することに最優先のエネルギーを費やさざるを得なかった。

そこへ追い打ちをかけるように、平成六（1994）年から高校では世界史は必修科目、日本史は地理との選択科目となった。本来、逆であろう。我が国の文部科学省とは、そういう役所なのだ。

因みに、我が国最初の文部大臣は、先に触れた薩摩藩出身の森有礼である。啓蒙学術団体とも言うべき「明六社」を結成して初代代表を務めた森は、一面で急進的な西欧模倣主義者であり、「明六社」設立以前に英語を国語とすることを提唱している（国語外国語化論）。彼はこの時、イェール大学のウイリアム・ホイットニーに意見を求めているが、ホイットニーの方が、日本語のローマ字化に留めるならともかく、日本語の廃止には強く反対している。西欧人の反対がなければ、この薩摩人は本当に日本語を廃止していたであろう。

既述した通り、明治新政権とは「復古政権」である。建前ではあっても「復古」をスローガンとして成立した政権が、西欧を神のように崇めたのだ。真に奇妙と言えば奇妙な政権である。

明治も三十年代のことであったかと思うが、薩摩の大山巌《いわお》が、面詰されて、

「あの時はあれしかなかったのだ」

という意味のことを苦し紛れに答えたという逸話が残っている。

大山巌とは、日露戦争において満州軍総司令官を務めた、あの「ガマ坊」大山である。彼は、幕末動乱時は薩摩・誠忠組のメンバーであり、「寺田屋事件」の当事者の

一人である。つまり、「公武一和」が主流であった薩摩藩内でも数少ない尊攘激派の急進派であった。

つまり、大山たちは、列強と和親条約、通商条約を締結し、国際協調路線を採った徳川幕府を、古《いにしえ》より神聖な天皇を奉じ、麗しき伝統を守ってきたこの神国を汚らわしい夷狄に売り渡す国賊として武力討伐に走ったのである。「あれしかなかった」とは、このことを指している。もっと簡略に言えば、大山の言う「あれ」とは、「尊皇攘夷」であり、「復古」である。

結局、大山は自ら「尊皇攘夷」や「復古」というスローガンが、単なる「方便」に過ぎなかったことを正直に〝白状〟しているのだ。

大英帝国の軍事支援を受けながら、討幕という政争に勝利するためには、攘夷、復古という単調で分かり易いキャッチフレーズを大音量で喚かないと、大衆参加のムーブメントを創ることができなかったという、明治維新という軍事クーデターが抱えるそもそもの不幸がこの点にある。そして、このことが「明治近代」を虚構の歴史で覆わざるを得なくなった主因ではないか。

明治維新至上主義者とも評すべき司馬遼太郎氏は、『「明治」という国家』（日本放送出版協会）において、次のように語っている。

——明治は、リアリズムの時代でした。それも、透きとおった、格調の高い精神でささえられたリアリズムでした。——

また、「明治は清廉で透きとおった〝公〟感覚と道徳的緊張＝モラルをもっていた」とも言い切る。

私は、これには異論がある。ただ、司馬史観の誤りについては『明治維新　司馬史観という過ち』（悟空出版）など、これまでの著作で詳しく述べているのでできるだけ重複は避けるが、公感覚とかモラルということについていえば、新政府のリーダーに成り上がった開化主義者や新しく生まれたエリート層が、江戸期武家社会の倫理観や武家らしい佇まいというものからはほど遠かったことをはっきり指摘しておきたい。

繰り返し述べてきたように、そもそも明治新政府とは、「王政復古」をスローガンとし、天皇親政を企図した「復古政権」である。これは、これを喚いている尊攘激派と言われたテロリスト本人ですら、少し冷静で頭の回る者は単に名分として喚いているに過ぎないことをある程度自覚していたはずである。目的は討幕とその結果としての政権奪取であって、「復古」はその目的を達成するための思想的手段であったはずなのだ。

ところが、余りにも激しくこれを囃《はや》し立てている間に気分が高揚し、手段の域を超えてしまい、目的をすらぐらつかせてしまう局面が出てくるほどに、彼ら自身が錯乱してしまうのである。

この時喚かれた復古という主張の愚かしさを示す「天誅組の変」という、実に無意味な争乱があった。京が長州テロリストによる騒乱状態のピークにあった文久三（1863）年のことである。

久留米藩真木和泉という狂気の復古主義者と言ってもいい男の発議と言われているが、長州激派が、三条実美《さねとみ》などの長州派公家を操り、孝明天皇の神武天皇陵参拝をぶち上げた。

孝明天皇が大和へ行幸され、神武天皇陵を参拝した上で「攘夷の断行」「天皇親政」を宣言するというもので、これを詔勅として発した。勿論、これも当時尊攘激派が乱発した偽勅の一つである。

これを受けて、土佐脱藩の跳ね上がりとも言うべき吉村寅太郎ら約四十名が、過激だけが売りの若輩公家中山忠光（当時数えで十八歳または十九歳）を担いで挙兵したのが「天誅組の変」である。

確かに、大和朝廷という言葉が存在するように、大和は天皇家発祥の、或いはその支配権が成立した聖地であるかも知れない。天誅組は、そういう大和で挙兵し、天皇の「大和行幸」を迎えようという名分を立てた。勿論、勝手な名分である。朝廷は、先に挙兵し、大和で迎えてくれなどと頼んでもいない。このあたりの言い分は、マンガチックでもある。

天誅組は、南大和七万石を管轄する代官所である五条代官所＝五条陣屋を襲撃、代官の鈴木源内以下を惨殺した。

いっぱしの志士気取りの〝跳ね上がり集団〟が大和で挙兵を図り、そこでターゲットにされたのが五条陣屋であったということだ。要するに、旗揚げの血祭りとして「幕府代官の首」が欲しかったということなのだ。

代官の鈴木源内という人は、ひと言で言えば善政家であった。領民からの信頼も厚かった人物である。

天誅組という、復古を喚き、復古の聖地大和で何の意味もない武装蜂起をしたテロ集団に対して、襲われた五条陣屋はどれほどの〝戦力〟をもっていたのか。結論から言えば、殆どゼロであった。

七万石という規模の領地なら、これが藩（大名領）であったなら、家臣団は多くても二百〜三百名というところであろう。ここへ、藩士の一族郎党から戦力となる者が加わるから七、八百の戦力構成は不可能ではない。

では、五条陣屋はどうであったかというと、代官の鈴木源内以下、「手付」「手代」を含めて官吏総勢で十四名であったという。たったこれだけの人数で、七万石の領内の行政、司法すべてを担当していたのである。

代官同様「手付」も幕府直参であるが、御目見得《おめみえ》以下の者、即ち御家人が多かった。これも江戸から赴任してくるが、「手代」は現地採用である。現地の百姓から選抜されるのが、仕組みとしての「手代」であり、従って陣屋の役人とはいえ、元は百姓である。非常に厳しい試験を通ってくるので、学問のできる者が揃っていた。百姓とはいえ、大小を束《たば》ねており、十手《じって》をもっているほか、通常小者が二〜三人付く。馬に乗ることも許されており、騎馬で領内を巡察する様は、大名領なら百石とか二百石取りの武家と変わらない。唯一違いがあるとすれば、槍をもつことを許されていなかったことくらいであろう。

それにしても、七万石で十四名とは何と無防備なことか。これでは、戦力という見方をすれば、小者を含めても二十名前後にしかならなかったはずである。しかも五条陣屋の場合は、領内に山深い、あの十津川村などを抱えており、石高の割に領内は広大な山地であった。

しかし、この規模は、何も五条陣屋に限ったことではなく、天領を管轄する代官所というものは、どこでも大体このような規模であった。この規模で、行政全般、司法のみならず、もっとも重要な防衛＝軍事をすべて担当するのである。今の霞ヶ関の官僚や地方自治体の職員なら、一笑に付してその事実を信じないであろう。

別の見方をすれば、天領には「サムライ」の数が極端に少なかったということだ。天領とは、それで済むほど平和で、平穏な土地であったとも言えるのである。

天誅組は、代官鈴木源内、手付長谷川岱助以下五名を惨殺、その首を晒した。手代も含まれている。

これが、復古を具現化しようとした輩《やから》の所業であるが、この天誅組を五条陣屋襲撃へと導いたのは、乾《いぬい》十郎という男である。医者ということになっているが、医者としては殆ど知識も技量ももち合わせず、按摩《あんま》をやりつつ医者の真似事をやっていたようだ。

乾は、儒学を森田節斎に、国学を梅田雲浜《うんぴん》に学んでいる。地元五条に生まれ、かなりの秀才であったようで、陣屋の手代に欠員が出るなどの巡り合わせでもあれば、取り立てられても不思議ではなかったほどの学識をもっていたと言われている。

なお、師の森田節斎も五条の生まれであり、森田の師は、頼山陽《らいさんよう》である。五條市では今もなお、「幕末五条の三傑」といって、この乾十郎と、天誅組の井沢宜庵、そして、森田節斎を顕彰しているが、こういう事実も、平成という現在が依然として薩長政権そのままの時代と変わっていないことを如実に示している。五条という地域社会への貢献を顧慮して顕彰するならば、先ずは代官の鈴木源内ではないのか。

「明治百五十年」と謳うならば、この機会に五條市は、〝あてがわれた歴史〟を排し、自ら能動的にその歴史を検証すべきではないだろうか。

新政府成立後、乾は何と正五位を贈られている。そして、「天誅組の変」を「維新の魁《さきがけ》」などと美称したり、維新の導火線になったなどと高く評価する向きもあるが、それは稚拙な誤りの極みと言うべきであろう。どうみても、俗にいう明治維新との間でさえ意味的な繋がりを全くもたないのだ。

「天誅組の変」とは、ひたすら御料地（天領）の平穏のみを願っていた善政家代官鈴木源内以下の五条陣屋を一瞬にして地獄に落としただけの、無意味なテロであったに過ぎない。

これは、勤皇思想の過熱、暴走が生んだ泡のようなものであると考えた方が分かり易い。

現実の討幕勢力が唱えた尊皇や攘夷といった主義主張は、どこまでも俗世の政権簒《さん》奪《だつ》戦を勝ち抜くための建て前である。動乱に関わった末端の者には、この建て前をそのまま、強いて好意的に言えば純粋に信じて、暴虐の所業を正義と信じて行った者が多数存在したということである。別の言い方をすれば、これが原理主義の恐ろしさと愚かさであろう。

福澤諭吉は、権力は必ず腐敗すると断言した。この言に普遍性があるとは思いたくはないが、天誅組のような跳ね上がりを生んだ原理主義を方便として成立した復古新政権は、この後、福澤の言う通り絵に描いたように腐敗していく。主役は、やはり長州閥であった。建て前、方便にこだわらざるを得なかった尊攘激派の弱みが噴出したとみることもできるだろう。

「透き通った、格調の高い精神で支えられたリアリズム」とは全くほど遠い政争と腐敗。この新政府の醜悪な姿が、維新クーデターの武闘派リーダー・西郷隆盛に「怒りの口実」を与えたのではないかと思えるのだ。

福澤諭吉による『明治十年丁丑公論《ていちゅうこうろん》』は、次の緒言から始められている。

──凡そ人として我が思う所を施行せんと欲せざる者なし。即ち専制の精神なり。故に専制は今の人類の性と云うも可なり。人にして然り。政府にして然らざるを得ず。政府の専制は咎むべからざるなり。政府の専制咎むべからざると雖も、之を放頓すれば際限あることなし。又これを防がざるべからず。今これを防ぐの術は、唯これに抵抗するの一法あるのみ。世界に専制の行わるゝ間は、之に対するに抵抗の精神を要す。その趣は天地の間に火のあらん限りは水の入用なるが如し。──

つまり、人が権力を手にすれば専制に陥るものであり、それは仕方がない、但し、それを放置すれば際限がないので、大切なことは抵抗すること、抵抗の精神をもつことである、というのだ。

思想啓蒙家として誰もが知る福澤の「本性」は、武家のそれであり、彼の啓蒙思想は武家的精神に支えられている。このことは、意外に軽視乃至《ないし》は無視されているので、注意を要する。

明治復古政権は、確かに腐敗していた。特に成立時から前期は、汚濁にまみれていたと言っても過言ではない。

幾つか新政府の腐敗の実例を挙げておこう。これらは、今日の政権、政治家や企業人の腐敗、倫理観の欠落のルーツであるという点で、特に重要な史実である。

山城屋和助《わすけ》事件という典型的な汚職事件があった。単なる汚職事件というより、陸軍省疑獄とでも呼ぶべき醜悪な事件であった。

山城屋和助、元の名を野村三千三《みちぞう》と言い、長州奇兵隊の幹部であった。つまり、山縣有朋の部下であった男である。

御一新後、野村は山城屋和助と名乗り商業を生業《なりわい》とし、山縣の引きで兵部省御用商人となった。山縣が、山城屋からの軍需品納入に便宜を図ったことによって、山城屋は忽《たちま》ち財を成し、豪商と言われるほどまでのし上がった。これによって、山縣自身も財を成したことは言うまでもない。典型的な癒着である。山縣だけでなく、長州閥の軍人や官吏の遊興費は山城屋もちであったという。

そのうちに山城屋は、生糸《きいと》相場にも手を出し、その資金を兵部省が改組された陸軍省から何の担保も出さず引き出したのである。その額何と十五万ドル。全く、稚拙な漫画のような話である。いやしくも国庫であり、公金であろう。国家というものを私有物のように扱っていた長州人の感覚とは、それほど未熟であり、それこそ未開であったのだ。この構図が「長州型政治」として、今日まで「型」として引き継がれることになる。

ところが、ヨーロッパの生糸相場が暴落、山城屋は投機に失敗した。これを取り返そうとして、山城屋は再び陸軍省公金を借り出したのだが、総額は日本円にして六十四万九千円余とも八十万円とも言われている。これは、当時の国家歳入の一パーセント強、陸軍省予算の一割弱に当たる、途方もない金額である。

山城屋は、大金をもって渡仏したのだが、損失の挽回を図ったかといえば、全くそういう行動はとらず、連日連夜、パリの歓楽街で豪遊した。

時は、薩摩・長州が徳川幕府から政権を奪取したばかりの明治五年である。この時代、パリではまだまだ珍しい日本人が連夜に渡って豪遊すれば、当然目立つ。忽ち、フランス駐在中弁務使鮫島尚信がこれをキャッチした。そればかりではない。イギリス駐在大弁務使寺島宗則も、ドーバー海峡の向こうの大陸で噂になっているこの日本人の情報を掴んだ。二人から本国の副島外務卿にこれが報告されたのである。

国内でも山城屋と陸軍省の汚い関係が放置されたわけではない。陸軍省内部で山城屋の動きに不審を抱く者が誰もいなかったということは、あり得ないのだ。

陸軍省会計監督種田政明（薩摩出身）が秘かに調査、その結果を同じ薩摩出身の陸軍少将桐野《きりの》利秋《としあき》に報告、ここでこの癒着関係は一気に表面化した。近衛兵を中心に山縣有朋陸軍大輔《たいふ》の責任を追及する声が沸騰、追いつめられた山縣は、辞表を出さざるを得なくなったのである。

この段階で、一定期間にせよ山縣が政治生命を失ったとしても不思議ではなかった。政治生命を断たれたとしても当然であったが、これを救済したのが西郷隆盛である。

簡略に述べるに留《とど》めるが、山縣追及の急先鋒は近衛兵であった。その長官とも言うべき近衛都督《ととく》は、山縣が兼務していた。

明治三（1870）年、薩摩、長州、土佐三藩が兵を差し出し、「御親兵《ごしんぺい》」が成立した。これを主導したのが西郷である。新政府が新たな施策に着手できたのは、背景にこの武力があったからであり、特に〝第二のクーデター〟と言われる「廃藩置県」が断行できたのも、新政府が八千名のこの軍事力をもっていたからである。

御親兵は、明治五（1872）年に「近衛兵」とその名を変えたが、一貫して中核を担っていたのは薩摩兵であった。中世以来の独立圏薩摩という風土で郷中教育《ごじゅう》の躾を受けて育った薩摩兵は、郷党意識《きょうとう》、団結力、平たく言えば仲間意識が非常に強いと言われる。彼らは、軍隊についても新しい組織を創らなければならない立場の西郷にとって、次第に厄介な難物にもなっていたのだ。西郷は、既に近衛兵の解散を考えていたようだ。つまり、消極的ながら「徴兵制」の導入を企図していたものと考えられる。

西郷は、山縣を陸軍大輔に専念させることとし、自らが陸軍元帥・近衛都督に就任することによって山縣を救ったと考えられるのだ。

山城屋和助は、急遽パリから呼び戻されたが、既に返済能力もなく、証拠書類をすべて焼き払った上で、明治五（１８７２）年十一月、陸軍省内の一室で割腹自殺を遂げた。これによって、事件は闇に葬られることになってしまったのである。

「尾去沢《おさりざわ》銅山事件」も、これまた長州閥による絵に描いたような権力犯罪であった。大蔵大輔井上馨《かおる》（聞多《もんた》）が官権を悪用し、民間人から銅山を強奪するという、露骨といえば露骨過ぎる犯罪であった。

伊藤博文（俊輔）と共に新政府きっての女癖の悪い井上という男は、金銭欲も激しかった。二人は、高杉晋作の〝子分〟として走り回っていたが、まるで女と金を求めて動乱の時代を疾駆《しっく》していたかのような印象がある。

そもそも、井上を大蔵大輔に任命するなどという人事は、盗人《ぬすっと》に財布を預けるようなものであって、新政府、特に長州閥の性格をよく表わしている。この男は、長州俗論党に襲撃されたことがあるが（袖解橋《そでときばし》の変）、さすがの司馬遼太郎氏も、この時死ぬべきであったと断じている（人の生死を手軽に扱い過ぎる言い方ではある）。大蔵大輔時代は「今清盛《きよもり》」と言われていたほど、権力によって財を成すことに執着が強かったようだ。

この事件が表沙汰になった時の大蔵卿は大久保利通であったが、彼は岩倉使節団として外遊中であり、留守政府の大蔵省は井上が私物化していたと言っても過言ではない。

南部藩は、御用商人村井茂兵衛から少なくとも五万五千円という多額の借金をしていたが、当時の習慣によって証文には「奉内借」（内借し奉る）と書かれていた。これは、藩への貸付金の一部でも返却された時に提出することを想定した文言であって、武家や大名家と町民である商人との間の儀礼的慣例である。

いくら井上と雖《いえど》も、その程度のことは分かっていたはずである。ところが井上は、これを「村井が藩から借財している」として即時新政府への返却を命じたのである。いきなり新政府へ、ということ自体非論理の極みであり無茶苦茶な話であるが、この時、井上に指揮された大蔵省は、村井の釈明を一切聞かず、強引に村井の債務だとして返済を迫った。実に稚拙な、かつ官権を悪用した露骨なやり口である。

藩への貸付を逆に藩から借金したことにされてしまった村井は、年賦返済を願い出るが井上はそれも拒否、尾去沢銅山を没収してしまう。日本近代史の研究家毛利敏彦氏は『明治六年政変』（中央公論新社）において、以下のように述べている。

――やむをえず村井が年賦返済を嘆願すると、それを拒絶して理不尽にも村井が経営していた尾去沢銅山を一方的に没収した。旧幕時代にも例を見ないほどの圧政といえよう。

村井は、銅山の経営権を入手するために十二万四千八百円を費やしていた。ここに、村井は破産同然となった。大蔵省の強引なやり方を見ると、藩債返却云々は口実で、当初から尾去沢銅山没収をねらっていた疑いが濃い。――

尾去沢銅山を没収した井上は、工部省小輔山尾庸三に命じて、これを井上家出入りの御一新後の成り上がり政商岡田平蔵に払い下げさせたのである。その条件は、払い下げ金三万六千八百円、しかも十五年賦、無利息という無茶苦茶な好条件であった。井上は、大蔵大輔辞職後の明治六年八月、尾去沢銅山を視察、この時の視察費用も岡田が負担したことは言うまでもない。そして、現地に「従四位井上馨所有地」という立看板を堂々と掲げるという、厚顔無恥な振舞いを行っている。仮に、自費で購入したとしても大問題であるが、尾去沢銅山を所有したとするなら井上はそれを入手するについて一銭でも身銭を切ったか。否、であろう。すべて公金と官権を私的に悪用したに過ぎない。先述の毛利氏も「出入り商人岡田を隠れみのに使って銅山の私物化を図ったきわめて悪質な権力犯罪」であると断罪している。

言うまでもないことかも知れないが、井上も岡田も、そして、協力した工部省の山尾も皆、長州人である。

まるで観光旅行のような「岩倉使節団」として外遊していた木戸孝允《たかよし》は、訓令を無視して意識して遅れて帰国した早々、井上の救済と事件もみ消しに奔走することになる。帰国三日後には長州閥の子分井上の自宅を訪問、渋沢栄一を交えて事件もみ消し工作を談合している。

動乱の時代に「逃げの小五郎」と言われた桂小五郎は、御一新後、木戸孝允と名乗る、西郷、大久保に並ぶ〝大物〟となったが、彼が「岩倉使節団」参加を強く希望したのも、内政からの「逃げ」であった。思い切り簡略に述べるが、生まれたばかりの新政府は、さまざまな難問を抱えており、内治に関わるのが嫌になったのである。

木戸については、とかく健康上の問題が云々されるが、それはもう少し後のことで、御一新後彼がやったことといえば、もっとも精力的に動いたのが長州閥子分たちの不始末（実際には犯罪）をもみ消すことであった。山縣・伊藤・井上たちは、皆、木戸の子分であって、私のような浅学の徒が「子分」と表現してもさほど重みもないが、博士号をもつ学究の人である先の毛利氏でさえ「子分」という表現を用いている。

親分木戸は、子分の犯罪について全くその理非を問わず、ただ子分であるというだけで直ぐ事件もみ消しに走っている。「明治六年政変」という政局大混乱の時にも、木戸は子分たちの事件を基準に態度を左右させているフシが濃厚である。これではまるでヤクザの世界同様であり、明治長州閥というものが如何に醜悪な集団であったかを思うべきであろう。

「小野組転籍事件」という、これも木戸が子分救済に一生懸命になった事件がある。舞台は京都。主役は、京都府参事槇村正直《まきむらまさなお》、後に男爵、元老院議官にまで昇った長州閥の大物である。被害者は、三井などと肩を並べる江戸期以来の豪商小野組。その他、やはり井上も、実は木戸自身も絡んでいる。

小野組の本拠地は京都であったが、御一新後、東京が首都になり、小野組の商売も東京が中心とならざるを得なかった。そこで、明治六（１８７３）年四月、小野組は東京への転籍を願い出たのだが、京都府はこの願書受理を拒否した。理由は、明白である。

当時の新政府地方官は、ひと言でいえば天下が薩長のものになって己が旧大名に代わって新しい大名になった程度の認識しかもっていなかった。これが実態である。

そこで、公的な税金＝公租以外に臨時の金を豪商に出させることが当たり前のように行われていたのである。この金は、参事や後の県令を中心とした地方官の懐に入るのだ。従って、転出をさせなかったのである。「金づる」であったから転籍させなかったということだ。

問題は、槇村が木戸の懐刀であったことだ。木戸の政治資金は、殆ど京都府から出ていたと言われている。政治資金などともっともらしい表現をしたが、私的な金を含む全収入と考えて差支えない。木戸が京都の屋敷を入手する時、それを担当したのは槇村である（その時は三井が絡んでいる）。

桂小五郎（木戸孝允）の銅像

更に、小野組は三井の商売仇、三井といえば井上であり、井上も木戸の子分である。西郷が、井上に面と向かって「三井の番頭さん」と呼んだことは、余りにも有名な話だ。

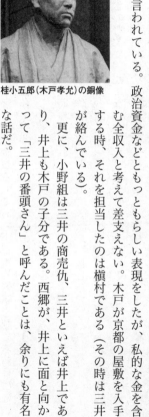

槇村、井上としては、京都府の「金づる」である小野組の転籍を認めるわけにはいかず、何と小野家当主を白洲に引っ張り出して転籍の断念を迫るという暴挙に出た。それ以外にも、京都府庁自らさまざまな迫害を加えたと言われている。

堪りかねた小野家は、当時注目されていた「司法省達第四十六号」を頼って、畏れ多くも天朝の役所である新政府京都府を相手に訴訟を提起したのである。

当時の司法卿江藤新平は、明治期には稀有な法治主義の鬼であり、「人民の権利」という概念の普及に躍起になっていた。法のもとでの四民平等は、江藤の悲願であったと言ってもいい。司法省官吏は、江藤から「司法権の独立」という概念についても徹底した教育を受けている。

京都裁判所は、小野家の主張を認め、転籍願の受理を京都府に命じた。当然といえば当然の判決であろう。京都府に対して、普通に行政事務を執り行えと指導したようなものである。

ところが、京都府はこの判決を拒否した。それればかりか、裁判所に訴えたのは怪しからぬと、小野組への迫害を更に強めた。明治新政府の官吏・地方官とは、急に手にした権力に慢心し、まるで〝ドラマの悪代官〟そのままに徹底して一般人・庶民を見下していたということである。

こうなると、硬骨漢司法省も黙ってはいない。知事・参事は、判決を履行しない罪を問われることになり、この一件は行政訴訟であったものが刑事事件へと発展した。京都裁判所は、形式的な知事ではあったが、公家出身の知事長谷信篤に贖罪金八円、参事槇村に同六円を課すに至った。

しかし、それでもなお京都府参事槇村は、この刑を拒否したというから驚く。自分たち長州人は天下をとったのだと、よほど慢心していたとしか考えられない。

遂に、京都裁判所は、「槇村正直の法権を侮辱する更に之より甚しきはない」として、司法省に対して槇村の拘禁を上申したのである。

先述の毛利氏は、これについて面白い表現をしている。

――京都府庁にとっては、慣習通りに人民を抑圧したにすぎない軽い事件のつもりであったが、人権を重視する裁判所の意外に強硬な態度に事の重大性を悟った。――（前出『明治六年政変』）

この京都府と裁判所の対立は、中央政界における大蔵省と司法省の対立という政治問題にまで発展した。

木戸は、こういう子分の不始末に振り回されることになる。新政府で唯一の理論家であり、近代人であった江藤の創った裁判所は、一般市民にとっては人権の最後の砦であったが、長州閥の支配する新政府官員にとっては邪魔者であったのだ。

京都の一件について木戸は、裁判所など廃止した方が天下のためであり、人民のためになると息巻いたが、これは一体どういう理屈であろうか。恐らく、自分の資金源を断たれたくなかったのであろう。

西郷が、朝鮮への使節派遣問題で窮地に立っている時、この男の頭は犯罪を犯した自分の子分の救済と、不正を容赦しない司法省、即ち江藤に対する憎悪で占められていたのである。

「維新の三傑」などと言われてきた木戸にしてこの有様である。「明治は清廉で透きとおった〝公〟感覚と道徳的緊張＝モラルをもっていた」（司馬遼太郎氏）とは、一体どこをみた論であろうか。明治は、少なくとも初期から前半にかけては腐敗し切っていたのである。

これらの醜悪な権力犯罪が問題となった時期は、先に述べた「違式詿違条例」が施行され、「文明開化」の大合唱の中、庶民がこれまでの風俗まで「野蛮だ」「非文明だ」と決めつけられて西欧化を強制されていた時期と重なる。実態は、何でも西洋風を強制していた、長州人を中心とした明治新政府首脳こそが、西洋人が知ったら驚愕するような腐敗の権化とも言うべき存在であったのだ。

このような権力欲、金銭欲に支配され、汚濁にどっぷり浸《つ》かった政権は、残念ながら三流の政権と位置づけざるを得ないであろう。

徳川幕府を倒した中心勢力である長州閥が行ったこのような政治を「長州閥政治」とすれば、今日まで生きているこの政治スタイルは「長州型政治」と呼ぶことができる。

官が特定の民に便宜を図り、双方が利益を得る。この「長州型」政治スタイルがあって対外侵出に没頭する軍国日本が現れ、敗戦を経てもなおこの政治形態だけは生き続けていることは、今の政権の姿をみれば明白であろう。

第二章　火の国 薩摩

1 「官」と「賊」を往復した維新の巨魁《きょかい》

維新の三傑という。改めて説明するまでもないだろうが、いわゆる「明治維新」という〝偉業〟を成し遂げた三人の英雄、即ち、長州の木戸孝允、薩摩の西郷隆盛、大久保利道の三人のことを言う。

そもそも明治維新というクーデターを偉業とは考えず、民族にとって大きな過ちではなかったかという問題提起を続けている私からすれば、英雄とか英傑というイメージは全くないが、徳川幕府を倒した薩摩・長州という勝利者の中心人物であったことは紛れもない史実である。

前章で述べた通り、明治近代というこの百五十年の歴史とは検証を求められている虚構の歴史である。虚構の歴史において活躍した英傑とは、取りも直さず虚像でしかない。

維新の三傑という形で語られるこの三人も、虚像のまま今日まで生き永らえてきたと言ってもいいだろう。特に、その筆頭に位置づけられる西郷隆盛は、余りにも実像との間のギャップが著しい人物であると考えられ、この人物の実像に迫らない限り維新史の解明は不可能であると考えている。

即ち、明治維新以降の虚構の歴史から虚構を排するには、避けて通ることのできない存在である。

日本三景、京都三大祭などという表現があるが、私たち日本人は、三とか七といった吉祥を意味する数字を使って人や物事をシンボライズすることが好きなようである。「維新の三傑」の他にも「幕末の四大人斬り」などという言い方もあるが、勝ち組になれば暗殺者ですら英雄的に語られるということである。因みに「幕末の四大人斬り」とは、田中新兵衛（薩摩）、岡田以蔵《いぞう》（土佐）、河上彦斎《げんさい》（熊本）、中村半次郎（薩摩）のことを指す。中村半次郎とは、後の西南戦争を主導し、戦死した桐野利秋のことである。

また、「幕末の四賢侯」などという表現もある。薩摩藩第十一代藩主島津斉彬《なりあきら》、土佐藩第十五代藩主山内豊信《とよしげ》（容堂《ようどう》）、福井藩第十四代藩主松平慶永《よしなが》（春嶽《しゅんがく》）、宇和島藩第八代藩主伊達宗城《むねなり》の四人の大名のことであるが、今でも教科書に登場するこの言い方は典型的な倒幕勢力用語であって、どこが賢侯たる由縁《ゆえん》かとなると首をひねらざるを得ず、幕末史を偏りなく理解する上では邪魔になりこそすれ、何の助けにもならない。

ただ、この種のシンボライズするための表現に目くじらを立てることに意味はなく、テロリズムを手段として勝利した勢力だからこそ暗殺者も多少英雄視され、大老井伊直弼と対立したから〝賢侯〟などと祭り上げられただけのことである。尤も、テロリズムの中心勢力でありながら、薩摩・長州の過激派が長州藩（萩藩）主毛利敬親《たかちか》（慶親《よしちか》）を同列に加えなかったのは、さすがに気が引けたということであろうか。

さて、維新の三傑の中でも特に国民的人気の高い西郷隆盛であるが、福澤諭吉までもが人物であると評し、「大西郷」とも称されるこの〝偉人〟の偉人たる評価も、結局は官軍教育、薩長史観の産物と言えそうだ。とはいえ、維新の三傑の筆頭に位置づけられ、偉大な人格者とまで評価され、それによって高い人気が定着した感のある西郷についてあれこれ述べるのは、正直なところ気が重い。

例えば、今の鹿児島へ行っても、西郷の人気は圧倒的である。同じ三傑に列せられている大久保利道とは、まるで敵味方のような扱いの差があると言っても過言ではない。大久保は、地元鹿児島では、どこまでいっても「西郷どんの敵」であって、地元によようやく大久保の銅像が建てられたのは西南戦争から百年を経た昭和五十四（19

79）年のことである。同じ三傑とはいっても、西郷と大久保にはそれほどの差があるのだ。

先に述べたが、幕末正義の基準は、朝廷即ち天皇の意に沿っているかどうかであった。つまり、「尊皇」であるか否かであった。幕末動乱時においては「尊皇」こそが正義であり、これは天皇を、即ち朝廷を守護する立場であるから「官」となる。

一方、「尊皇」即ち「官」に非ざる者は「賊」である。「賊」は、天皇＝朝廷に反逆する者、国家に反逆する者であるから「悪」となるのだ。勿論、例えば関ヶ原の合戦時の東軍、西軍のように、自らの意志で自分は「官」につく、いや「賊」に回るといって分かれたのではない。言葉そのものの意味からして「官」にしか正義は存在しないことになるから、正確に言えば「官だ！」「賊だ！」というレッテルの貼り合いをやったに過ぎない。

このことは、実は重大な意味をもっている。明治維新という軍事クーデター以降、私たちはこの変革が未熟ながら我が国に〝国民国家〟を創ったという主旨の維新の意義を教え込まれてきた。高校の地歴公民科教科書で圧倒的なシェアをもつ山川出版社の『詳説日本史』も、「四民平等」の項で次のように記述している。

――1872（明治5）年には、華族・士族・平民という新たな族籍にもとづく統一的な戸籍編成がおこなわれた（壬申《じんしん》戸籍）。これらの身分制改革によって、男女の差別はあったが、同じ義務をもつ国民が形成された。――

また、明治維新解釈を決定づけたと言ってもいい国民的作家司馬遼太郎氏は、初めて「国民」意識をもった人物として坂本龍馬と勝海舟を挙げ、このことが「司馬史観」の一つの軸になっている。司馬氏は、『「明治」という国家』（日本放送出版協会）下巻で次のように述べている。

――坂本の死後、もう一人の〝国民〟である勝は、倒幕のために東海道を東進してくる新政府軍に対し、徳川慶喜から全権を委ねられて、徳川政権の自己否定というべきあざやかな退幕の手をうちます。歴史という劇場から徳川家をみごとにさがらせるのです。まったく無血で。このあざやかさは勝の手腕ですが、幕臣として、ひるむことも感傷にひたることもなく着想し、筋を書き、みごとに演じきったのは、かれの中の〝国民〟がそうさせたのでしょう。――

私は、麗しい明治維新物語とも言うべきこのような認識には全く不同意であるが、司馬氏はいろいろな書き物で明治維新が「国民」を創ったという主旨のことを繰り返し説く。

このことが日本近代史を考える上で明治維新を絶対正義の大前提としてしまった要因の一つであることは、紛れもない事実であろう。

私は、いわゆる明治維新が「国民」を創ったなどとは全く考えていない。それこそ薩長史観の産物以外の何ものでもなく、その啓蒙活動こそが官軍教育と呼ばれるものである。

明治維新と呼ばれる変革が創り出したものは国民ではなく、「皇民」である。そして、官軍教育とは、「皇民化教育」に他ならなかった。このように述べると、また反日主義者だとか左翼だなどというレッテルを貼られそうだが、歴史の検証という場に右だ、左だという古臭い物差しをもち込むべきではない。その物差しの目盛が何の役にも立たないことは、ここ数十年の世界で起きた出来事が既に十分証明しているではないか。

明治維新という変革が創り出したものは国民であったのか、そうではなく皇民であったのかという問題は、明治維新解釈の前に現れた二つの道である。今日の市民社会を構成する市民に通じる国民であったとする道を歩むと、考え方としては明治維新至上主義とも呼ぶべきゴールに辿り着くはずであるが、いずれにしてもこの論議を尽くすには膨大な紙幅を要することは必定であり、本書ではここへ入り込むことは避けたい。ただ、この問題が幕末正義の基準となった「官」であるか、「賊」であるかという、その時点の行動を規定した信条と不可分であることは明白である。

もし、あの変革が未熟ながらも〝国民〟と呼べる存在を生み出したものであったとすれば、翻って幕末動乱時に「官」と「賊」という性格づけがあれほど決定的に政権の帰趨《きすう》を決する概念とはならなかったはずである。

話を本筋に戻さなければならない。

西郷隆盛という人物は、討幕に成功して一度「官」の位置を得ながら、一転して「賊」となった、討幕を推進した中心人物の中では唯一の存在である。福澤諭吉も、『明治十年丁丑公論』において述べる。

——西郷は生涯に政府の顚覆を企《くわだて》たること二度にして、初《はじめ》には成りて後には敗したる者なり。而してその初度の顚覆に於ては最も惨酷を極め、第一政府の主人を廃して之を幽閉し、故典旧物を残毀して毫《ごう》も愛惜する所なく、その官員を

放逐し、その臣下を凌辱し、その官位を剥ぎ、その食禄を奪い、兄弟妻子を
離散せしめてその流浪饑《き》寒《かん》を顧みず～――

福澤の言う西郷の二度の企てとは、幕府から無法を尽くして政権を奪取したことと西南の役において敗れたことを言う。特に、討幕時の西郷の所業についての福澤の表現は、右の通り厳しい。福澤は続ける。

――再度の顚覆にはその志を成すこと能《あた》わざりしが故に成績を見るべからずと雖も（中略）その趣全く初度の惨酷に似ずして必ず寛大なるべきや疑なし。――

――初度の顚覆と再度の顚覆とその趣を異にしその寛猛軽重の差あること斯《かく》の如くにして、初には西郷に許すに忠義の名を以てし、後には之に附するに賊名を以てす。論者は果して何等の目安に拠て之を判断したるか。――

福澤は更に、西郷の征韓論を内政の急務を理由に退けた者が、西郷が下野するや一年も経たずに台湾征伐に走ったこと、その内政は混乱しており、士族のみならず百姓

も困窮し、一揆の発生はこの三、四年がもっとも多いとみられるほどであること、これらの悪評は下野した者の多い薩摩人の耳に入り、西郷が討幕は無益の労であり、徳川家に対して申し訳ないと恥じていることなどを憤怒と共に述べ、

——即ち乱の原因は政府に在りと云うて可なり。——

と言い切っている。つまり、福澤は、一度は討幕最大の功労者として「官」となった西郷を、西南の役を以て「賊」とした新政府の統治力の欠如と論理の一貫性の欠落を批判しているのだ。例えば、次のようにも述べている。

——猶《なお》維新の際に榎本の輩を放免して今日に害なく却て益する所大なるが如し。然るに維新後、佐賀の乱の時には断じて江藤を殺して之を疑わず、加之《しかのみならず》この犯罪の巨魁を捕えて更に公然たる裁判もなくその場所に於て刑に処したるは之を刑と云うべからず、其の実は戦場に討取たるもの丶如し。——

確かに、江藤新平の斬首については大久保利道が異様に強硬であり、福澤の批判す

る通り、これは大久保による私刑と言うべきであろう。
ただ、福澤は、全面的に西郷を擁護しているわけではない。

――乱の原因を枚挙してその原因は政府の方に在りと雖も、余輩は西郷が事を挙たるを以て如何にも正理に適したるものと云うに非ず。――

と断言し、

――西郷の罪は不学に在りと云わざるを得ず。――

と核心を衝くような断定を行っているのだ。

既述した通り、明治の知識人、啓蒙家として知られる福澤の本質は武人、つまり武家である。このことを無視すると、福澤諭吉その人に対する理解も、福澤の西郷に対する評価も、その解釈を誤る危険性があるのだ。武人福澤は、一面識もない西郷を惜しんでいるのである。惜しむあまり、腐敗する明治新政府に対して怒りを顕《あら》わにしているると解すべきであろう。

武家福澤は、西郷の罪は「不学」にあると言い切りつつ、西郷を惜しむ。

――西郷は少年の時より幾多の艱難を嘗《な》めたる者なり。学識に乏しと雖ども老練の術あり、武人なりと雖ども風彩あり、訥朴《ぼくとつ》なりと雖ども粗野ならず、平生の言行温和なるのみならず、如何なる大事変に際するもその挙動綽々然《しやくしやくぜん》として余裕あるは、人の普《あまね》く知る所ならずや。――

そして、『明治十年丁丑公論』を次のように締めくくっている。

――西郷は天下の人物なり。日本狭しと雖も、国法厳なりと雖も、豈《あに》一人を容るゝに余地なからんや。日本は一日の日本に非ず、国法は万代の国法に非ず、他日この人物を用るの時あるべきなり。是亦惜むべし。――

蛇足ながら、明治十年の干支《えと》は丁丑《ひのとうし》であり、そこからこの一書を『丁丑公論』と名づけたのは、勿論福澤自身である。これは、明治十年、西南戦争において薩軍が鎮圧された直後に書かれたものだが、時事新報への掲載という形で世に出たのは明治三十四（1901）年二月のことであった。

非道とも言える討幕戦を遂行して一度は「官」の中心人物となった西郷。新政府官員が錦衣玉食、奢侈《しゃし》に溺れ、女を買い、何でも「西洋文明」の名のもとに無用な公共事業を興し、馬車を乗り回し、旧習を軽んじることに反撥して、故郷薩摩の士風に推されて乱を起こして「賊」となった西郷。実は、それだけでは終わっていない。明治二十二（1889）年二月十一日、大日本帝国憲法が発布され、それに伴って実施された大赦で「賊」の汚名を解かれ、逆に正三位を追贈されているのだ。

つまり、再び「官」＝正義に復活したのである。毀誉《きよ》褒貶《ほうへん》は相半ばするというが、そういう世評に属することとは違って、これは西郷の公人としての位置づけの問題である。討幕を主導した西郷は「官」の中心となり、僅か十年でその「官」に叛《そむ》いて「賊」となり、死後僅か十二年弱で再び「官」に返り咲いたのだ。

そして、更に十年弱を経た明治三十一（1898）年十二月、当時の東京の玄関口とも言える上野に建立された西郷の銅像の除幕式典が盛大に開催された。参列者は約八百名。その中には、時の内閣総理大臣山縣有朋をはじめとする各大臣の姿があり、英国公使となっていたアーネスト・サトウまでも出席している。この日、政府、即ち、「官」を代表して祝辞を述べたのは山縣である。日本軍閥の祖とも言われる山縣とは、西南戦争に際して西郷軍討伐の総指揮官を務めた人物である。

これらの光景は、当時日本にいた外国人を大いに驚かせた。そもそも政権に叛いて「賊」となった人物の銅像を建てるという発想が、欧米人には理解できなかったようである。欧米人ならずとも、我が国固有の精神文化と言える士道に照らしても、これは異様なことと言っていい。西郷とは、「官」と「賊」、即ち、正義と悪を往復した人物なのである。

しかし、この除幕式以降今日に至るまで西郷に対する評価は固定した感がある。福澤がその人物たるを評価し、その福澤の批判の対象となった勝海舟も例の『氷川清話』において「大胆識」「大誠意」などという表現を用いて西郷が「大西郷」たることを称え、「大久保利道との優劣」まで断定している。尤も、勝の『氷川清話』とは、結局はそれに欺くの如く対した「おれ」も偉いという己の自慢話が多いので読み方に注意を要する。

西郷に対する評価は、銅像建立後、その銅像のように不動のものとなり、時を経るに従ってもはや単なる西郷ではなく「大西郷」と呼ぶべきほど大きなものとなって今日に至っている。

しかし、改めてシンプルに、レンズを少し引いて観察してみたい。西郷は、明治維新の第一の功労者とされてきた。その明治維新に対する理解・評価とは、薩長史観と呼ばれる勝者の書いた歴史に沿った歴史認識である。一人西郷のみが、その認識を超越して、一種の普遍性をもった存在であり得るのか。死の商人グラバーと手を組み、密貿易によって武器を長州へ提供したのは西郷ではなかったか。赤報隊というテロ集団を使って江戸市中を恐怖と混乱に陥れたのも西郷ではなかったか。

歴史の検証にタブーと例外があってはならない。本章以降では、維新最大の功労者として「大西郷」の名を以て幕末維新史に君臨する西郷隆盛の飾りを排した実像に迫り、その真意を問いかけることを試みたい。

2　薩摩おごじょ天璋院篤姫

もう十年以上も前のことになるだろうか。薩摩を訪れた。それは、何十年ぶりかの薩摩であったが、妙な懐かしさを覚えたことを思い出す。

夕刻に宮崎を出た列車が都城に停車した頃、窓外はいつの間にか薄墨から墨そのものに変わっていた。西南の役の際、薩摩隼人たちもこの地を経て最後の決戦を求めて城山へと落ちていったのだ。戦《いくさ》における敗走の思いとは、如何に想いを凝らしたとしても、私のような、平成という惰眠を貪る時代をのうのうと生きている者が思い至るところではないであろう。往時、都城は、島津家分家北郷氏（都城島津家）の治める薩摩藩の私領であった。その言葉のイントネーションは、今も薩摩言葉のそれと変わらないらしい。

列車が鹿児島中央駅に滑り込んだ頃、既に夜の八時を過ぎていたのだが、駅舎の変貌に驚いたことを覚えている。それは、都会的としか言い様のない華やかな複合ビルのような佇まいに生まれ変わっていて、そこが薩摩であるだけに、どこまでも江戸＝東京に対して意識して対峙しているかのような印象を受けたものである。確かその駅は、かつては「西鹿児島駅」と言っていたはずである。「文明開化」を推進した主導勢力であった薩摩は、今もなお〝文明都市化〟の道をひた走っているようでもあった。しかし、薩摩はやはり薩摩である。駅舎を出る階段を「西鹿児島駅」の頃を思い起こそうとしながらゆっくり下りて駅前の「ナポリ通り」に面した時、華やかになった通りのネオンを包む空気は、やはり薩摩らしい艶《なま》めかしさを帯びていた。

この時から更に遡ること三十数年、仕事で薩摩を訪れたのが最初であった。ということは、もう四十数年前のことになる。やはり、忘れ得ぬ思い出がある。私が、まだ二十代の半ばか、半ば過ぎの頃であった。定かではないが、オイルショックの直後ではなかったろうか。

あの時、昭和に入って一、二を争う規模の桜島の〝大噴火〟があった。薩摩の人びとは、余り「大」とは言わないのだが、天文館《てんもんかん》通りを走る目の前の路面電車が霞んで見えたほどであった。とにかく、五十メートル先が、灰に霞んで何も見えないのだ。人びとは、傘を差して薄暮のような陰鬱な街を、平然と、或いは悠然と歩いていた。街灯も、路面電車のライトもぼやけて見えた天文館通りの記憶が、部屋の窓に灰除け

「若き薩摩の群像」（筆者撮影）

の雨戸の付いたホテルの微かな記憶と共に、私にとっての最初の薩摩のビジュアルとしてこびりついているのだ。

ホテルの雨戸（灰戸）を開けて見た遠い記憶の中の灰の降る街は、今では霧の降る街の魅惑的な光景と同じような色彩をまとって、初めての火の国薩摩として心に美しく沈澱している。

今は死語になっているかも知れぬが、「薩摩の女」という表現がかつては確かに存在した。それは、今どきはあり得ないだろうし、あったとしたら非難されそうであるが、万事、男を立てる、男より早く起床し、遅く床につくのが当たり前で、一番風呂などとんでもない……私の世代論にある「ユーミン世代」の対極に位置するようなキャラクターをイメージとしてもっている、薩摩で生まれ、薩摩で育った女性である。「ユーミン世代」というのは、私の勝手な世代論による世代区分の名称であり、いわゆるバブル世代とオーバーラップする。ユーミン全盛期に恐いもの知らずの二十代青春時代を過ごした世代を指している。

私には、忘れ得ぬ「薩摩の女」が二人いる。その一人が、桜島大噴火の時に出会った女性である。

広告会社に勤務していたその頃、STという若い後輩女性がいた。STという苗字は薩摩独特のものであり、彼女が入社してきた時から彼女が薩摩出身であることは、聞かずとも分かっていた。彼女は、物静かな女性であったが、仕事において音《ね》をあげるということがなかった。時は、高度成長期の真っ只中であったが、その頃はまだ、地方出身者の中には極めて一般的なこととして、東京という大都会に対するコンプレックスを抱いている者が少なくなかった。しかし、彼女にはそれが微塵もなかった。

私の薩摩への出張が決まった時、STは高校時代の親友が串木野でクラブのママをやっているから立ち寄ってくれと言って、現地のその親友に私のことを連絡した。STはその時、二十一歳であったと記憶している。同級生ということは、二十一歳でクラブのママかと内心驚いたことで、その記憶は確かである。

降灰の薩摩での一夜、私は列車で四十分かけて串木野を訪れ、そのクラブを探し当てた。

串木野は、港町である。

町を歩きながら、私は、恐らく港町の荒くれが集う飲み屋だろうと、店のおおよその雰囲気を想像していたのである。確かに、店には荒くれ共が集まっていた。

ところが、と言っては失礼に当たるが、STの親友だというママさんが、細身の飛び切りの美人であったのだ。「掃きだめに鶴」と言えば、これは男どもに失礼に当たるかも知れない。奴らも一応薩摩隼人には違いないのだ。しかし、それは全くの誇張ではなく、私はこれまでの人生で随分の数になる飲み屋で飲んでいるが、ママの美人度においては今もなお一、二を争っている。長身、細身、顔が小さいという要素は、平成の今でも通用するであろうし、実に正確な瞳と鼻の位置バランス、ほど良い鼻の高さ、瞳の大きさは、派手なドレスを見事に支配していた。

彼女は、男どもをも完璧に支配していた。私のために、奥のボックス席の数名の男たちをカウンターに追いやり、その煽りを受けることになったカウンターの若者数名に向かって、

「今夜はお帰り！」

と、あっさり命令した。私が恐縮して、慌ててそれを制しようとしたことは言うまでもないが、彼女は私をも制し、

「まり子の大事な方だからね！」

と、私を含め店中の男に宣言した。

「まり子」と言ったって、店にいた男たちに分かるはずもないのだが、それを質《ただ》す男

はいなかった。それは、私に向かっても宣言していたようにも聞こえ、子音の発音の綺麗な威厳に満ちた言い方に、殆ど抗することなく観念したのであった。「まり子」とは、後輩STのことである。

彼女は最後まで私の席を離れず、両側にも女性を付かせた。この夜は、港町の男たちにとっては実《まこと》に不運な夜だったとしか言い様がない。観念した私は、勧められるままにしこたまハイボールを呷《あお》ったのだが、結局、この若いママさんは、頑として勘定を受け取らなかったのである。

「そげんことしてまり子に何て言うね！」

薩摩言葉の表現の記憶は不正確であろうが、彼女は私の目を射抜くように凝視《みつ》めて言い放った。

彼女は、STと私の関係を誤解したわけではない。彼女にしてみれば、親友が知らせてきた一夜限りの客であることは承知しているが、その客に失礼があっては「女がすたる」のである。そういう意味のことを、確かに彼女自身が口にしていたのだ。

その気性は港町の女特有のものかも知れないし、彼女固有のものでしかないのかも知れない。しかし、私は今でも薩摩というと串木野を想い、彼女の美しい顔に不思議と相応《ふさわ》しいと感じた芯の熱さを思い出すのである。

「薩摩おごじょ」という表現がある。薩摩言葉で、直訳すれば単に薩摩の女性という意味にしかならないが、この島国のお国言葉は真《まこと》に滋味深く、多くの場合、記号としての言葉以上の内包された意味をもっている。この「薩摩おごじょ」も丁寧に翻訳するとすれば、「気立てが良くて優しいが、芯の強い薩摩の女」という風に訳さないと正解とは言えないのだ。通常、薩摩の男を意味する「薩摩隼人」に対比して、薩摩の女性に対してこの言葉が使われるが、串木野のママさんは紛れもなく正統な「薩摩おごじょ」であったと言っていいだろう。

幕末においては、天璋院《てんしょういん》篤姫《あつひめ》こそ「薩摩おごじょ」としてもいいのではないか。周知の通り、島津家の分家である今和泉島津家に生まれ、島津本家島津斉彬の養女となった篤姫は、安政三（１８５６）年、第十三代将軍徳川家定《いえさだ》の正室となった。この婚儀は、薩摩島津家が、やはり薩摩藩から出て十一代将軍徳川家斉《いえなり》の正室となった広大院《こうだいいん》（島津重豪《しげひで》の娘）にあやかろうとしたものである。

広大院が将軍の正室となったことは、異例中の異例のことであった。将軍家の正室は、五摂家または宮家の姫というのが慣例である。この種の慣例とは、もはや掟のようなものであって、簡単に破ることはできない。尤も、そのために島津家は永年近衛家と誼《よしみ》を通じており、広大院も近衛家に養女として入り、近衛家の娘として将軍家に嫁いだ。このあたり、江戸期社会は実にフレキシブルであった。その結果、蘭癖で知られた実父島津重豪は「将軍の舅となった外様大名」という前代未聞の珍しい存在となったのである。

譜代大名でも不可能なこのような事態を、島津重豪は何故現出させることができたのか。定説では、島津重豪が、この婚儀は重豪の義理の祖母、浄岸院の遺言であると言い張ったというのだ。浄岸院というのは、徳川吉宗の養女である。こうなると、幕府も無視はできなかったらしい。これだけでこの婚儀が成立したとは思えないのだが、一応そういうことになっている。

この広大院の最初の名前を篤姫と言った。天璋院篤姫の名前は、この広大院にあやかったものである。ここに阿部正弘政権に食い込んできた島津斉彬の野望が込められている。斉彬は、幕政改革を唱える阿部正弘政権において主導権を握りたかったのであろう。背景には、琉球経由の密貿易問題もあった。伝統的に密貿易によって成り立っていた薩摩は、雄藩連合の盟主を目指すこの時期に、密貿易問題に触れられては困るのだ。斉彬が、かつて御台所として権勢を誇った広大院の再来を篤姫に期待したとしても不思議ではない。

一般には、将軍継嗣《けいし》問題で一橋派であった島津斉彬が、一橋慶喜を将軍に就《つ》けるために篤姫を輿入れさせ、幕閣に対して発言力を高めようとしたとされているが、これはどうであろうか。NHK大河ドラマ『篤姫』(2008年)では、篤姫に夫の将軍家定に「寝物語」で慶喜将軍の実現を吹き込むように言い含めるような展開になっていたが、大奥のしきたり、特に将軍寝所《しんじょ》のしきたりからみても、これは実際にはあり得ない。篤姫は、一橋慶喜が嫌いであったという話の方が説得力がある。明治になってからの勝海舟の思い出話は余り信用できないのだが、篤姫が慶喜を嫌っていたことは、勝も認めている。

大体、大奥は、水戸の徳川斉昭《なりあき》が大嫌いで、従って息子の一橋慶喜も嫌われていたようである。皇女和宮《かずのみや》(徳川家茂《いえもち》正室)との嫁姑問題をとかく言われるが、慶応二(1866)年、慶喜が大奥の改革に乗り出した時には、篤姫と、静寛院宮《せいかんいんのみや》となっていた和宮は一緒になって徹底抗戦している。大奥が水戸の徳川斉昭を嫌う主因は、その女癖の悪さに代表される品性の下劣さにあったが、そこへ話を進めると戻すのが大変になるので、ここではそれには触れない。

幕府に対する反乱軍である薩摩・長州軍が、「官軍」を名乗って東上してくる。篤姫の輿入れ準備に奔走した西郷吉之助が下参謀として、篤姫のいる江戸城に向かって進軍してくる。総督は、和宮のかつての婚約者《いいなずけ》であった有栖川宮熾仁《たるひと》親王である。何という運命の残酷さであろうか。

薩長政権から罪第一等とされた最後の将軍慶喜は、何ら政権の後始末をすることもなく、ひたすら恭順の意を表わすために謹慎を続ける。篤姫は、朝廷と実家である薩摩藩に対して、同時に東上する西郷に対しても徳川慶喜の助命嘆願の書状を提出する。これに対して薩長政権は、従三位《じゅさんみ》という篤姫の位階を剥奪することで応えた。そして、余り知られていないが、篤姫は、奥羽越《おううえつ》列藩同盟の盟主に担がれていた輪王寺宮《りんのうじのみや》、列藩同盟の総督伊達藩主伊達慶邦《よしくに》に対して「逆賊薩長を討つべし」との要請書状を送っている。繰り返すが、薩摩藩は篤姫にとって実家であり、西郷は篤姫の養父島津斉彬の取り立てによって世に出られたかつての「忠臣」とも言える家臣である。

徳川家定との結婚生活は二年にも満たなかったが、天璋院篤姫は、スジを通したのである。しかし、薩長軍を「逆賊」と呼んだことは、篤姫の心情のままの表現ではなかったろうか。

江戸が東京となり、明治の世になってからも篤姫は、薩摩藩の申し出を拒否して薩摩へは戻らず、一切の援助も受けなかった。この人は、輿入れのために薩摩を出てから、一生薩摩へは戻らなかったのである。生活はかなり困窮したと伝わるが、薩摩の援助は断じて受けず、徳川の人間として生きたのである。徳川へ嫁いだ身として今更薩摩の支援を受けたら、下種《げす》な表現になるが「女がすたる」という想いで生きたのではなかったか。

天璋院篤姫。彼女は、紛れもなく「薩摩おごじょ」であった。

薩摩という土地は、他のどの藩とも異質な歴史と風土をもっている。薩摩おごじょ天璋院篤姫を主筋とする西郷は、そういう薩摩で生まれ育った薩摩隼人である。西郷という人物の実像を理解するには、何よりもまず薩摩という土地柄を理解することから始めないと成り立たないと感じるのである。

3　薩摩隼人

確かに、西郷を語るには薩摩を語らねばならない。その薩摩を語るのに、いきなり「薩摩おごじょ」から始めてしまったが、私には薩摩の男を薩摩隼人たらしめていたのは「薩摩おごじょ」と称される女性ではなかったかという思いがあるのだ。このことに、例えば民俗学的な裏付けがあるかどうかは浅学にしてその種の研究の有無も知らぬが、串木野のママさんや天璋院篤姫だけでなく、天文館に在る有名な正調薩摩料理を謳う店の若女将や、東京にいる知人の薩摩出身の女性の気性や佇まいというものを知ると、そういう確信にも似た思いに支配されるのである。

現代でも用いられる「薩摩隼人」という表現は、どちらかといえば尊称とまでは言えないにしても、褒め言葉の部類に入るはずである。簡略に言えば、勇猛果敢、質実剛健、行動的といった特性を備えていると理解され、薩摩男児の男らしさを称《たた》える言葉であると解釈されてきた。反面で、融通が利かないとか、頑固であるといった、総じて理知的ではないイメージをもたれたことも否定はできないが、いずれにしても男が草食系だ、肉食系だなどと分類される平成の世においては全く時流ではない男のタイプであると言えよう。

私どもの世代は、義務教育の時代に、南九州に住みついた大和民族とは異なる人種を「熊襲《くまそ》」と言い、大和朝廷の支配範囲が広がるに従って大和民族に同化されていったというような話を聞かされたものである。ところが、隼人と熊襲がどう違うのかということについては、何も教えられなかったような記憶しかない。私などは、薩摩隼人とは戦に強い薩摩男児の美称であるという程度の認識しかもっていなかったような気がする。

実際のところ、熊襲と隼人はどう違うのか。

これについては、確立した学説が存在しない。いずれも『古事記』『日本書紀』に登場する南九州に居住していた部族の名称であるが、少なくとも農耕文化をもった弥生人であることは間違いない。上代に中央政権を成立させたヤマト人と全く民族が異なるということはなく、ヤマト人も熊襲も隼人も弥生人であり、ウラルアルタイ語族である点では、同種の「原日本人」から派生したとみて間違いはないだろう。

記紀の叙述する話となれば、それはもう神話の世界である。

農耕文化は、川筋や湖を取り巻くエリア、つまり、水を利用し易い土地に成立した。熊本県の人吉盆地を貫通するように流れる球磨《くま》川は、日本三大急流の一つに数えられているが、この人吉盆地の球磨川沿いで農耕文化を築いた人びとをクマと呼ぶ。クマという古語は、現代語で言えば山の斜面とか、山ひだといった意味である。即ち、球磨川に沿った人吉の山々の山ひだに田畑、家を作って生活していた人びとをクマ（熊）と呼んだ。山ひだごとに小さな部族に分かれていたらしく、「八十《やそ》タケル」と言われた。ちょうど八十の部族に分かれていたのではない。「八十」とは「八百《やお》万《よろず》」と同じように、数の多いことを表現する形容詞である。この多くの部族の長を「タケル」といい、すべての部族、タケルをまとめる長を「イサオ」と言う。多くの酋長の上に大酋長がいたという形である。

『日本書紀』は、クマ国とソ国を分けており、山ひだ（クマ）から成り立っている球磨川流域、またそこに住む人びとのことを「クマ（熊）」と言い、大隅半島、またそこに住みついた人びとを「ソ（襲）」と呼んで区分する。そして、この「ソ」が隼人のことだとされている。「クマ」も「ソ」も、つまり、熊襲は容易には大和中央政権の言うことを聞かなかったようである。

ここで、神話の世界ではお馴染みの「日本武尊《やまとたけるのみこと》」が登場する。この英雄的な大和の武人が、「八十のタケル」を征伐するために大和からはるばるとこの球磨川の奥地へやってきたというのだ。この時、彼は十六歳であったと伝わる。姑息《こそく》といえば姑息な手だが、この十六歳の皇子は女装して熊曾建だか、河上建だかの宴席に潜り込んだという。誰の宴席か、『古事記』と『日本書紀』とでは名前が違うのだ。ここでは、一応『古事記』の言う熊曾建ということにしておくが、女装して熊曾建の宴席に乗り込んだ十六歳の武人は、熊曾建が泥酔したところを見計らって、これを刺し殺してしまう。刺された瞬間に、

「卑怯者！」

などと叫ぶのが普通であろうが、熊曾建は違った。自分を刺した少年の勇敢さを誉め、

「これからは日本武尊と名乗るがいい」

と言って息絶えたという。彼は、自分の名前をこの勇敢な少年に与えたのである。

薩摩の人はこの話が好きだとみえて、

――クマソタケルはよか男～♪――

という唄があるという。私の母の小学校時代の教科書か副読本かにもこの話は出ていたようだ。私の母は、大正九年生まれであったから当然戦前の話になるが、時代がいよいよ国粋主義の色彩を帯びてくる国定教科書時代のことである。

このようなクマの気質は、地理的な要因もあって肥後人に受け継がれていったとされている。いずれにしても、大陸からは「倭国」と呼ばれていたこの島国において、肥後、薩摩あたりだけが熊襲、隼人と呼ばれて倭人からも別の文化圏をもった人びととみられていたということだ。

司馬遼太郎氏が『街道をゆく』シリーズの『肥薩のみち』において、興味ある指摘をしている。薩摩には敵に対する優しさを表わす話が多いというのだ。司馬氏は、その一例として、豊臣秀吉による「朝鮮の役」における島津軍の話を採り上げている。

島津軍の勇猛さは、この頃からよく知られていた。敵の明軍の兵は、島津兵を「石《シー》曼子《マンズ》」といって特に恐れたという。役が終わって帰国後、島津氏は高野山に敵味方の区別なく戦死者の供養塔を立てている。敵味方を平等に供養したという例は、確かにこの時代では世界的にも珍しいだろう。

クマソタケルをいい男だと唄った薩摩独特の美意識として、司馬氏は、この供養塔の例と共に西郷隆盛による「江戸無血開城」や戊辰東北戦争で降伏した庄内藩の扱いを挙げているが、これらは全く司馬氏の麗しい誤解と言うべきであろう。後章で触れることになるだろうが、特に「江戸無血開城」は天璋院篤姫の逆賊官軍に対する抵抗的な圧力なしにはあり得なかったはずであり、こればかりは隼人の敵に対する優しさとは無縁のことである。

隼人は、七世紀の終わりに頃には帰化していたとされるが、六世紀末とする説など幾つかの異説がある。しかし、七世紀末より後とする説は私の知る限りにおいては存在しない。

この頃の隼人は、薩摩隼人、大隅隼人、日向隼人などに分類されるが、それまで時に大和中央政権に対して反乱を起こしていた隼人も、奈良朝以降は官制に組み込まれていった。武の気風に富む彼らは、朝廷宮門の警護に当たることを専らその任とするようになる。天皇が即位する時は、薩摩隼人と大隅隼人が都に上り、宮廷の護衛に当たることになっており、「隼人司《はやとのつかさ》」というそれを監督する部署も設けられていた。平城京跡からは、隼人が使った「隼人の楯」が発掘されている。

このセレモニーとも言うべき慣例は、都が京に移ってからも引き継がれ、更に言えば、実は幕末まで存在した。但し、幕末まで時代が下ると、実際に薩摩から誰かが上洛するということはなく、かつての「隼人」の儀式における踊りや仕草を誰かが隼人になって執り行っただけである。

隼人が踊る「隼人舞」には海で溺れる所作《しよさ》をするものがあるという。この種のことを以て隼人を南方系民族であるとする説もあり、中には具体的に台湾の高砂族と同系ではないかという説まであり、その先はインドネシア人であるという学者までいるようだが、これはどうであろうか。地理的には如何にもという感じを与えるが、近年はDNA型の研究も精度を増し、インドネシア系というのは今のところ疑わしい。

いずれにしても、隼人についてはっきりしている特性は、武に富んでいること、猛々《たけだけ》しいことであろう。それは、六十余州でもっとも難解とされた薩摩言葉にも表われている。

例えば、「直ぐに」「迅速に」という意味の薩摩言葉に「いっこんめ」という表現がある。これは「一騎も来ぬうちに」という言い方から派生したようで、敵が一騎も来襲せぬうちに、というところから標準語に直せば「直ぐに」という意味になる。同じ意味で「たちんこんめ」という言葉がある。これは、「太刀が来ぬうちに」という意味をもっている。つまり、敵が太刀を振り下ろすその前に、ということで「直ぐに」「迅速に」という標準語に対応しているのだ。斯様《かよう》に薩摩言葉には「武」に関する表現から転化したものが多いのである。

現代では、こういう言葉を使う薩摩人はまずいないのではないか。それには明確な理由があるのだが、いずれにしても西郷隆盛も大久保利通も黒田清隆も、更には、大山巌や東郷平八郎もこのような言語風土に生まれ、その空気が濃密に維持されていた時代風土の中で育ったのである。

4　肥後の加藤が来るならば

「肥後もっこす」という言葉がある。肥後人独特の気質のことを言う。平たく言えば、頑固一徹で妥協しない性格のことを言っており、それが肥後人に顕著であるということだ。

これは、殆ど肥後の男の特徴的な気質と認識されており、肥後の女性に対しては、全く使わないということはないが、あまり使わないようだ。前節で述べたクマソタケルを思い出すが、部族としてのクマがそのまま後の肥後人になったということは、当然のことながら、ない。しかし、クマがそのまま純粋培養されて肥後に生きていたらこうなったであろうと思わせるような、頑固で扱い難い「肥後もっこす」が昭和という時代までは確かにいたのである。

私が最初に入った会社の同期は総勢で約三十名であったが、そのうち東京本部という戦略的にも軸になるべき本部に配属されたのは七名であった。七名は勝手に「七人の侍」などと自称し、ほぼ全員が何かにつけて会社中枢の言うことを素直には聞かなかったのだが、そのうちの一人が紛れもない「肥後もっこす」であった。私も問題児ではあったが、男っぽいという点ではこの男が仲間うちでは最右翼であった。

「お前、なんばしとっと?」

というような、まるで怒っているようなものの言い方が真に好ましく感じられたことを鮮明に覚えている。

同じように頑固な気質を表わす言葉に、「津軽のじょっぱり」とか「土佐のいごっそう」というのがあるが、いずれも頑固であることが共通点ではあるが、それぞれ意味するところが微妙に違うらしい。どこがどう違うのか、それを論じる場は本書ではなさそうである。

「肥後の議論倒れ」という言い方もある。やたら自己主張の強い肥後人同士が議論しても、話がまとまることはないというのだ。もともと理屈っぽく、議論すること自体は好きなので余計にタチが悪いとも言える。

また、「肥後は一人一党」とも言われる。リーダーに従って徒党を組むということを極端に嫌うというのだ。頑固で理屈っぽく、自己主張が強くて一人一党であるとすればどういうことになるか。簡潔に言えば、肥後人からは全国的な英雄が出ないのである。

戦国期を思い浮かべると分かり易いかも知れない。

関東から北条早雲、越後から上杉謙信、甲斐からは武田信玄が天下の覇を狙って頭をもたげてくる。尾張からは織田信長であり、中国からも毛利元就《もとなり》、更に言えば隣国薩摩からは島津義弘である。

タイプは異なっても、謙信的資質、信玄的資質をもった者が肥後にいなかったということではない。武を尊ぶ気質においては、越後、甲斐は言うに及ばず、尾張、中国などより遥かに勝っていたであろう。しかし、何せ我《が》が強く、一人一党である。同国人を担ぎ、これを盛り立てて他国の英雄と張り合わせるように支えていくということが下手なのだ。そうこうしている間に、気がつけば天下はほぼ尾張の百姓上がりの秀吉のものになっていたという、これはもう、壮大な、愛すべき笑い話とでも言うべき歴史を刻むのである。

一方で、肥後人というのは根っから陽気で明るく、ただ頑固一徹というだけではない。一度信頼したら決して裏切ることはないと言われ、九州男児とは肥後の男のことを言うのだと擁護する人も多い。

このような「肥後もっこす」の国肥後は、政治的には「難治の国」と言われ、治め難い土地として定評があった。

肥後は、天正に入った一時期、島津氏の支配下に入ったことがあるが、もともと国人が割拠していた土地である。天正十五（１５８７）年、豊臣秀吉は大軍を動員して世にいう「九州征伐」を敢行し、これによって秀吉は北条氏支配下の関東以北を除く天下のほぼ半分を掌中《しょうちゅう》に収めるに至った。

九州の雄島津氏は、薩摩・大隅、つまり、今の鹿児島県域に封じ込まれたのである。秀吉は、佐々成政《さっさなりまさ》を島津氏から解放した肥後に封じたが、その際、五十二人の国人の所領を安堵し、佐々成政の家臣団に組み入れた。ところが、成政が行おうとした検地を拒否する国人たちが現れ、挙兵して抵抗したのである。これを、「肥後国人一揆」と言っているが、通説では成政の検地が性急過ぎたことが原因だとされている。

しかし、どうであろうか。肥後人からみればそういう面もあったかも知れないが、やはり一人一党の肥後人気質が強く作用していたのではないか。如何に豊臣政権の重鎮佐々成政と雖も、肥後人にとっては「余所者《よそもの》」なのだ。他人の土地にずかずかと入ってきて、いきなり検地とは承服しかねる、秀吉自身が所領を安堵したではないかということなのだ。国人たちの所領を安堵し、成政の家臣団に組み込んでおけば済むと秀吉が考えたとすれば、秀吉も甘い。しかし、肥後を成政に与えたとはいえ、所領を安堵しなければそれはそれで国人たちが従うとも思えない。ここが肥後の難しさで、やはり肥後は「難治の国」なのだ。

なお、この「肥後国人一揆」の原因や背景については、文字通り諸説があり、中には秀吉による陰謀説まで存在し、今なお定見と言えるものはないと言っていい。しかし、いずれの説を採るにせよ、肥後人気質というものを基盤に置かない限り説得力に限界があるのではないか。

結局、佐々成政は秀吉に援軍を要請し、秀吉は、四国、九州の諸大名を動員してこれを鎮圧した。五十二人の国人は、四十八人が戦死または処刑されるという悲惨な結末を迎えたという。成政その人も、秀吉によって摂津・尼崎に幽閉された後、切腹させられたのである。

蛇足ながら、佐々成政は織田信長に仕え、姉川の合戦、一向一揆との戦い、長篠の戦い等々、戦功を重ねて織田家中で重きを為すに至った武将であり、秀吉とは言ってみれば同僚である。生年についても幾つかの説があってはっきりしないが、天文五（1536）年～天文八（1539）年あたりとする説が有力であり、これを採れば歳も秀吉とほぼ同じである。近江佐々木源氏の流れを汲む血筋とされており、この点ではそれこそどこの馬の骨とも分からぬ秀吉より由緒は遥かに正しいと言える。戦国乱世に血筋など役には立たないとはいえ、武功において勝る成政が何故秀吉の麾下《きか》に入らざるを得なかったのか。

乱世を生き残る、或いは、殆ど同義であるが勝ち残るには「運」に恵まれることが必須の条件であろう。成政には運の悪かった面もあるが、私は二つの大きな判断ミスがあったと考えている。

信長は、越前を制圧した後、柴田勝家を北陸方面軍の指揮官とした。そして、勝家の下に与力として成政と前田利家、不破光治の三人を置いた。彼らは「府中三人衆」と呼ばれ、勝家と共に北陸を舞台に上杉軍と攻防戦を繰り広げることになる。

天正十（1582）年、上杉軍の最後の拠点となっていた魚津城を漸く落としたが、この直後「本能寺の変」が勃発、それぞれの領国へ軍を返す諸将が続出する中、上杉軍の反攻を受けて成政は防戦一方となり、魚津から動くに動けなくなってしまったのである。柴田勝家も上洛が遅れ、結局、逆臣明智光秀討伐は「中国大返し」という離れ業を打った秀吉に先を越されてしまう。佐々成政最大の不運は、この時点で北陸から引くに引けなかった点にあったと言えるだろう。

その後、秀吉と勝家との間で信長の跡目争いが表面化すると、成政は勝家に付いた。これが、一つの大きな判断ミスとなった。それまでの勝家と成政との間の経緯を考えれば誰でもそうしたであろうと思われるし、止むを得なかったとも言えるが、乱世を生き残ることを唯一最大の目的とすれば、酷なようであるが、判断ミスと言わざるを得ない。秀吉と勝家が激突した「賤ヶ岳《しずがたけ》の合戦」の際も越中を動けず、一族の佐々平左衛門に僅かな兵を預けて勝家に加勢するにとどまった。

周知の通り、「賤ヶ岳の合戦」で柴田勝家は敗北、佐々成政は頭を丸め、娘を人質に出して秀吉に下ることになる。それでも直接戦闘に加わらなかったことが逆に幸いしたようで、越中一国を安堵された。ところが、「小牧・長久手《ながくて》の戦い」では徳川家康方に付いた。

これが第二の判断ミスである。天正十三（1585）年、富山城を直接秀吉に攻められて降伏、領地の殆どを没収され、大坂に移住させられて、以後御伽衆《おとぎしゅう》として秀吉に仕えることになる。

佐々成政は、武辺者《ぶへん》である。秀吉は、まだ使い道があると考えたのであろう。肥後一国を与えたということは、二度に渡って反旗を翻したという経緯を考えれば形の上では織田家中以来の同輩としてそれなりに厚く遇したと言えるだろう。肥後人は、犠牲を出しながらもこういう佐々成政を力ずくで追い出してしまったのである。

ここで、奇蹟のようなことが起こる。秀吉は、肥後を二つに分け、子飼いの加藤清正と切支丹《きりしたん》大名として知られる小西行長に与えた。清正が北部十九万五千石、行長が南部二十万石余りである。

肥後人は、清正を慕ったのである。

加藤清正という武将は、一般には勇猛果敢な戦国武将の典型のように受け取られているが、実像は多少、いや、かなり違ったようだ。戦国武将について、そのキャラクター特性を端的に表わす言葉として「武断派」「文治派」という両極の表現が使われることが多いが、清正を「文治派」とする人はまずいないだろう。しかし、どちら側に寄っているかといえば「文治派」の方に距離は近いのではないか。

同時代の「文治派」の代表は石田三成、そして、明智光秀であろう。加藤清正が彼らと同等の典型をもっていたとは思わないが、行政能力に秀でていたこと、秀吉はそれを評価していたと思われること等を考えると、三成や光秀に近似していたと思われる。

確かに、〝見た目〟は、武辺の典型、豪の者そのものに映ったかも知れない。身の丈六尺三寸と伝わるから、メートル法に換算すれば身長190センチ前後となり、これが事実なら大変な大男である。戦国期の成人男性の身長は、155〜158センチが多く、160センチ以上の戦国武将は少なかったらしい。発掘調査や文献から、これが定説となっている。これを、170センチなら成人男子の普通の身長となった現代に置き換えると、私たちが2メートルを超えるバレーボールかバスケットボールの選手を見上げるようなもので、文字通りの大男である。このように考えると、六尺三寸というのは信じ難い。

しかし、これに加えて清正は、顔が縦に長く、長いあごひげを蓄えていたから、実際の身長よりは巨大に見えたことであろう。更に、帝釈栗毛《たいしゃく》という、やはり体高六尺三寸の巨馬を愛馬とし、長烏帽子《ながえぼし》形兜と呼ばれる長烏帽子のように縦に長い兜を着用していたというから、愛馬に跨《また》がるその姿はまさに威風堂々、巨人そのものに見えたことであろう。このような姿の武者を、誰も「文」の人とはみないであろうし、「武」そのものであると認識されて当然である。今に伝わる加藤清正のイメージとは、多分にこのような彼の外見に由《よ》るものであることは疑う余地がない。

肥後人は武辺好みである。広く言えば、九州人は全般に武辺者を尊《たっと》ぶところがある。今でこそ九州の男も東京人並みに軟弱になっているが、昭和までは九州男児という言葉は健在であった。これは、武辺を好んだかつての九州人のイメージの名残りであることは間違いない。そういう九州の中でも、肥後人は特に武辺を尊ぶ気風が濃厚であったのだ。

清正が、国人が割拠し、難治の国と言われた肥後の人びとに、あっさりと受け容れられたのには、絵に描いたような豪傑風の彼の風貌が大きく益したことは容易に想像できる。勿論、入封《にゆうほう》直後は武力で一揆を抑え込んでいるが、そもそも「隈本」という地名を「熊本」に変えたのも清正である。どちらが勇ましいかといえば、答えは明白で、このあたり、清正は肥後人気質というものを知悉《ちしつ》していたかのような印象さえ受けるのだ。見方を変えれば、統治者として緻密な神経をもっていたとも言える。

そのことを裏付ける要因になると思うのだが、清正が、佐々成政とは打って変わって、肥後人に支持され、慕われたのは、何もその風貌を愛されたからだけではない。ひと言でいえば、農業行政に長けていたからであると言っていいだろう。灌漑《かんがい》を整え、河川を改修して洪水を防ぎ、干拓を行って耕作地を増やすということに力を注ぎ、成果を挙げたからである。彼は、測量技術、土木技術に明るかった。築城の名人と言われるのも、これが基礎になっているからである。昭和になってからも、農業用水の確保を清正時代の遺構に頼っていた地域があったほど、それは堅牢で確かな技術に裏打ちされたものであった。

この種の事業は、今でいえば公共事業のようなものであり、清正は男女の別なく人びとを徴用し、給金を支払ったという。そして、それを行うのは農閑期《のうかんき》であったともいう。清正が単純な「武断派」武将であったなら、このような細やかな神経は備わっていなかったのではないかと思われるのだ。

補足的な史実であるが、清正は秀吉に仕えて以来、若い頃は常に後詰《ごづめ》を担ったり、時に兵站《へいたん》を担当したりすることが多く、指揮した兵の規模は大抵百人から二百人規模であった。秀吉は、清正の財務能力や管理能力を買っていたわけで、このことはやはり彼がどちらかといえば「文治派」の方に距離が近いことを示している。彼が千単位、万を超える兵を指揮するポジションに就いたのは、朝鮮へ出兵した「文禄《ぶんろく》・慶長の役」から後のことである。

いや、清正は秀吉に仕えた初期から数々の武功を挙げているではないかという反論もあろうが、恐らくそれは清正の伝記である『清正記《せいしょうき》』を論拠としたものであって、だとすればそれは殆ど信憑性がないことは、今や常識のようになっている。清正が実は「文治派」であったとしても、その優れた行政事績からして何ら恥じることではなかろう。

清正が肥後を統治した期間は、せいぜい四半世紀に過ぎない。その間にも十年近くは朝鮮へ出兵している。そのような環境で彼は肥後を〝清正色〟に染めてしまった。清正の跡を継いで肥後に入ったのは、豊前小倉を治めていた細川忠利である。細川家の行列が初めて肥後に入る時、行列の先頭に清正の霊位を捧げて進んだという有名なエピソードが語り継がれている。細川家は、熊本城下でも清正を祀《まつ》る祠《ほこら》を作ったりしているが、前領主をそこまで敬う姿勢を示すという事例は他に存在しないであろう。むしろ、その逆が普通である。肥後人がそれほど清正を慕っていたということであり、細川家もそれを十分認識していたということである。

熊本地震前の熊本城

熊本地震で被害を受けたとはいえ、清正の造った熊本城は、堅牢な点では同時代随一と言われる。その堅牢さ、防御力に優れているという特性は、石垣の組み方にもっとも顕著に表われている。この城の石垣の組み方は「はね出し」と呼ばれる様式で、一見よじ登れそうに見えて、よじ登れないのだ。というのも、上に行くほど勾配《こうばい》（反り）が急になり、最上部は反り返っているのだ。これについては、海音寺潮五郎氏の『日本名城伝』（文藝春秋）に詳しいが、海音寺氏は恐らく松浦静山の『甲子夜話《かっしやわ》』に拠られたものと思われる。

秀吉は、何故このような堅固な城を清正に築かせたのか。実は、この点に肥後と薩摩の関係が象徴的に表われているのである。

戦国末期の一時期、島津氏の勢力範囲は北九州にまで及んでいた。大友氏、龍造寺氏、島津氏の鼎立《ていりつ》状況が島津氏の北進によって崩れたのである。残された有力大名は、豊後の大友宗麟《そうりん》ぐらいで、島津氏は九州を平定する目前まできていたのだ。大友宗麟が、四国までを平定していた秀吉に支援を求めたことをきっかけとして秀吉による九州征伐が展開され、島津氏は圧倒的な動員力をもつ秀吉に押されて敗北、元の薩摩・大隅・日向三州に閉じ込められた格好となった。秀吉は、この島津氏が再び九州南端の三州から噴出しようとした時に備えて、清正を肥後に封じ、堅牢な熊本城を築かせたのである。言ってみれば、肥後を以て島津の蓋《ふた》とするということであった。このことが、近世九州における薩摩と肥後の関係を、特徴的な一つの歴史としたのである。

薩摩は、粗っぽい言い方をすれば鎌倉期以来〝独立国〟であったと言ってもいい。肥後も、人びとの気質という点では同じであり、共に中央政権に対して素直に従うということがなかった。明治という薩摩が主役の一翼を担う政権が成立してからも、肥後で「神風連の乱」が発生し、薩摩では「西南の役」(西南戦争)が起き、それぞれ中央政権と武力衝突する。これらは、肥後と薩摩の風土を抜きにして語れるものではない。単に「不平士族の反乱」だけでは、薩長史観による学校教育の域を出ないのだ。

そして、風土とは、単に風景に時が堆積しただけで成立するものではない。そこに、生身の人間の苦しみや悲しみ、時には赤い血を流す営みが加わってはじめて風景は風土として土地と人びとに生々しい個性を与えるものではないだろうか。

中世以来の独立圏薩摩は、我が国の歴史の中で大きくは二度に渡って「薩摩処分」という名の、中央政権たらんとする勢力からの攻撃を受けている。一度が、秀吉による九州征伐であり、今一度が関ヶ原の合戦の勝利によって徳川政権が成立した時である。

関ヶ原の際、徳川家康はできれば島津氏を一気に潰したかったがそれができなかったのである。先に述べた、有名な「敵中突破」を敢行し、薩摩へ逃げ帰った島津氏は躊躇《ためら》うことなく三州（薩摩・大隅・日向）の国境を固めた。東軍が攻め寄せたら迎え討つ覚悟である。家康は、薩摩兵の強さをよく知っている。肥後の加藤清正をして攻めさせるべきであるという意見があったようだが、家康は慎重であった。幾ら加藤清正が豪の者であったとしても、島津氏を武力で完璧に制圧するには再び天下の軍勢を動員しないと無理であると判断した。それには、関ヶ原で勝利したとはいえ天下はまだ収まってはいない。島津討伐に手こずれば、その余波が飛び火し反旗を翻す大名が続出する可能性すら否定できない。

結局、家康は三州本領を安堵せざるを得なかった。そして、肥後までを確実に押さえ、肥後を以て薩摩の蓋とするという秀吉と同じ体制を採るに至るのだ。薩摩の好戦的エネルギーを三州に封じ込め、肥後を以てその蓋とするのである。

家康は、自分が死んだらその屍を西に向けるよう遺言したと言われているが、西とは主に薩摩である。既に島津家を徳川幕藩体制に組み込んではいたが、家康は薩摩と長州に対して決して油断していなかったのである。

薩摩に次のような俗謡がある。

肥後の加藤が来るならば
焔硝《えんしよう》肴に団子《だご》会釈
団子は何たど鉛団子
それでも聞かずに来るならば
首に刀の引出物

実《まこと》に意気軒昂、戦意旺盛な謡《うた》である。島津氏とは、底の部分で中央政権に対しても揺るぎのない自信をもっていたと感じられるのだ。それは、伝統的に独立圏であったことに由来するものであろう。

同時に、自分たちの目の上に蓋として構えている肥後に対して特別な感情を抱いていたことも窺われる。肥後から薩摩へ入るメインルートは、久七峠を越え、大口郷へ入る街道であるが、薩摩にとって、この久七峠から向こうが「官」、つまり、中央政権であったと言える。島津家は、この峠の在る大口郷を一門の中でも名称の誉れの高かった新納《にいろ》忠元《ただもと》に守らせたのである。先の謡は新納の作とされており、薩摩島津氏がこの峠こそ肥後＝官との国境であると意識していたことが窺われるのである。

「西南戦争」については第六章で触れるつもりだが、この戦役において薩軍はまず肥後へ進出し、熊本城を包囲した。さすがに難攻不落と謳われた熊本城はなかなか落ちず、薩軍は熊本城下北西に位置する田原坂《たばるざか》で南下してきた新政府軍と激突する。これが、壮絶なことで知られる「田原坂の戦い」である。薩軍が熊本城攻略にこだわっている間に、新政府軍は博多湾に十分な増援軍を上陸させることができたのだ。薩軍としては、田原坂で新政府軍の南下を食い止めるしかなかったのである。

この、先ず肥後へ出て熊本城攻略を図った薩軍の戦術について昔からいろいろな指摘がある。殆どは、薩軍の戦術上の誤りを指摘するもので、軍事上ではもっともな指摘であると思われる。

例えば、薩軍は一気に北九州を目指し、福岡、小倉を押さえて九州を制圧すべきであったという意見があるが、これがもっとも多い戦術上の指摘であろう。熊本城攻略という道草を食っているべきではなかったというのだ。

また、海路を採って一気に東京を攻めるべきであったとする論もあれば、いや、海路を採るのなら先ず大阪を衝き、大阪城を根城にして全国の反政府勢力の蜂起、結集を図っていれば、という論もある。新政府の統治基盤というものがまだまだ弱かったことを考えれば、どれにも勝機があるように思われる。

つまり、どの論も軍事に不可欠なリアリティを備えており、決して机上の空論などではないということだ。特に、一気に北上して小倉、福岡を押さえれば、熊本城は孤立し、この戦役の結果はどうなっていたか分からない。私は、この戦術にもっともリアリティがあると考えている。

しかし、これらはどこまでも純粋な戦術論である。換言すれば、一般論に過ぎないということだ。

関ヶ原から艱難辛苦に耐え、漸く薩摩へ逃げ帰って以来というもの、薩摩隼人の軍事上のターゲットは一貫して肥後の熊本城であったということに思いを至らせるべきなのだ。薩摩三州から打って出るとすれば、先ずは肥後を討つ。永年、自分たちの頭上に薩摩の蓋として存在してきた肥後を討たずして薩摩隼人の戦とは言えない。これは、薩摩隼人の心の問題であり、薩摩隼人にとっての肥後とは何者であるかを示す、薩摩隼人の心に鬱積していた肥薩《ひさつ》の関係を示す行動であったと認識すべきではないだろうか。

ひとたび薩摩三州から打って出た時、肥後は単なる肥後ではなく、それは自分たちが反旗を翻した相手＝中央政権のシンボルであって、先ずこれを叩かない限り中央政権にもの申すべく立ち上がったことにはならないのだ。ここに、薩摩びとの心の内に沈殿していた歴史的な薩摩と肥後の関係というものが、一気に噴出した。薩軍の熊本城への進撃は、そのように解釈すべきであろう。

薩軍は、南下する新政府軍を田原坂で食い止めようとしたが、兵力差は如何ともし難く、退却を余儀なくされた。即ち、薩軍は田原坂で敗退したのである。この事実も、先の戦術論が正しいという可能性を示すものと言えなくもない。

南北八キロ、幅六キロという狭い台地を戦場として、両軍は十六日間に亘って銃弾を撃ち続けた。その壮絶さを、土地の老婆が司馬遼太郎氏に語っている（『街道をゆく・肥薩のみち』朝日新聞社）。

「大東亜戦争なんか、アータ、小さな戦じゃったよ、西南戦争にくらべれば。――」

田原坂での敗戦は、西郷が起《た》った西南戦争敗戦の序章であったと同時に、終章へ向かう端緒でもあった。

第三章　嫌われ者西郷と島津斉彬

1 蘭癖《らんぺき》大名の系譜

私は、薩摩という自然風土、歴史風土がなかったら、西郷隆盛風の人物は生まれなかったのではないかと考えている。西郷隆盛風というのは、今定着している西郷という人物は実在の西郷とはほど遠く、どこまでも虚像であるからだ。私たちは、この虚像によって逆に薩摩という西郷を生んだ風土を勝手なイメージで包んでしまうことすらあるのではないか。

ただ、西郷は確かに幕府に抗して、先頭を切って手段を選ばずこれを崩壊させ、明治近代の幕開けと共に再び徳川に取って代わった新政権に抗して、今度はこれに敗れて滅んだ。西郷の虚像とは、この彼の歩んだ人生を誇大に語ったり、勝手な飾りを盛り付けたりして成立したものであり、例えば殆どがフィクションである坂本龍馬のようなケースとは根本的に異なる。

明治になってから、勝海舟が語っている。

――坂本龍馬が、かつておれに、先生しば〳〵西郷の人物を賞せられるから、拙者も行って会って来るにより添書をくれといったから、早速書いてやったが、その後、坂本が薩摩からかえって来て言うには、成程西郷という奴は、わからぬ奴だ。少しく叩けば少しく響き、大きく叩けば大きく響く。もし馬鹿なら大きな馬鹿で、利口なら大きな利口だろうといったが、坂本もなか〳〵鑑識のある奴だヨ。西郷に及ぶことの出来ないのは、その大胆識と大誠意とにあるのだ。――（『氷川清話』講談社）

この話は、西郷吉之助（隆盛）だけでなく、坂本龍馬をも英雄視、大人物と評する論拠として、余りにも有名な逸話になってしまっている。語っているのが勝海舟であることを考えれば、この通りに受け止めることなどとてもできない。勝の『氷川清話』とは、そういう史料である。

しかし、西郷が、茫洋とした感のある大人物、風格を備え、威厳を湛えた大人物、小事にこだわらず、包容力のある大人物、寡黙ながら決断力に富んだ大人物、維新第一の功労者でありながら栄達を求めず、清廉潔白を旨とした大人物といったイメージに包まれていることは、誰も否定できない。その評価を表わす言葉には、常に「大人物」というように「大」が付けられるのだ。まさに「大西郷」である。「大西郷」は、その表現通り、幕末維新期のみならず日本史上有数の偉人と位置づけられていると言っていいだろう。

余談ながら、「大西郷」とは、兄西郷吉之助、弟西郷従道の兄弟関係を「大西郷」「小西郷」と称したもので、そのような初歩的な知識ももっていない者の書く著作など……とお叱りと軽蔑を受けたことがあるが、ここではそういうレベルの話をしているのではない。

これまでの著作で、既に確立していた日本近世史、近代史における明治維新の位置づけ、解釈に異議を申し立ててきた私は、その中で西郷という人物のこのような〝偉人〟評価に対しても部分的ではあるが既に否定的な見解を述べてきた。本章以降では、「大西郷」と呼ぶには余りにもかけ離れたその実像により深く迫っていきたい。そのキャラクターに対する好悪は別にして、明治維新という出来事とその後の歴史の虚構を白日の下に晒すに当たっては、西郷の虚像を剥がすという作業は避けて通れないのである。

前章において、西郷の生まれ育った薩摩について、「クマソ」の時代にまで遡った歴史風土や近世の政治的環境の一部までを概観した。ここからは、彼を取り巻く環境や彼自身の「本性」とも言うべき要因にまで近づいていかなければならない。

チンピラの兄貴格といった風のある高杉晋作が嘆いたことがあるそうだ。

「我が家中の者は口が軽くて困る」

確かに、長州人は威勢がよかった。悪く言えば、荒っぽい。そして、ヒステリックでもある。幕末動乱期の彼らのテロリズムにその特性は正直に顕れていると言えるだろう。

高杉という男は、まさに〝チンピラ〟という表現がぴったりくる若者で、いつも俊輔（伊藤博文）と聞多《もんた》（井上馨《かおる》）を従え、突っ張っていたという感がある。正確には、聞多が兄貴格の高杉の手先となって〝パシリ〟として動き、俊輔が聞多についてまわっていたと言った方が当たっている。江戸高輪にでき上がった、まだ空家の英国公使館焼き打ちなどという彼らの所業は、どうみても〝チンピラ〟のやるようなことで、本格的な〝ヤクザ〟ならもっと実効のあることをやるだろう。これが「攘夷」の実践だとすれば、そして、攘夷の実践が幕末動乱の柱であったとすれば、歴史はもっと穏やかに流れたことであろう。

威勢だけはいいが、もともと口が軽く、こういう軽はずみな連中の多かった長州藩の内情は、簡単に外に洩れた。藩全体が徹底して秘密裏に事を進めるということが、長州の場合は苦手であったようだ。

対照的に、薩摩人というのは全般的に口が重い。西郷、村田新八をはじめとして、後の東郷平八郎を思い浮かべれば分かり易いだろう。大久保利通にしても、一般基準からすれば寡黙の部類に入るのではないだろうか。

従って、この藩が何を考え、どう行動しようとしているのか、木戸孝允《たかよし》（桂小五郎）にしてもなかなか掴めないところがあったようだ。木戸たち長州人にとって恐ろしいことは、薩摩のリーダー層と目された西郷たちが寡黙で何も語らないことと同時に、いざ動くとなると藩を挙げて一斉に同じ方向に動くことであった。その薩摩が、新政府成立後僅か十年にして分裂する。これが「西南戦争」であるが、これについては後章に譲りたい。

一方、西郷にも大きな悩みがあったことは確かである。決して悠然とした態度のみで事を運ぶことができたわけではないのだ。

長州と歩調を合わせるについて、西郷をもっとも悩ませた問題の一つは、島津久光との関係である。これまでの著作でも述べた通り、島津久光という、「藩父」と呼ばれた実権者は、典型的な「尊皇佐幕」派であった。彼には、幕府を倒すなどという考えは全くなかった。

例えば、兄の島津斉彬《なりあきら》急逝直後にでも彼が、西郷・大久保が討幕を企図していることを知ったならば、それまでに二度の流罪になっている西郷は、三度目の島流しに遭っていたかも知れない。いや、三度目の何とやらで遠島では済まず、腹を切らされていた可能性すら否定できない。「寺田屋事件」において、藩内の過激派を上意討ちにした久光であることを思えば、その可能性は高いと言えるだろう。

では、何故それほどまで西郷も久光も互いを嫌うのか。これについては、「お由羅騒動」という背景を理解しておく必要がある。

薩摩藩の汚点とも言うべき「お由羅騒動」については次節で詳述するが、時の藩主は、第十代島津斉興《なりおき》である。薩摩では今日でも名君とされ、一般には「幕末の四賢侯」の一人に数えられている第十一代島津斉彬は斉興の嫡子であり、島津久光は五男となる。しかし、斉彬が正室の子であるのに対して久光は側室の子であり、二人は異母兄弟の関係にある。

簡略に話を進めれば、斉興は嫡子斉彬に家督を譲ることを嫌った。単に譲りたくなかったというレベルではなく、何としても譲りたくなかったのである。そのために藩主の座に居座り続けた。結果的に、四十二年間も藩主の座を譲らなかったことになるから、これはよほどのことと言わざるを得ない。

それほど嫌なら、斉彬を何らかの穏便な手法で廃嫡《はいちゃく》すればいいということになるが、事はそう簡単にはいかない。斉彬は既に将軍家へのお目見えを済ませており、加えて一橋家から正室を迎えている。

世継ぎというものは、必ず将軍家へのお目見えを済まさない限り、幕府からは公認されないのである。逆に言えば、お目見えを済ませてから、それを廃嫡するなどして家督相続を実行しなければ、将軍家を騙したことになる。これは重罪であり、立派に取り潰しの理由にもなるのだ。斉興にできることは、家督を斉彬には譲らないままの状態、つまり、現状を維持することしかなかったのである。

では、斉興は誰に家督を譲りたかったのか。久光である。側室お由羅の子久光である。いつの世も、愛人の子の方が可愛いということか。ここに、島津家中において久光派と斉彬派の深刻な対立が発生することになった。

そもそも、藩主斉興は何故嫡子斉彬に家督を譲ることをそれほど嫌ったのか。ここに、薩摩藩の抱える大きな問題が、背景として横たわっていた。藩財政のことである。斉興は、斉彬に家督を譲ればまた藩財政が悪化すると懸念したのだ。

つまり、このお家騒動は単に時代劇のような世継ぎ争いではない。弘化元（184
4）年、琉球にフランス軍艦が来航した「琉球外艦事件」に端を発する、藩政の方向
観をめぐる深刻な政治対立があったのだ。

これについても後述するが、ここで調所広郷《ずしょひろさと》という家老を登場させなければならな
い。その前に、おおよそであるが月一万両という数字がここにある。年間十二万両頃（この際、閏月のことなどは無視する）である。これは、調所広郷が家老に就任した
頃（天保九年・1838年）の薩摩藩の歳入（税収から密貿易収入までを含めた収入
総額）である。

一方で、この時期どれだけの借金があったか。これもおおよそであるが、五百万両
である。膨大な借金という決まり文句があるが、歳入規模からすれば「膨大」の域を
超えている。薩摩藩は、今の日本と同様、財政上は破綻していたも同然だったのであ
る。この借金は、斉興の祖父第八代島津重豪《しげひで》が、その殆どを作った。

斉彬の曽祖父に当たるこの藩主は、世にも名高い「蘭癖大名」であった。「蘭癖」
とは、現代流に表現すれば「西洋かぶれ」ということである。蘭学が盛んになったの
は、徳川吉宗の「享保の改革」において洋書輸入が部分的ではあるが解禁されてから

のことであるが、学問領域にとどまらず日用品から生活様式に至るまでオランダ流、即ち、西欧風を模倣する者が現れた。ところが、オランダの文物は非常に高価であり、庶民が「蘭癖」になるのは難しい。従って、「蘭癖」と言われた者は、大名や上級武家、一部の大商人に限られたのである。

例えば、熊本藩主細川重賢《しげかた》、平戸藩主松浦静山、福岡藩主黒田長溥《ながひろ》、佐賀藩主鍋島直正など、九州の大名に著名な「蘭癖大名」が多い。言うまでもなく、長崎が近いことに因るが、例外として老中堀田正睦《まさよし》（佐倉藩主）も名だたる蘭癖大名の一人であった。これらの筆頭が、薩摩藩主島津重豪であったのだ。そして、曾孫の斉彬も実は蘭癖大名と言われていたのである。

付言しておく必要があるが、島津斉彬については、『島津斉彬言行録』などをベースにして、蘭癖ではなく積極的な開国主義者、開明主義者であるとする学者や研究者が非常に多い。積極的な開国主義者である点は、私も全く同意である。しかし、曽祖父重豪の斉彬溺愛は尋常ではなく、斉彬はまだ右も左も分からぬ幼少期から外国人に会わされ、西洋の文物を見せられて育ったのだ。理屈の分かる前に「蘭癖」という素地を作られていたと言っていい。長ずるに従って、その素地に論理を構築していったとみるべきであろう。

さて、調所広郷は、蘭癖大名島津重豪の作った五百万両という借金を見事に消した。消したばかりか、五十万両とも二百万両とも言われる「内部留保」まで作った。この資金が、後に西郷・大久保主導の討幕クーデターを成立させる上で大いにものをいったのである。ただ、調所のやり方は、常軌を逸していたと言っていい。

簡略に述べるに留めるが、薩摩藩家老調所広郷は、債権者を脅すなど朝飯前という荒っぽいやり方で藩の天文学的規模の借金を二百五十年払いとし、密貿易利権、砂糖の専売利権などを絡ませて、何とか藩の破綻を防いだ。防いだばかりか、蓄えまで作った。当然これは農民たちからの激しい収奪を伴うもので、奄美では「黒糖地獄」という言葉で語り継がれている。しかし調所は、琉球への派遣兵を途中で引き揚げさせたことや幕府への虚偽報告の責任を取って、嘉永元（１８４８）年十二月、江戸藩邸で自決した。これには、島津斉彬と老中阿部正弘の関与があったとも言われている。

調所を失った国許の島津斉興の怒りは、沸騰した。何が何でも斉彬には継がせぬと、それまで以上に硬化した。斉興ばかりではない。久光派の結束は更に強くなり、両派の対立は益々深刻化したのである。

久光派と斉彬派の対立抗争は、久光を産んだ側室お由羅の名から「お由羅騒動」と言われるが、このお家騒動そのものについては別途整理するとして、ここではこれが西郷と大久保に及ぼした余波を述べるに留めておきたい。

この時、斉彬派であった大久保家は、当然全く無事というわけにはいかなかった。父大久保利世が喜界島に島流し、大久保自身も記録所書役助《かきやくたすけ》を免職の上、謹慎処分を受けた。

西郷はどうであったか。まだ重い処分を受けるほどの立場にはいなかったといえばそれまでだが、父西郷吉兵衛が御用人として仕えていた槍奉行赤山靱負《ゆきえ》が切腹処分を受けた。この赤山が斉彬派であり、西郷自身も赤山から目をかけられていたのである。吉兵衛は、赤山の血染めの肌着を貰い受け、それを西郷に与えたという。この点については、吉兵衛は赤山家に出入りしていて介錯を頼まれたとも伝わる。切腹時の血染めの肌着をもち帰ったということは、或いは介錯人を務めたのかも知れない。

これを見せられた西郷のショックは、大きかったようだ。それは、西郷が斉彬派であったから、とさらっと流す向きが多いが、この事件は西郷が斉彬に取り立てられる前の出来事である。この時の西郷の想いの対象は、どこまでも赤山靱負なのだ。久光派に対する怨みがこの時点で生まれたことは間違いないであろう。その点では、ここが終生続く久光との確執の出発点であったとは言えるだろう。

西郷は、血染めの肌着が語る切腹の凄惨さを想ったに違いない。何せそれは、ごく近しい人の切腹である。その血染めの衣に接し、漠と己の今後の生きざまと最期を思い描いたのではないか。それは、無意識の心の動きであったかも知れない。切腹の衝撃とは、そういう力をもっている。怖れ、動揺、恨み、反撥……そういう心の作用を超越した影響を及ぼすものである。何らかの形で己も同じような道を歩むことになる。つまり、天寿を全うすることなどあり得ない。西郷の心の奥底で、そのことについて観念する、その始まりが、この血染めの衣を手にした時であったに違いないのだ。

私は、幕末動乱を経て討幕に成功し、勝者となった途端とも言うべき時期に「征韓論」をめぐる「明治六年政争」に敗れ、「西南の役」という形で中央新政権に対して反旗を翻して滅びた西郷という人間を理解する上で、赤山靭負の血染めの肌着を無視してそれを語ることはできないと考えている。

この争いで、斉彬派は壊滅した。当の島津斉彬ただ一人になってしまったと言っても過言ではない。しかしこの時、僅か四名の斉彬派藩士が脱藩に成功し、福岡藩黒田家に逃げ込んだのである。薩摩藩お家騒動は、ここから南部八戸藩へ伝わり、遂に幕府へもち込まれた。

事ここに至って、藩内では大勢を占める久光派の頭目でもあった藩主島津斉興は隠居し、家督を斉彬に譲らざるを得なくなったのである。時に嘉永四（1851）年二月。黒船来航の二年前である。斉彬は、満四十二歳になろうとしていた。斉興の藩主在任は、四十年以上の永きに亘っていたのである。

一説には、老中阿部正弘は、将軍徳川家慶《いえよし》に島津斉興の隠居に向けて〝強権発動〟を要請したとも言われている。これを受けて、徳川家慶は島津斉興に茶器を下賜したという。将軍家が茶器を贈るとは、暗に隠居を促しているのである。斉興にとっては、これは将軍家の〝命令〟と理解せざるを得ず、拒絶などできるものではない。江戸もここまで爛熟した時代ともなると、将軍家の〝強権発動〟というものも、なかなか味なことをやるものである。こうして「お由羅騒動」はようやく終息したのである。

ようやく、文字通りようやく念願叶って藩主となった島津斉彬は、今日的な視点からは名君の誉《ほま》れ高く、そのことは耳にタコができるほど聞かされている読者も多いことであろうから、その「功績」を列挙することは割愛する。

ここでいうその功績とは、やはり「蘭癖」ならではのものであった。幕末に二百六十七名の大名がいたが、その中で彼は一番最初に写真に納まった大名でもある。

斉彬は、西郷・大久保を抜擢し、二人をうまく用いたことは事実である。西郷も、斉彬に心酔した。この、斉彬に心酔する心が久光に対する反撥という形で表面化したことは、当然といえば当然であろう。その意味では、「お由羅騒動」は最後の最後まで西郷の心理に影響を及ぼしたと言えるのである。

蘭癖は金がかかる。斉彬の藩主就封《しゅうほう》が実現すれば、せっかく立て直した藩財政がまた悪化すると深刻に受け止めた島津斉興と調所広郷。「お由羅騒動」という名で語られる藩内の政策対立を惹き起こした「蘭癖」という要因は、もう少し注目されて然るべきであろう。

2　お由羅騒動と斉彬

薩長新政権サイドの勝手な表現ながら「幕末の四賢侯」と称されたその一人、開明派の名君と評される薩摩藩第十一代藩主（島津家当主としては第二十八代）島津斉彬、お由羅の方を母とする斉彬の異母弟島津久光、斉彬の就封を避けて久光に藩主の座を譲りたかった二人の父第十代藩主島津斉興、強引に薩摩藩の財政を見事に立て直した家老調所広郷、奥小姓にして槍奉行を務めた赤山靭負、船奉行高崎五郎右衛門。

これらが、「お由羅騒動」に登場する主な顔ぶれである。

家中は既に久光派と斉彬派に二分されており、西郷・大久保は斉彬派であった。但し、この騒動の時点では、西郷も大久保も、特に西郷はまだ端役《はやく》ですらなかった。

久光派と斉彬派などと表現すると、まるで二人が跡目を争って対立していたかのように聞こえるが、そうではない。家老調所広郷による藩財政の立て直しは、薩摩藩の「天保の改革」と言われ、藩主島津斉興、家老調所広郷らの藩首脳に繋がる一派を

「天保改革派」とすれば、この対立は、財政健全化を何よりも重視する「天保改革派」と斉彬の主張する開国主義に現状打破を賭ける「開明派」の争いである。

藩主島津斉興は、悔恨と確信の狭間に身を置くだけで、ひたすら悩んだことであろう。斉彬の将軍家お目見えを早々と済ませたのは、間違いであった。これが、唯一最大の悔恨である。我が祖父に憧れる嫡子斉彬が跡を継げば、祖父と同じ「蘭癖」である斉彬は、せっかく家老調所広郷が立て直した財政を再び悪化させ、島津家は再び困窮するに違いない。これが確信である。

そうすると、結論は自ずと絞られる。お由羅の子久光に継がせたい。いや、家中のためにも、そうあるべきだ。

家中の重臣の殆どは、「天保改革派」即ち久光派であった。郷士以下の、百姓に近いような身分の者や若手が斉彬派を占めた。日々の生活に困窮していた彼らは、決して斉彬と同じレベルの思想としての「開明主義」を支持したわけではなく、現状打破の希望を斉彬に託したのである。

年を食っている重臣は、かつての財政破綻による困窮を知っている。お家のためには斉彬を何としても排すべきであるとする。一方、日頃から、節約、倹約、質素ばかりを年寄りどもから説かれる若手はうんざりしている。重臣たちが推す久光に反撥し、開放的な斉彬に期待する。両者の反目は、一種の階級闘争、世代間抗争でもあった。

先に述べた通り、久光派と斉彬派に藩を分裂させた大きな背景要因が、島津重豪時代以来の財政破綻であった。世に「高輪下馬将軍」と評され、田沼意次《おきつぐ》とも親しかったこの島津重豪という藩主は、名君と評価されることもあるが、薩摩藩を破綻させたことは紛れもない事実である。藩校「造士館」の設立、演武館、天文館の設立など、教育分野での評価すべき事績は多い。尤もこれらにも多大な支出が伴ったことは言うまでもない。医学院を設立し、医療の研究にも力を注いだ。自らローマ字を書き、真偽は分からぬが、オランダ語を話したとも伝わる。曾孫の斉彬を可愛がり、一緒にシーボルトと会見したこともある。大変な酒豪で薩摩領内に酒の相手をすることが出来る者が何人いるかと言われたほどであり、六十八歳の時に子を設けている。つまり、肉体的にも驚異的な絶倫ぶりを発揮した豪傑であった。

こういうタイプによくあることとして、やたら側室が多く、はっきりしているだけで十二〜十三名はいた。中には、母子ともども側室になった者もいたというから驚きである。これが、「蘭癖大名」の筆頭とされた島津重豪という藩主である。

斉彬は、この大爺さんの影響を強く受けた。重豪は、今日の満年齢で言えば、米寿まで生きた。正確には、米寿まであと僅かというところであったが、現代に置き換えても、男としては長生きしたと言えるだろう。

こういう人物であるから、実に野放図に金を使ったようである。「大名貸」が金を貸すことを断ったというから、これは半端ではない。遂には、現代の「ヤミ金」のような高利貸からも金を借りた。〝十一《といち》〟の世界へ足を踏み入れた大名というのも珍しいのではないか。

その過程で、緊縮財政路線を採ろうとした「近思録」派の樺山主税《ちから》らを切腹させている（近思録崩れ）。孫の島津斉興を藩主に擁立したのは、嫡子島津斉宣《なりのぶ》が緊縮財政路線に転換しようとしたからである。嫡子を隠居させ、その家臣を切腹させ、孫を藩主に任じ、自らがいつまでも実権を握り続けた島津重豪。そこまでして次々と側室を設け、金を使い続けようとしたその散財ぶりは筋金入りであったと、もはや感服するしかない。天文学をも奨励した重豪であったが、彼の残した借金五百万両も〝天文学的〟数字であると言わざるを得ない。これではいかん、と彼が財政再建を目指して調所広郷を抜擢したのは、その最晩年のことであった。

調所の荒っぽい財政改革は、重豪が藩主に据えた孫の島津斉興の治世下で行われた。そして、調所は、天文学的規模の借金からすれば比較的短期間に財政を立て直してしまったのである。

調所が家老に就任した時、薩摩藩がおおよそ五百万両という、膨大、莫大な借財を抱えていたことは先にも述べた。貸し手は、初期は「大名貸」や大店《おおだな》の商人である。その後は「ヤミ金」のような高利貸しか藩の相手をしなくなってしまったという。調所は、彼ら貸し手を恫喝したのである。

調所という男は、各地の地頭を歴任し、町奉行を務めたこともあり、家老にまで昇り詰めて後も志布志郷の地頭を兼務していたほどで、藩内至る所の行政現場を知悉していた。彼の勢力下には、いろいろなルートに、領民にとっての権力者が散らばっていた。そういう叩き上げタイプの実力家老が恫喝するのである。

彼は、「城下士」の息子である。薩摩の武家階級は、実に細かく家格が分かれているが、大別すれば「城下士」と「外城衆」（郷士）に分かれる。「城下士」は、日頃の生活が殆ど百姓と変わらないような「郷士」よりは上位には属するものの、調所家は本来なら家老になれる家格ではなかった。

もともと薩摩という藩は、やたら武士身分の多いところで、幕末の士族は約四万三千戸という記録があり、他藩に比べてゼロが一つも二つも違うほど多いのだ。国中武家だらけ、といった様相があり、従って郷士の末端の家は、殆ど百姓に近い。順位を付ければ「御一門」（四家）から数えて、「城下士」の末端で四千番前後であろうか。それでも、上位一割に入る家格である。それほど郷士が多いのだ。そして、調所は下級「城下士」の家に生まれたにも拘わらず家老に抜擢された実力者である。これに脅されて抵抗できるものは余りいなかったようだ。

但し、恫喝したとはいっても、調所は借金を棒引きさせたわけではない。そこは武家である。今の政治家や官僚とはわけが違う。現政権下で起きているスキャンダルが証明になるだろうが、平成の政治家や官僚、或いは大企業なら、直ぐ公金の投入と借金の棒引きをセットで要求するだろうが、調所は、大名貸をはじめとする債権者に対して、借金は払う、とした。但し、無利子とすること、二百五十年払いの分割払いとすること、これを認めさせたのである。

繰り返すが、分割で支払うのはいいが、二百五十年の分割である。これを認めさせたのが、天保六（１８３５）年とされるから、完済するのは何と西暦２０８５年となる。平成は今年、平成三十年を以て終わるから、西暦でしか表現しようがないのだ。今年から数えても、まだ六十七年、つまり完済する年に私は確実に生きていない。

しかし、権力の脅しによって成立させたとはいえ、約定は約定、藩は毎年〝誠実に〟返済を続けた。その後、三十五年間に亘って支払を続けたのである。言い換えれば、三十五年しか支払わなかったとも言える。何故、三十五年間で終わったかといえば、廃藩置県という天地のひっくり返るような大変革が起こり「藩」というものが消滅したからである。約定を結んだ片方の存在そのものがなくなった、ということである。そして、実質的に薩摩・長州から成る新政府が明治五（1872）年、旧薩摩藩の債務の無効を宣言してしまったのである。

これでは、債権者は踏んだり蹴ったりではないか、と言われそうだが、実はそうでもない。薩摩藩の〝お家芸〟は、密貿易である。調所は、琉球を通じて行っている密貿易を、交換条件として債権者に優先的に扱わせ、彼らはそれによって大きな利益を上げることができたのである。調所のような人物を、〝酸いも甘いも噛み分けた〟というのかも知れないが、評価していいのか、非難すべきなのか、よく分からないという人物であった。

しかし、家老就任の目的に照らせば、この男は「結果を出した」とも言えるのだ。調所は、奄美大島や徳之島などの砂糖を専売制にしたが、現地の農民に対しては徹底して買値を叩き、藩は大きな利益を出した。これにも利権を絡ませたことは言うまでもない。先に奄美の「黒糖地獄」という表現を紹介したが、島の農民にしてみれば、調所は「極悪人」であった。一方で、薩摩焼の増産に力を入れ、朝鮮人陶工の生活改善に尽力したという事実もある。薩摩焼の生産地では調所の招魂墓を建て、密かに祀り続けたという。

こういう人物であるから、藩が久光派と斉彬派に分裂した時、調所は当然久光派に与《くみ》した。財政を立て直し、藩の金庫には相当な蓄えも作った。これを、また蘭癖の斉彬が藩主になって食い潰されては堪らない。二百五十年払いが三百年払いにもなりかねない。

調所は、久光派の中心人物と目されるようになったのである。斉彬派の中心人物は、斉彬自身であったと言っていい。斉彬は、「藩主である父斉興隠居、調所失脚」を目的として、遂に動いた。

嘉永元（1848）年、島津斉彬は何と老中阿部正弘に藩の琉球経由密貿易を密告するという手に出たのである。老中阿部正弘は盟友であるとはいえ、これは、一種の賭けとも言うべき手段と言えるだろう。それほど斉彬派は、藩内では劣勢であったという証左である。

尤も、この密貿易を明るみに出した一件については、琉球への黒船の来航を薩摩藩ひとりの問題として伏せるべきではない、事は一藩を超えて日本国が迎える国難に直結する問題であるとする、斉彬の対外施策に関する開明的な見識を示すものとする考え方、主張がある。これは、つまるところ史料や資料の読み方の問題でもあって、例えば『斉彬公史料』や『大西郷全集』が、基本的に斉彬や西郷の評価を下げる内容を十分に含むことはないのである。しかし、これらの史料や資料が、勝海舟の『氷川清話』の類とは異なることについて、専門家の評価がほぼ一致していることもまた事実である。

はっきりしていることは、琉球への黒船来航、即ち、「琉球外艦事件」に触れれば、薩摩藩の琉球を盾とした密貿易にも触れざるを得ないということである。

薩摩藩が独立を保っていた琉球王国を侵略したのは、徳川幕府成立も間もない慶長十四（１６０９）年のことである。家康は、この出兵に暗黙の了解を与えている。薩摩藩の〝名産〟とも言うべき密貿易は、この侵略直後から行われ続けてきた〝歴史〟をもち、いわば公然の秘密であった。老中阿部正弘にしても初耳であったはずがないのだ。

しかし、江戸社会というのは職人技で建てられた、一見大黒柱のない五重塔のような、いつ倒壊してもおかしくないようで決して倒れない高層建築のような微妙かつ精緻な社会であって、「空気が読めない」と世渡りはできないが、表向きと裏とをうまく使い分ける、ある意味でよくできた社会である。密貿易という裏も表へ出しさえしなければ、何とかなるのだ。

つまり、薩摩の密貿易は公然の秘密ではあったが、証拠を掴まれてはいけない。証拠を掴んだ方が、それを放置することはできないからだ。江戸期を通じて多くの、時代劇で言うところの公儀隠密、つまり乱破《らっぱ》（草）が薩摩に侵入したが、薩摩藩はこれらを見つけ出すと必ず殺した。決して生きては返さなかったのである。彼らのことを「薩摩飛脚」と言ったが、知り得る限りでは、生きて帰ったのは、探検家として知られる間宮林蔵ぐらいであろう。

しかし、表向き堂々と「密告」という形を採られると、これはもう「建前」の次元で対応せざるを得なくなる。阿部は、やむを得ず薩摩藩家老調所広郷から事情聴取を行った。ところが、その直後、調所は芝の江戸藩邸で急死する。嘉永元（１８４８）年暮のことである。これは、服毒自殺という形の自決であったとする説が有力である。言うまでもなく、藩主斉興にまで糾問の手が及ぶのを防ぎ、責任を一人で被ったものと推察される。この一件は、島津斉彬が事前に老中阿部正弘と謀《はか》って実行した可能性が高いと言われている。そうであるとすると、「お由羅騒動」とは、斉彬から仕掛けたものであったということになる。

そもそもお由羅とは、どういう女性であったのか。その出自は江戸の町娘である。

大工の娘とも、三田の八百屋の娘とも、殆ど女郎に近い船宿の娘とも女とも諸説が入り乱れている。江戸の薩摩藩邸に奉公に出ていた時、斉興に見初められたと伝わるが、船宿の娘か女が藩邸に奉公に出るというのは、どうも合点がいかない。いずれにしても、江戸の町方の娘であったようだ。大名や上級の武家が女を手に入れる場合、他に幾らでも一般的な形、方法がある時代のこと、こういう奉公に上がっている町方の娘を一夜の慰み者ではなく側室にまでするケースというのは、その女は大概美人である。お由羅も魅力的な女性であったに違いない。

余談ながら、こういう場合、いきなり側室に、というわけにはいかない。一旦、それなりの家格の家臣の養女にしてから、というような手順を踏むのが普通である。お由羅のケースでは、それなりの家から出ていた島野という老女中の養女にして後、側室として迎え入れたらしい。事実、斉興はお由羅を寵愛した。

ただ、このことについて、「参勤交代の度に江戸と薩摩にお由羅を連れていくほど寵愛した」などと言われるが、些事《さじ》ながら、この形は薩摩の慣例である。薩摩には「御国御前」という言葉があるが、側室でも「御国御前」と呼ばれる立場になった女性は正室同様の処遇を受け、参勤交代の際も常に同行する習いとなっていたのだ。

ここで藩主斉興とお由羅の仲がどの程度のものであったかを問題にしても始まらな

い。問題は、お由羅が後に久光となる男児を産み、一方で、斉興が正室に産ませた男児が次々と夭折《ようせつ》したことである。ここに、お由羅が、我が子の就封を願って斉彬その人と斉興の子を呪詛《じゅそ》したという疑惑がもち上がり、斉彬派の家臣団の怒りが膨れ上がったのである。

調所を失った国許の島津斉興の怒りは、沸騰している。何が何でも斉彬には継がせぬと、それまで以上に硬化した。斉興ばかりではない。久光派の結束は更に強くなり、両派の対立は益々深刻化したのである。こういう時期にもち上がったお由羅の方の呪詛疑惑。もうお分かりであろう。この疑惑は、斉彬派がデッチ上げた疑いが濃厚なのだ。

嘉永二（１８４９）年、調所広郷急死の翌年であるが、斉彬の四男篤之助が数え年二歳で夭折する。ここに至って、両派は一触即発の事態を迎えた。

機先を制して久光派が動いた。嘉永二年の暮、斉彬派の中心人物であった、町奉行近藤隆左衛門、船奉行高崎五郎右衛門、物頭山田清安らを、久光・お由羅の方及び重臣の暗殺を謀議したとの罪状で捕縛、六名を切腹に処した。その他、斉彬派約五十名が蟄居・遠島処分となった。蟄居・遠島処分を受けた者のうち、数名は自害。この〝先制攻撃〟は徹底していて、既に病没していた元江戸家老二階堂主計《かずえ》の士籍を剥奪、更に、江戸家老島津壱岐を更迭の上、隠居謹慎処分とした。島津壱岐は、下命の二日後に切腹した。

前述した通り、このお家騒動は幕府の介入によって漸く収まったのであるが、西郷が心酔した藩主島津斉彬の実現に際しては、このような醜い久光派と斉彬派の抗争があったということである。

島津斉彬は、篤姫を将軍正室として送り込むことなどを手段として、幕政に積極的に関与しようとした。しかし、幕政に関与しようとしたことはともかく、解せないことがある。

それは、将軍継嗣問題で井伊直弼に敗れた時、数千の藩兵を率いて出兵しようとしたことである。抗議のため、とされているが、それは全く説明にならない。たとえ僅かでも兵を率いて上洛するとはどういう意味になるか。それが分からぬ斉彬でもあるまい。この後、薩摩では、「率兵上洛」という行動が大きな意味をもつ政治行動となっていく。

藩兵の規模は、一説には五千とも伝わる。関ヶ原においてさえ、島津は一千五百ほどの軍勢しか用いなかった。洋式装備を整えた五千という軍勢は、抗議のため、ということでは全く説明できないのである。

恐らく斉彬は、京を軍事制圧するつもりではなかったか。彼は、出兵直前に急死、この出兵は取り止めとなったが、もし実現していれば、京の守護を藩のポジショニングとする大老井伊直弼の彦根藩と大坂の手前辺りで激突していたはずである。斉彬の死因は、当時流行していたコレラとされているが、余りにも突然であったところから、これについても父島津斉興、異母弟島津久光派の関与が、当時から囁かれていた。西郷は、最後まで斉彬は毒殺されたと信じていたようである。

思うに、斉彬の野望の背景にあったものは、独立国意識の強い薩摩島津家という家、或いは己の血についての誇りではなかったろうか。斉彬の母周子（弥姫）は、鳥取藩主池田治道と仙台藩主伊達重村の娘との第一子である。鳥取藩池田家とは、池田輝政と家康の次女督姫の嫡流が連綿と家督を守ってきた家であり、歴代藩主は徳川家から正室を迎えている。つまり、斉彬には、幕府開闢《かいびゃく》時に遡って往時の人物でいえば、徳川家康と伊達政宗の血が流れているのである。

島津斉彬像

また長くなるので簡略に述べるが、島津家そのものは徳川家より武家としての由緒が永く、はっきりしている。加えて、池田輝政とは、周知の通り今日の姫路城を造った武将であり、織田信長以来、時の権力の中央に位置し、徳川の治世になってからは松平姓を許された名門である。

江戸期の武家とは、血を誇る人種である。「蘭癖大名」と雖《いえど》も、この点については例外ではない。斉彬は「公武合体・武備開国」を強く主張し、大名連合の主導権を握ろうとしたとされているが、もし、もしであるが、彼がその延長線上に「倒幕」をも視野に入れていたとすれば、家康の子孫が徳川幕府を倒すことを企図するという皮肉な図式となったのである。

３「郷中」が育んだ「テゲ」の文化

西郷という男には、極端な二面性が見受けられるという指摘がある。私も、かつてその論に傾き、西郷の解釈に迷ったことがある。

二面性と言われる時、一つは、徹底して無私である点、別の一面が冷徹な策謀家であるという点である。最初にお断りしておくが、今、私は西郷に二面性があるとは思っていない。後にでき上がった、言ってみれば誤った西郷像をもっていると、確かに二面性があるという見方をしないと収まりがつかないだけのことである。

冷徹な策謀家という一面は、「赤報隊」を使ったことで説明されることが多い。確かにテロ集団「赤報隊」を組織し、幕府を挑発して「鳥羽伏見の戦い」という戊辰戦争の戦端を開かせたのは、西郷である。これについての詳細は次章に譲りたい。

西郷は、「赤報隊」を組織し、用が済むと冷酷に割り切ってそれを抹殺した。単なる道具と割り切った感がある。この点だけで西郷という人物をみれば、彼はマキャベリストであると断じることもできる。つまりは、レーニンや毛沢東などと同種だということになる。

説明の必要もないだろうが、マキャベリストとはマキャベリズムから派生した言葉である。即ち、マキャベリの『君主論』に由来する。マキャベリの論を曲解しているとする指摘もあるが、一般的には「目的は手段を正当化する」という意味をもっており、マキャベリストとは、俗っぽく言い切れば「目的のためには手段を選ばぬ人間」という意で使われることが多い。

「赤報隊」を使った頃の西郷の目的は、討幕であった。「近代的な新しい国家建設のため」などというのは、後世の官軍史観の産物であることは、これまでの著作で整理してきた通りであって、西郷がそのようなグランドデザインをもっていたことは断じてない。勿論、新政府ができて、一部にそういう意識の稚拙な萌芽が存在したことを否定するものではないが、それは幕府にはもっと早くから明確に存在した、列強による植民地化に対する恐怖、或いは危機感と表現すべき心理であって、その恐怖、危機感が薩長サイドで文久年間から慶応三年までの時期に「近代的な新しい国家建設のため」と表現してもいい意識にまで育っていたかというと、そのようなことは断じてない。

更に言えば、討幕という目的を「大義」とは言わない。この側面に限って言えば、西郷には、非常時にこそ発揮されて、その人の評価に繋がる「武家の佇まい」という姿勢などは微塵ももち合わせがなかった。「武家の佇まい」という一つの人のあり方について付け加えれば、咸臨丸《かんりんまる》を率いた木村摂津守など幾人かが幕府崩壊時に見せたあり様《よう》こそが一つの見本であろう。

ただ、幕末動乱史を語る時、戊辰戦争に大義はなかったとか、会津にこそ大義があったなどと、よく「大義」という言葉が使われるが、明治維新という出来事を検証しようとする立場からすれば「大義」の有無を論じることはナンセンスである。「大義」の有無を前面に押し出して維新を云々する書き物も氾濫しているが、それはどちらが真の朝敵かを根掘り葉掘り書きたてるものであって、維新解釈を矮小化すること甚だしい。幕末の動乱は、どこまでも政権争奪戦であって、「大義」などという普遍性があるかのような言葉をもち出して語る対象ではない。

話を戻そう。

一方で、西郷ほど無私な人間は、この時期、他に例をみないとも言われる。これは、行動においては、殆ど当たっているであろう。彼は、幕府を倒して天下＝政権を獲《と》った薩摩・長州を核とする「新政府」を構成したかつての同志に対して、激しい憎悪を抱くまでになった。何を憎悪したか。腐敗と権力欲である。

腐敗と権力というものは、表裏を為して一体となっているものだ。西郷からみれば、例えば、長州の井上聞多（馨）如きは、許されるものなら八つ裂きにしてもいいほど権力を己の物欲を満足させるために行使する唾棄《だき》すべき存在であったろう。西郷は井上のことを「三井の番頭」と呼んだ。本人に対して、面と向かってそう呼んだこともある。

確かに三井は、新政権に癒着することによって財を成し、その他の大商人と共に「財閥」にまで肥大化し、新政権と足並みを揃えて最終的には日本を破滅へと追いやる大戦争へと導いた存在の一つである。大東亜戦争直後、ＧＨＱがまず断行したことが「財閥解体」であった。つまり、井上ひいては長州閥と三井の癒着に、大東亜戦争にまで突き進んだ昭和軍国勢力のルーツとしての一要素をみることができるのである。

西郷からみれば、井上だけではない。山縣も同類、木戸も然り、度合いの相違だけなのだ。更に言えば、盟友大久保が権力者然として馬車を乗り回していることにさえ腹立たしさを感じたのだ。

西郷は言う。

「これでは手前どもが倒した徳川家に対しても申し訳が立たない」

その徳川宗家の分家、紀州徳川家に津田出《いずる》という人物がいた。小栗忠順や水野忠徳、岩瀬忠震などと並び称してもいい幕末の俊傑である。

幕府崩壊後、西郷はこの津田を訪ね、話を聞いたことがある。忽ち、感服してしまった。そして、素直にこの人を担《かつ》ごうと思ったようだ。戦が終わって、自分たちは次に何をどうしていいのか、さっぱり分からない。しかし、津田には明確な国家像がある。この人を担ぐしかない。無私な西郷は、正直に感服し、津田の担ぎ出しを平気で、本気で考える。当然、そのことを大久保以下の、戊辰戦争の勝者仲間に相談する。大久保や木戸にしてみれば、とんでもない話である。津田とは、直参ではないが幕府サイド＝敵の人間ではないか。益して、将軍職を出してきた御三家の家臣である。勝者の自分たちが敗者の部下を担ぐとは、西郷は狂ったかということになる。

西郷は、戦後は策略、政略というものを使うということが少なく、「虎狼《ころう》の群れ」を脱して故郷薩摩へ帰ってしまったままである。戦が終わって成立した新政権集団とは、西郷にとっては倫理や正義の通る人の集団ではなく、ただ敵を食い漁《あさ》る「虎狼の群れ」であったのだ。

尤も、西郷には学識のある人物、或いは学識がありそうにみえる人物に直ぐ傾倒してしまうという傾向がある。勝海舟に会ったら勝に感服してしまうということも、この範疇に入る西郷の特性であろう。

こういう二面性をもつと称される西郷という人間は、一体どういう構造でできていたのか。また、その本性とはどういうものであったのか。いよいよ西郷吉之助（隆盛）という人物そのものに切り込んでいかなければならない。

西郷は、勘定小頭西郷吉兵衛隆盛の第一子として、今の薩摩・下加治屋町《したかじやまち》に生まれた。西郷家は、四十七石という小禄しか得ていない下級の武家であった。この生家跡を訪ねたことがあるが、なるほど武家の屋敷跡としては実に狭い敷地であった。近くに従弟に当たる大山巌の生家もあり、下加治屋町に引っ越してきた大久保の家も近い。

下級武家とはいえ、武家のやたら多い薩摩にあって西郷家は「城下士」の「御小姓《おこしよう》与《ぐみ》」に属しており、大半が「外城衆」であった薩摩藩における〝下級〟とは他藩と同じような意味にはならないことに注意する必要がある。

会津には「什《じゆう》」と呼ばれる地域単位が存在したように、薩摩には「郷中《ごじゆう》」という地域単位の組織があった。「什」も「郷中」も、地域単位の名称であると同時に、その地域単位特有の少年教育の場の名称でもある。会津の「什の掟」は余りにも有名であるが、幕末動乱において敵味方となる会津と薩摩に似たような少年教育の組織が成立していたことは実に興味深い。

西郷は、下加治屋町の「郷中」で「二才頭《にせがしら》」を務めた。薩摩では、子供時代から青年期までを「小稚児《こちご》」（六、七〜十歳）、「長稚児《おせちご》」（十一〜十四歳）などと区分し、最年長（十五〜二十四、五歳）を「二才《にせ》」と呼んだ。「二才」になるともう藩校「造士館」で学ぶ年齢であり、彼らは藩校で学びながら、郷中の稚児たちの武術指導に当たったのである。

西郷は、この「二才」のリーダー＝「二才頭」を務めた。私は、西郷が「二才頭」を務めたということが、彼の身の処し方ということに大きな影響を与えたと考えている。

そのことを理解するためにも、この、薩摩の「郷中」の存在に対する理解も不可欠に重要である。薩摩では「郷中」、会津では「什」と言うが、幅広く捉えればこれらは「若衆組」という日本の伝統的な地域社会特有の若者組織の系譜にあると考えられる。これは、民俗学的には極めて太い軸となっている、我が国の伝統的な習俗、慣習、祭事等々の成り立ちと変遷、民族性などを考える上で必須の考察であって、西郷という極めて土俗性の強い人間の本性とか本質を理解する上でも欠かせないアプローチであろう。

私の少年時代、青年時代までは、まだどこの田舎にも「青年団」という組織が残っていた。これも、「若衆組」の存在と真っ直ぐに繋がっている。

若衆組は、地方によって若者衆、若者連中など、その呼称はさまざまであった。大体十五歳前後に加入することが多く、年長者がリーダーとなって年少者を指導する。その活動拠点を、若衆宿、若者宿、若宿、寝宿などと言ったが、この呼称も地方によってさまざまである。

加入と脱退についても、村々によってルールは異なり、大別すると男子全員が加入するタイプと各世帯から一人、長男だけが加入するタイプの二つに分けられる。

私が村の「青年団」に加入した時、兄も加入していたから、私の村のタイプは前者の系譜にあったものと考えられる。その場合は、結婚を機に脱会する習わしになっていたようである。長男だけが加入するという後者のタイプでは、結婚が基準にならず一定の年齢に達すると脱会することが多かった。

若衆宿などという拠点に集まって、年長者は後輩に何を指導したのか。これは、民俗学が対象とする場合はまさにメインテーマそのものであって、この種のことを考えるたびに民俗学という学問の重要性、偉大さを痛感させられるのだ。

若衆宿に出入りできるようになって、若者が教わることは、飲酒、喫煙とそのマナー、そして、恋愛や性に関する知識とノウハウであった。夜這いを敢行して童貞を捨てさせるのも、年長者の指導すべきことであったのだ。地域によっては、若衆宿に対して女性ばかりが集う「娘宿」があり、こういう地方では両者の交流も企画、実施され、これによって婚姻が成立したのである。今風に言えば、地域社会公認の合コンとでも言えようか。

討幕の後、明治新政権時代になって、何でも「開化」何でも「文明」という風潮が支配的となり、若衆宿という習俗も旧習の最たるものの一つとされ、次第に衰退に向かう。そして、教育勅語の制定によって衰退に拍車がかかった。神聖天皇の下に〝何でも中央集権〟の明治新政権は、全国的に統一された青少年教育を目指したのである。

敗戦後、これが「青年団」として継承され、ピーク時の昭和二十年代には加入者が四百万人を超えていた。東京・千駄ヶ谷の日本青年館は、昭和五十四（１９７９）年に青年団員の募金によって再建されたものである。また、今や全国の自治体主催によって成人式が行われているが、これは埼玉県蕨市の青年団が始めたものとされている。

しかし、敗戦後は特に農村部から都市への若者の人口移動が激しくなり、「日本的なるもの」に対する価値が極端に下落するという傾向が定着して、若衆宿の系譜にある青年団も決定的に衰退し、昭和末年には加入者が十万人を割ったとみられている。

このような民俗性をもつ若衆組と位置づけられる薩摩・下加治屋町「郷中」において、西郷は「二才頭」を務めたのである。幕末動乱を生き抜き、再度の反乱で散った西郷が、常に若手藩士から一目置かれてリーダーであり続けたのは、彼が「二才頭」であったからである。このことは、単に推量の域に留めておくことではない。

明治新政府が成立して以降、薩摩にリーダーたるべき人物が多く出たことは周知の通りである。西郷だけでなく、聯合艦隊の創設者とも言える山本権兵衛《ごんのひょうえ》、日露戦争における大山巌、東郷平八郎といったところがその典型であろう。彼らには、一つの共通した型があることに気づく方は多いのではないか。

それは「大将」としての型とも言え、細かいことを全て部下に委ね、結果の責任だけを負うという、薩摩独特の「テゲ」と呼ばれる身の処し方を雰囲気として醸《かも》し出す大将の型である。

折に触れ意識していくことになるだろうが、薩摩人のリーダーは皆、「郷中」の時代から身の処し方を自然と身に付けていくのだ。そして、それは「テゲ」というリーダーの美意識と言ってもいい伝統的な価値観抜きには成立しないのである。

「テゲ」というのは薩摩弁である。「テゲテゲ」と重ねて言うことが多かったようだ。強いて訳せば、「大概」という意味である。

例えば、

「大将ともあろう者なら下にはテゲにしておけ」

といった風に使うらしい。

上に立つ者は、下に対してはこまごましたことは任せておけ、といった意味合いになる。そういう「差引」（大将の意）たる者のとるべき態度のことを言っているのだ。今流に言えば、ビジョンや理念だけを示し、但し、それだけは断固として譲らず、それに至る具体策、つまり戦術は部下に任せておいて、結果の責任だけをとればいい、ということだ。

西郷は、戊辰戦争では一軍を率い、西南の役では大将に祭り上げられた。征韓論をめぐる政争の後、彼が「薩摩へ帰る」と言っただけで五千人近い近衛兵が行動を共にしたと言われる。もし、この数字が正しければ、これは当時の近衛軍の半分強になるはずである。

日露戦争野戦軍の総司令官は、大山巌であったが、彼でなければ乃木希典《まれすけ》も秋山好古《よしふる》も、総参謀長の児玉源太郎そのものも成立していなかったろう。

聯合艦隊司令長官を東郷平八郎が務めることによって、秋山真之《さねゆき》という奇人とも言うべき天才的な参謀が生き、ロシア・バルチック艦隊を撃滅するという世界を驚愕させた事態が起きた。

順序が逆になるが、西郷の弟従道《つぐみち》が山本権兵衛を生かし切ったからこそ、日清戦争後の聯合艦隊の近代化が成功し、東郷の聯合艦隊が成立したのだ。

西郷兄弟、大山巌、東郷平八郎……彼らには、同じ郷中で育ったということと共に、このことと密接に関連しているとみられるが、見出し易い共通点がある。それが、「テゲ」という態度である。

それを物語るエピソードは、さまざまに語り尽くされているので、ここでは割愛する。

逆に、余り語られない史実であるが、実は日露戦争開戦に当たって野戦軍（陸軍）総司令官になりたがったのは、長州閥の山縣有朋であった。彼は、自分がその任に就きたくて仕方がなかった。

ところが、同じ「長閥」の児玉がこれを拒否、

「わしは、ガマ坊を担ぐ」

と言って、薩摩の大山巌を担ぎ出した。ガマ坊というのは、大山のニックネームである。

つまり、下が上を選んだのである。それも、支藩徳山藩出身とはいえ山縣と同じ長閥の児玉が、薩摩の大山を選んだのだ。

児玉という男は、明治期には珍しい傑物の一人で、日露戦争とは彼一人で勝った（正確には負けなかった）戦争だと言っても過言ではない。二〇三高地で名高い、同じ長閥の乃木希典がどれだけ児玉の足を引っ張り、結果として児玉の命を縮めたか、これについても機会があれば俗説に基づく歴史を書き直したいと思っている。乃木を神格化したのは、長州軍閥が創り上げた、後の昭和陸軍である。

内務大臣・台湾総督という地位にありながら、自ら降格とも映る転身を図って大山を担いだ児玉という男は、長閥という閥で政治を動かすことを嫌った唯一の長閥人で

はなかったろうか。現に彼は、長閥の定期会合をしょっちゅうすっぽかした。

頭脳明晰、細心にして豪胆、規格にはまらない大きなスケールをもつ、この児玉源太郎が、大山の前では〝直立不動〟になったのは何故か。傑物児玉をして、大将にするならこの男と思わしめた大山とは、決定的な何ものを備えていたのか。

また、当時の言葉で「新帰朝者」と言われる最先端エリートの一人である、同じ郷中の村田新八は、栄達が約束されている東京には向かわず、西郷に合流して「西南の役」を戦った。村田という西欧流エリートを惹きつけた西郷が備えていた吸引力の正体とは何か。

先輩、同輩を切ってまで人事を刷新し、実質的に帝国海軍聯合艦隊を創り上げた山本権兵衛は、西郷従道という後ろ盾なくしてそれを為し得たか。西郷従道が具体的に何かを保証した形跡は全くないのだ。せいぜい、勝手にイギリスから軍艦を購入し、

「議会が認めてくれん時は、一緒に腹をば切りましょう」

と言ってくれただけである。

すべては、薩摩の「テゲ」ではないだろうか。そして、人の頭に立つ者が漂わせる

この気風は、薩摩独特の郷中という若衆システムなくしては生まれなかったはずである。

二才頭が稚児たちを見捨てるわけがないのだ。それは、論理を超えた情の領域での確信であり、このことが二才頭に強烈な求心力を与えたと考えられるのだ。村田新八にとって西郷はいつまでも二才頭であったとしか思えず、茫洋とした大山の醸し出す求心力が、閥を越えて長閥の児玉を惹きつけたと観察できるのだ。

皮肉なことであるが、西郷吉之助がこの「テゲ」の実践者、具現者であったことが、西郷の実の姿を包み隠して「大西郷」という虚像を創り上げてしまった、基盤の要因である。

4 島妻愛加那

西郷吉之助は、文政十（1827）年十二月七日、勘定小頭西郷吉兵衛の嫡男として生まれたが、この生年月日について若干補足しておきたい。

文政十年とはグレゴリオ暦ではおおよそ1827年として間違いではないのだが、この年の十二月七日は正確には1828年1月23日となる。歴史についての書き物となると、こういう点にも鬼の首でも獲ったかのような勢いの批判が寄せられるので、蛇足ながらお断りしておく。

西郷の名前であるが、幼名を小吉といい、元服してからは隆永、武雄、そして、隆盛と変わっていく。それ以外に、通称とも言うべき名前に、吉之介、善兵衛、吉兵衛、吉之助などがある。隆盛という名前は、父西郷吉兵衛隆盛と同じであるが、これは、戊辰戦争後、賞典禄と位階を受ける際、同藩吉井友実が誤って父吉兵衛の名前を届けてしまったものとされている。西郷本人の正しい諱《いみな》は「隆永」である。本書では、西郷が軍事クーデターに成功するまでは吉之助とさせていただく。

前節で述べた通り、西郷は下加治屋町の郷中で「二才頭」を務めていたが、弘化元（1844）年から十年ほど郡方書役助《こおりかたかきやくたすけ》という職務に就いていた。郡方書役助とは、年貢徴収業務を監督するような役割であるが、この頃の西郷の評判はすこぶる悪い。

このことについては、『大日本編年史』を編纂し、西郷との交流も深かった重野安繹《しげのやすつぐ》、幼なじみの海江田信義、同輩とも言うべき薩摩藩士市来四郎、そして、盟友とも言うべき大久保利通等の数々の証言が残されているが、それらを列記してみると、

度量が偏狭（度量が狭い）

簡単には人に屈しない（頑迷）

一旦人を憎むとずっと憎み続ける

好き嫌いが激しい

執念深い

好戦的で策略好き

といったもので、要するに人間性に問題があるという見方をされていたようだ。

こういう人物であるから当然敵が多かったが、安政元（1854）年、上書が評価されたとも言われているが、突如島津斉彬に抜擢された。中御小姓・定御供《じょうおとも》に抜擢され、直ぐ江戸詰となったのである。

尤も、これには周囲の強い反対があったらしい。何せ、前述した通り、西郷という男は評判が悪過ぎる。粗暴で「職場の人間関係」が結べない人間である。

しかし、斉彬は周囲の反対を押し切った。今の役職に就けておいても使いこなせていない、役に立つ人間は俗人に誹謗されるものだ、として取り立てたのである。斉彬は、西郷とは協調性のない男、良く言い換えれば、独立心の強い男であるから自分しか使いこなせないと自負していたようである。

よく誤解されるが、斉彬は江戸生まれの江戸育ちである。そこで、斉彬に取り立てられて小姓のポジションの一つに就けられたということは、必然的に江戸詰となるのだ。現代の「東京本社採用」などと同じ意味合いでは全くないのだ。このことは、他の多くの大名家の場合でも同様である。

江戸詰となった西郷に与えられた役職は、「御庭方」であった。八代将軍徳川吉宗が「御庭番」を創ったことはよく知られているが、斉彬はこれに倣《なら》って「御庭方」という職を創った。

「御庭番」というと、まるで将軍の内々の任務を仰せつかって秘密裏に諜報活動に携わった「忍者」であるかのような認識をしている向きもあるが、それは誤りである。そもそも忍者というものがどういうものかについては、一般の認識はマンガの域を出ず、実態とは著しく異なる。これについては今は措くが、西郷に与えられた「御庭方」も同様で、西郷の場合は、ひと言でいえば「パシリ」に近い。斉彬の「使い走り」を務めたのである。

ただ、斉彬の「パシリ」ともなれば、普通のそれとは事情が違ってくる。書状一通を届けるにしても、斉彬の口上を申し届けるにしても、相手が違うし、内容も尋常ではないことが多い。

御庭方という役職は、制度上の身分は非常に低い。しかし、通常の手続きを踏むことなく藩主斉彬から直々に指示を受け、直接報告することになる。書状、口上を届ける相手も、他藩の藩主であったり、それに近いポジションにいる者、そして、上級公家といったところばかりなのだ。

西郷の場合は、福井藩、水戸藩との接触が特に多かった。即ち、この任務を通じて、西郷は、福井藩松平春嶽の少年期の教育係であった中根雪江《ゆきえ》、藩医であり我が国の安全保障論の先駆者でもあった橋本左内、水戸藩徳川斉昭《なりあき》の寵臣藤田東湖等の知己を得ていくのである。

このことは、外様大名でありながら幕政進出を企図していた斉彬の野望があってこそ成り立ったことであるが、無名の西郷にその後の活動を可能にした政治的基盤を与えることになった。

雄藩連合を目指す勢力のリーダー島津斉彬の〝寵臣西郷吉之助〟の存在は、次第にその名を知られるようになり、他藩の藩士たちも斉彬へのルートを得ようとすれば、先ず西郷と接触しようとするようになる。こうして西郷は、急速に人脈を拡げていったのである。つまり、御庭方として斉彬の「パシリ」を務めたこの時期、この経験がなければ、後の西郷隆盛は存在し得なかったのだ。

特に学問的素養もなく、極論すればアクの強さだけで内々の機密を扱う役割を与えられた者が、その存在を広く認知されるとどういうことになるか。当然、思い上がりとも言うべき心理が生まれる。もともと粗暴である点を以て全く人望がなかった西郷が、その例外であるはずがないであろう。

西郷という人物を正しく理解する上で、このことは大きなポイントになると私は考えている。同時に、例えば橋本左内のような学識者と交流を深めるに際して、西郷がまとっていた「テゲ」の雰囲気が大きな効用を発揮したに違いない。物事の細密な点が理解できないとしても、「テゲ」の雰囲気をまとって鷹揚に立ち居振る舞えば、それは「人物」に映るであろう。相手は常に、西郷の背後に島津斉彬を見ているのである。

西郷の思い上がりを示すエピソードがある。

斉彬の実父は、既に述べたように、できれば斉彬に家督を譲りたくなかった島津斉興であるが、隠居して後は「高輪のご隠居様」と呼ばれていた。斉興時代以来の家老たちは、このご隠居様の威光を笠に着てなかなか斉彬に従わなかったようである。西郷はこれに腹を立て、彼らは奸臣《かんしん》であるから排除するように斉彬に進言するが、逆に斉彬から戒められたのである。

斉彬が言うには、器量のない小人、度量の狭い人物であっても、時に役立つこともある、従って、意のままにならないからといって切り捨てるのではなく、うまく使いこなす度量をもたなければならないというのだ。

斉彬にしてみれば、西郷に対して我が身を振り返ってみろ、と言いたかったのであろう。

度量は狭いが、役に立つところもあるとみてこのように使っているではないか、といった気持ちではなかったか。

安政五（1858）年、西郷の唯一の理解者であり、拠りどころであったこの島津斉彬が急死する。定説では赤痢に罹ったことが死因とされるが、今でも暗殺説が存在する。西郷自身が、後々まで毒殺されたと思い込んでいたらしい。

斉彬急死の時、西郷は京にいたが、殉死しようとして僧月照《げっしょう》が説得して思い留まらせたと言われている。月照とは、清水寺の前住職で近衛家の庇護を受けていた僧である。

月照という人物は、僧籍にありながら尊皇攘夷を説き、幕府の将軍継嗣問題では一橋派に与するという、政治色の強い僧侶であった。薩摩藩とも密接な関係にあった近衛家そのものが一橋派であり、幕府からは危険視されていたのだが、その繋がりで月照も要注意人物として浮かび上がってきていた。

斉彬急死直後の安政五（1858）年八月上旬、一橋派の公家、左大臣近衛《このえ》忠煕《ただひろ》、内大臣三条実万《さねつむ》の働きかけにより水戸藩に密勅が下される。これが「戊午《ぼご》の密勅」である。その内容は、無勅許の通商条約及び水戸藩などへの処罰は遺憾であるというものので、諸大名が連合して政治的安寧を図れというものであった。

なお、この密勅の成立に向けて京都でロビー活動を展開していた薩摩の中心人物は、日下部伊三次《いそうじ》である。

そもそも朝廷が自ら任命した征夷大将軍（幕府）を差し置き、その臣下であるはずの一大名に勅諚を下すなど前代未聞のことであり、どこからみてもこれは実に不穏当なことであった。「大政委任」という朝幕関係の基本を無視している上、「禁中並公家諸法度」にも違反している。そして、水戸藩という一藩のみを別格に扱い、密勅という、自ら後ろめたさを認めるような形を採っているのだ。

つまり、これは、水戸斉昭の息子、一橋慶喜の将軍継嗣を図る一橋派の工作（天皇の利用）であることは明らかである。

大老井伊直弼《なおすけ》は、老中間部詮勝《まなべあきかつ》を上洛させ、密勅を下させた反幕活動家の摘発に乗り出すと共に、水戸藩に対して密勅を朝廷に返還することを求めたのである。

この騒動に際して、西郷がまた勝手に動く。長州では吉田松陰が間部の暗殺を公言し、藩に対して武器の供与を求めるという無茶な言動を繰り返していたが、西郷も暴力を手段と考える点では松陰同様であり、間部殺害計画を練る。殺害計画のスケールは、西郷の方が松陰のそれより遥かに大きい。松陰の主張を「暗殺」とすれば、西郷のそれは「武力攻撃」と言ってもいいものであった。

西郷の間部詮勝殺害計画には、以下の薩摩藩士や水戸藩士が登場する。

薩摩藩江戸詰藩士日下部伊三次、大坂蔵屋敷詰藩士数名、水戸藩京都留守居役鵜飼吉左衛門、水戸藩江戸家老安島帯刀といったところである。鵜飼は、「戊午の密勅」を受け取った張本人であるが、鵜飼が安島や日下部に送った密書が幕府探索方に押収されてしまう。密書には「西郷の計画」が詳《つまび》らかに書かれていたのである。

その西郷の計画とは、薩摩、長州、土佐の三藩で間部を殺害し、その勢いに乗って大老井伊直弼の居城彦根城を攻め落とすというものであったが、どう考えても実に稚拙な計画である。西郷という男は、自ら「軍好《いくさず》き」と称するほど何かにつけて武力、暴力に頼るところがあるが、その割には戦術的には実に幼稚であったと言わざるを得ない。まだ薩摩藩内においても全く指導力をもたない身で、国許の藩兵一人たりとも動かす力はなく、仮に江戸詰め藩士、在京藩士だけは動員できたとしても、長州、土佐両藩に影響力を発揮できるわけでもなく、そのような兵力で彦根城を攻略できるとでも考えていたのであろうか。

いや、水戸藩を動かし、水戸藩主導で事を運ぼうとしたのであろうが、これも甘い。何事につけても藩内で統制がとれない水戸藩の特性というものを理解していない。「軍好き」で「策謀好き」という本性に加えて、斉彬時代に斉彬が背後にいてこそ成り立っていたに過ぎない自分のポジションに対する過信、思い上がりがあったとしか考えられない。

これによって西郷は、幕府から追われる身となった。今風に言えば、〝指名手配犯〟となったのである。近衛家からは、やはり指名手配犯であった月照の身柄を託され、西郷は月照を連れて大坂へ逃れ、更に海路薩摩へ逃げ帰った。

西郷は、藩に月照を保護することを求めるが、あっさり拒絶される。藩当局にしてみれば、西郷も月照もお尋ね者である。藩としては、幕府と一戦を交えるなどとんでもない話である。しかし、月照については近衛家との関係を考慮せざるを得ない。月照を幕府に引き渡せば、薩摩藩にとって朝廷へのルートである近衛家を失う可能性もあり、それはできない。

窮した藩当局は、西郷に対して月照を日向へ追放することを命じる。日向への追放――これは、国境で月照を斬れという意味である。

薩摩藩における「日向送り」とは、そういうことなのだ。

今度は、藩命と近衛家への忠義立ての狭間で西郷が窮することになった。結局、西郷は安政五（1858）年十一月十六日、錦江湾へ船で乗り出し、月照と共に海へ身を投げる。入水自殺であり、心中である。

西郷は、日向へ行くといって船を出させており、月照と二人きりで錦江湾へ乗り出したわけではない。同行の者がいた。西郷が引き揚げられて助かり、月照が死んだことは周知の通りである。私には、この入水自殺未遂がどうにも腑に落ちない。西郷という男と入水という方法が結びつかないのだ。そして、繰り返すが、月照と二人きりで船を乗り出したわけではないのだ。

その疑問は今は措くとして、藩は二人とも死亡したと幕府に届け出て、西郷を奄美大島へ配流《はいる》処分とした。このことについて、藩庁は西郷に奄美大島での潜伏を命じたものとする解釈がある。西郷は、二度の〝島流し〟処分を受けているとされるが、そのうちの一度目がこの出来事のことである。これは、〝島流し〟処分なのかどうか微妙なところであるが、藩庁の真意は別にして建前は、つまり形式的には「流刑」としていいだろう。つまり、これが最初の流刑である。

この時、西郷は「菊池源吾」という名前に改名させられているから、藩当局としては藩士である西郷だけは、厄介者ではあったが、幕府の追及から匿《かくま》おうという意志があったことは明白である。

なお、「戊午の密勅」事件及びそれに乗じて西郷の計画した間部殺害及び彦根城攻撃計画に関して、当の西郷以外に次のような処分者が出ている。

日下部伊三次は捕縛され、獄死。水戸藩鵜飼吉左衛門は処刑。水戸藩家老安島帯刀が切腹。そして、福井藩橋本左内も処刑された。

西郷が奄美大島へ流されたのは、安政五（1858）年の年末から翌六年年初の間である。ここから三年強の間、西郷は奄美大島龍郷《たつごう》村で〝流人生活〟を送ることになる。

島では、当初文字通り流人の扱いを受け、苦しんだとも伝わるが、ここで島の横目役であった得藤長たちから身の回りの世話などをするためにあてがわれた女性が愛加那《あいがな》であった。西郷は、愛加那を島妻とし、万延元（1860）年暮れ、第一子菊次郎を授かった（万延二年一月二日という説もある）。

西郷は、嘉永五（1852）年、伊集院家から妻・敏を娶《めと》っているから、愛加那を妻としたことを単純に〝再婚〟と表現されることが多いが、愛加那は島妻であって、現代でいうところの〝再婚〟とはやや事情が異なる。

奄美大島を琉球王国から奪った薩摩藩では、島詰めの役人が「アンゴ」と呼ばれる島妻をもつことが公認されていた。アンゴの生んだ子には士分を与え、鹿児島で教育を受けることも許されていたが、アンゴを鹿児島へ連れ帰ることは許されなかった。

通常アンゴとなる女性は未亡人が多かったが、愛加那は珍しく初婚であった。

ところで、最初の妻・敏はどうしたのか。

敏を娶った嘉永五年、西郷は父母を相次いで失った。嘉永六（1853）年、家督相続を許されたが、禄は四十石余りに減封されている。そして、島津斉彬に取り立てられてからのことであるが、敏の実家伊集院家が敏を引き取っている。この理由が判然としないのだが、伊集院家が西郷家の経済的困窮を見かねたからとも言われている。奄美大島への流刑直前に、禄は六石へと更に減封されているから、いずれにしても敏との平穏な結婚生活は成り立たなかったかも知れない。

西郷の一生を振り返る時、この薩摩藩の流刑地であった奄美での愛加那との日々は、もっとも平穏で幸せなものではなかったろうか。

しかし、西郷自身も待ち望んでいたことではあったが、平和な島に藩から召喚状が届く。年が文久二（1862）年に改まって直ぐ、西郷は島を発った。島妻は、前述した掟によって島の外へは出られない。西郷は、愛加那と菊次郎を島に残して去ったのである。この時、愛加那が長女菊草を身籠っていたことを、西郷は知っていたのであろうか。

西郷の二度目の流刑については後述するが、二度目は当初徳之島へ流された。徳之島へ流されたその西郷の許へ、何と奄美大島から愛加那が二人の子供を連れて会いに来たのである。第二子菊草は、西郷が船牢に入れられて徳之島へ向かっている最中に生まれている。島と島とは、それがたとえ隣島であっても、互いに海を隔てて遥かに遠い。

波頭を越えて面会に来た愛加那と再会するも束の間、西郷に徳之島から更に沖永良部島への遠島処分命令が届く。鹿児島においては、弟三人も遠慮・謹慎などの処分を受け、西郷家の禄は没収された。

西郷の一生とは、己の本性がもたらしたものであったとはいうものの、策謀と闘争と辛抱を繰り返す波乱に満ちたものであったが、恐らくこの時が最悪の時期であったろう。沖永良部はもはや琉球の域内であり、奄美大島からみてもそれは異国と言っていいほどの彼方にあった。

アンゴの掟を守って愛加那は、その後の一生を島で過ごした。長男菊次郎は、父と共に戦った「西南の役」で片足の膝下を失うも、その後第二代京都市長にまで昇った。私の母の祖父、つまり、私の曽祖父は「没落士族」として、その市政下に暮らしていた。

明治三十五（1902）年、六十五歳になった愛加那は、畑仕事中に倒れ、魂となってやっと島から出て西郷の許へ旅立ったのである。因みに、この年、西郷の弟西郷従道や元福岡藩主黒田長知、そして、正岡子規が死去している。

C－POPを提唱するソプラノ歌手萩原かおりさんは、愛加那の遠縁に当たる。平成十九（2007）年十月、愛加那と西郷の暮らした家が今も残る奄美でコンサート「愛奏」を開催し、大好評を博した。平成二十（2008）年には、CD『歌物語愛加那』もリリースされ、今も奄美観光大使を務めておられる。

テロ集団赤報隊を組織し、冷酷に利用して切り捨てた西郷、武闘派の急先鋒として武力討幕に情熱を燃やし続けた西郷、薩長政権成立時の仲間の腐敗に怒った西郷、稚児が二才頭を頼るように担がれて新政府と覚悟の一戦を交えた西郷、そして、南の島で島妻愛加那を愛した西郷……どれもが、同じ西郷である。

第四章　「軍好き」西郷の幕末動乱

1　島津久光への反撥

西郷吉之助が本格的に幕末動乱の表舞台に登場するのは、「禁門の変」（元治元年・1864年）あたりからである。京でテロリズムの嵐がもっとも激しく吹き荒れたのはその直前の文久年間であろうが、その頃西郷は、南の島で流人生活を送っており、幕末政局には関わりたくてもそれが叶わぬ境遇にいたのである。

幕末動乱がピークを迎えようとしていた文久年間、西郷がその渦中に登場することを不可能にした二度目の流刑、この原因は急死した島津斉彬の異母弟島津久光との衝突であった。

衝突という表現は相応しくないかも知れない。斉彬の遺命により藩主には久光の嫡男茂久《もちひさ》（後の忠義）が就いていたが、隠居していた島津斉興が安政六（1859）年に死去した後は、久光が藩政後見人として実権を握っていたのである。説明するまでもないが、後見とはいえ西郷からすれば久光は明らかに主筋であり、ここでいう衝突とは、西郷が家臣の身でありながら主筋に逆らった、或いは当時の当然の理に反した態度、行動を採ったということである。

島津久光と西郷の関係は、最後までうまくいかなかった。この久光と西郷の人間関係に是非論をもち込むとすれば、非は西郷にある。

西郷が奄美大島から晴れて鹿児島へ戻って来たのは、文久二（1862）年二月のことであった。西郷が奄美に流されている間、中央政局は激しく動いていた。

もっとも衝撃的な事件は、安政七（1860）年三月三日、大老井伊直弼が桜田門外で水戸藩と薩摩藩過激派のテロに斃《たお》れたことであろう。季節外れの雪の日、内閣総理大臣が白昼、官邸近くで殺害されたようなものである。これまでの著作や機会あるごとに述べている通り、このテロを「歴史を躍進させた」として評価することは、暴論の域にも入らない。薩摩藩から水戸の暴徒に加わったのは、有村次左衛門である。

大老井伊直弼が殺害された後、幕閣を率いたのは老中安藤信正であるが、安藤は公武合体を図り、孝明天皇の妹である和宮を十四代将軍家茂の御台所として迎えることに成功する。和宮が江戸城大奥に入ったのは、文久元（1861）年暮れ近く、婚儀は翌年二月十一日に執り行われた。

この頃、長州藩直目付《じきめつけ》長井雅楽《うた》が「航海遠略策」と呼ばれる一種の開国論を幕府に献策、幕府は、公武周旋を長州藩に依頼する。これによって、長州藩は中央政局の主導権を握るかにみえたが、長州過激派がこれを潰した。長井雅楽を切腹に追い込み、「破約攘夷」を藩論としたのである。

こういう事態の推移をみて、薩摩藩島津久光も中央政局への進出を企図する。この時動いたのが、薩摩藩内の誠忠組であった。

第三章2節で述べた「お由羅騒動」(高崎崩れ)の際、処分を受けた斉彬派と目された者は、処分が解けても経済的には困窮した生活を送っていた。その一人、大久保一蔵(利通)が謹慎中から読書会のような集まりをもっていたのだが、これに西郷、伊地知《いじち》正治、吉井友実、海江田信義などが加わり、更に現状に不満をもつ下級武士を吸引するようになり、いつしかこのグループが「誠忠組」と呼ばれるようになったのである。

西郷は、斉彬時代の活動歴、それによって培った他藩との人脈が一目置かれて、大久保と共にこのグループの中心的な存在であったが、その西郷は遠く奄美に流されている。

誠忠組は、久光の中央政界進出に当たっては、他藩との人脈をもつ西郷が有用であるとして配流中の西郷の召喚を献言し、これが受け容れられて西郷の奄美からの帰参が実現したのである。しかし、大久保たち誠忠組の努力を、西郷自身が無にしてしまうことになる。

この頃、久光は斉彬と同じように幕政改革を旗印として中央政局で主導権を握ろうと動き出す。このことは、長州藩に先んじられたことに焦りを感じていた誠忠組の想いでもあったようだ。

文久二(1862)年三月半ば、久光は藩兵千人を率いて上洛の途に就いた。目的地は江戸であるが、幕府の権威が衰えていたとはいえ、江戸幕藩体制下において千人もの兵力で勝手に江戸へ出向くことなどできるはずがないのだ。久光は、近衛家を通じて朝廷工作を行った上で薩摩を発った。

具体的に言えば、近衛忠房を通じて「率兵上洛」と京都滞在の勅命を出させる。そして、勅使を立てさせ、それを護衛する形で江戸に下向し、幕政にコミットする。つまり、幕府を上回る権威である朝廷を利用しない限り、こういう行動は無理なのだ。

ここで、やはり亡き島津斉彬が企図した「率兵上洛」に触れておく必要がある。薩摩のその後の行動は、この斉彬の「率兵上洛」計画を頭に置いておかないと理解できないところがある。

尊攘激派と呼ばれるテロリストたちの喚く「攘夷」とは単なるキャッチフレーズに

過ぎないが、百歩譲ってこれを「論」としても、これは「論」としてはもっともタチの悪い「観念論」の域を出ない。外交や統治そのものについての見識というものをもたない彼らが「賢侯」と崇めた島津斉彬は、積極的な開国論者であった。

彼の基本的な立場は、

――この場に至りて通商を開かざるは不策にて、兎角此方より押掛けて開くを上策とす――(『島津斉彬言行録』岩波文庫)

というもので、通商を盛んにして軍備を整えた上で国際協調路線を採ろうという彼の考えは、有能な幕臣官僚たちのそれと全く同様であったともみられる。私は、彼には「蘭癖」の素地があったとみるが、彼はそれを外交思想へと進化させており、この点が曽祖父島津重豪との決定的な違いであろう。「集成館」事業は、彼の対外思想を具現化したものとみることができる。

斉彬は、薩摩の近代化を図ると共に、それを日本国全体に普及させなければならないと考えたとする主張がある。将軍継嗣問題に突っ込み、一橋慶喜の将軍継嗣実現を図ったのもこの思想が背景にあるとするのだ。つまり、幕府の現状を憂えて、有能非凡な将軍でなければ難局は乗り切れないと考えたとするのだが、果たしてそれだけか。話を無理に単純化し、かつ綺麗過ぎないか。

確かに斉彬は、次のように述べたと史料にはある。

――要路に立つ人、非常の人物を登庸し、非常の措置を為すべきの時なり、勇断なき人は事を為すこと能わざるなり――（同）

毛利敏彦氏は、「斉彬は、薩藩で自分が果たした役割を、幕府（全国）における将軍に期待した」（『大久保利通』中公新書）とする。

そして、斉彬には、自分が将軍に取って代わろうとする野心は全くなかったともする。

私は、斉彬が将軍に取って代わろうとしたとは考えないが、「それに近い野望」を抱いていたと考えている。

いや、単に「大名連合」を主導しようとしただけであるという反論を受けるかも知れないが、「大名連合を主導する」とは、具体的にはどういうことか。徳川幕藩体制とは大名連合であり、徳川宗家がそれを主導しているに過ぎない。

老中阿部正弘への接近と〝抱き込み〟、松平春嶽との深い交流、篤姫の大奥への送り込み……これらは、何を意味するのだろうか。そして、極め付きが兵を率いて上洛しようとしたことである。

毛利氏は、斉彬が、朝廷が攘夷論に囚われている現状に不満を抱いていたこと、つまり、斉彬が表面《おもてづら》はともかく、本心は尊皇攘夷論を嫌っていたこと、同時に幕府の混迷を憂えていたことを前提に、斉彬が「安政の大獄」に怒ったことを次のように述べている。

——この状態に斉彬は憤激した。同時に彼は、朝廷が盲目無謀な攘夷論のとりこになり、条約勅許を拒んで外交を困難にし政局を混乱させたことに怒った。彼は慎重な人柄であったが、ここにいたって、「日本」をすくうため非常手段に訴えねばならないと決心した。そこで斉彬は、手塩にかけて育てあげた薩摩藩の新式軍隊に未来を賭けた。彼は、大兵をひきいて上京し、朝廷を威圧して攘夷論を放棄させるとともに、朝廷に強要して幕政改革の勅書を出させ、それを幕府に押しつけて目的を達しようとした。一種の武力クーデター計画である。これが成功したならば、日本の歴史は変ったであろう。——（前出

『大久保利通』）

私は、斉彬の「率兵上洛」計画を「武力クーデター」と断定した点は評価したいが、「日本をすくうため」などというのは、斉彬を理想化し過ぎであろう。

そもそも兵を率いて上洛するということの意味を考えるべきである。兵を率いて京に入るとは、どういう意味になるのか。どういう意思表示になるのか。天下に向かって何を発信することになるのか。武家政権の時代になってからというもの、このことは特別な意味をもっている。

これは、どこかへ千名から成る軍を送ったということとは意味も重みも違うのである。それが千名に遠く及ばない百の軍勢であったとしても、京に兵を入れるとは、天下に号令する意思をもっていることを宣言することになるのだ。そのように受け取れるのだ。時代が下ってその意味が薄くなってきていたとしても、そのイメージは完全には消滅していなかった。少なくとも、天下を意識していることを表明することになるのである。

「率兵上洛」の解釈に常にこの視点が欠落していることを、留意しておく必要がある。

斉彬の、この「武力クーデター計画」は、大きな問題を残した。斉彬の急死後、薩摩では「斉彬公の遺志」ということがしきりに言われるようになるが、殆どの者がその遺志をこの武力クーデターに絞って理解してしまう傾向に陥ったのだ。そこに至る斉彬の国政に関する考え方などを無視し、最後の一点とも言うべきクーデター計画のみを斉彬の遺志と認識してしまうのである。久光も、西郷も、このことについては例外ではない。前述の毛利氏は、これを「斉彬の遺志の矮小化」と表現するが、その通りである。

そこで久光の上洛計画だが、そもそも薩摩藩主は、島津久光の子茂久である。藩主茂久は、この時鹿児島にいた。藩主の父だからといって、久光が幕府に無断で国許《くにもと》を離れることはできない。それをやろうとすれば、それ相応の理由がなくてはならない。

久光は、「それ相応の理由」を創り上げたのである。薩摩藩は、前年暮れ、江戸の藩邸の一つ、芝屋敷を焼失していた。これは、自ら〝焼いた〟のである。その上で、幕府に茂久の「参勤猶予」を願い出る。七十七万石の大名の参勤に供する家臣団を収容する屋敷が不足するというわけである。鷹揚というか、気前がいいと言うべきか、幕府は焼失した江戸屋敷の再建費用として二万両を貸与した。愚かな幕府が騙されたということではなく、これは慣例としての儀礼的なものである。

これに対して薩摩藩は、藩主の後見人である島津久光が御礼を申し上げるために、同時に再建普請を監督するためとして江戸出府を願い出るのである。こういう手の込んだ、面倒な段取りを経て初めて、久光は薩摩を出ることができるのだ。

ところが、三年ぶりに帰参した西郷が、久光の上洛、幕政進出の動きに異議を申し立てたのである。

西郷が久光に拝謁するのは、実はこの時が初めてであった。西郷の身分からすれば、それは当然であろう。西郷は、初対面の主筋に対して赦免の御礼もそこそこに、いきなりその幕政進出の動きに反対したのだ。衰えたりとはいえ、幕府の権力は薩摩藩の軍事力のみでどうこうできるものではない、時期尚早として反対したのだ。

三年も島に流されていた西郷に、時局が正確に把握できていたとは思えない。西郷が久光の上洛、江戸出府に反対したのは、久光その人に対する〝反撥〟或いは〝嫌悪〟とも言うべき感情から出たものであろう。そして、同時に斉彬に仕えていた己のこれまでの〝キャリア〟に対する自負が、背景に潜んでいたはずである。

西郷について信憑性の高い証言を残しているのは、奄美大島へ一緒に流されていたこともある、西郷との交流がもっとも深かった一人、重野安繹、盟友の大久保利通、竹馬の友でもある海江田信義、久光側近も務めた市来四郎などである。西郷が初めて久光に拝謁した、この時の様子についても重野安繹が詳しい証言を残している（『西郷南洲逸話』）。

重野の証言によれば、西郷には、久光の身分の低さ、中央政界での知名度の低さを見下した感情があったというのだ。確かに、久光は無位無官、単なる「島津三郎」に過ぎなかった。西郷を取り立ててくれた斉彬と違って、江戸で暮らしたこともなく、そもそも薩摩を出たことがない。西郷という男には、自分を取り立ててくれた斉彬がすべて、というところがあり、万事斉彬を基準にして主筋を評価、批判するというところがある。この傾向は、終生認められるところである。

この時、西郷が久光のことを「地ゴロ」と称したという有名な話が伝わっている。「地ゴロ」とは、薩摩言葉で「田舎者」というような意味である。

このことが事実だとすれば、いや、こういう言葉は使わなかったとしても、西郷が斉彬と比較して久光の上洛計画を批判していることは、久光にも当然分かることであったろう。益して、「地ゴロ」などという言葉を主筋の人に対して使ったとすれば、まさに言語道断である。もともと粗暴で、協調性に欠ける西郷の本性が、久光に対しても出てしまったということだ。更に、斉彬至上主義とも言うべき先公斉彬への心酔が度を越しており、代が代わっていることを認識できないわけでもなく、こういう点は西郷の幼稚な一面としていつまでもつきまとった欠点であった。

島津久光が終生抱き続けた西郷への反感、嫌悪は、実にこの初対面の時に生まれていたのである。

更に、西郷はこの時、久光の側近たちを罵倒した。久光の面前で叱責したのである。西郷ほど政治活動の経験をもたない側近たちが反論できるわけがない。西郷は、久光の計画を「浮浪輩の書生論」「畳の上の水練」などと称して、君側にいて何故止めないかと散々に叱ったのだが、これは実は側近に言っているようで、その実久光に向かって言っているのだ。当然、それが分からぬ久光ではない。

島津久光像

当たり前であろうが、久光側近たちの間にも西郷に対する憎悪とも言うべき感情が蓄積していく。このことは、後々まで薩摩藩において西郷が孤立する大きな要因となったことは言うまでもない。

とはいえ、久光としては上洛するについては、さし当たって京都、江戸におけるこれまでの西郷の人脈は必要である。そこで、久光は西郷に、先遣として九州各藩の動向を調査して、下関で久光一行に合流するように命じた。この頃、九州各藩において尊攘激派が挙兵する動きもあり、特に、熊本、久留米などには不穏な空気が漂っていたのである。

ところが、西郷は、久光の命令を無視して勝手に大坂へ向かってしまった。そして、尊攘激派と交わってはならぬという藩命も無視して、勝手に過激派の説得工作を開始する。己を過信して、何かにつけて独走するところのある西郷は、その欠点通りの行動をさらけ出してしまったのである。これら一連の独断行動が久光の逆鱗に触れたことは言うまでもなく、西郷は二度目の流刑に処せられたのである。三年ぶりに奄美大島から帰参が許されて僅か二ヵ月で、今度は沖永良部へ流されたのであった。

その後の久光の動きを簡略に整理しておく。

上洛した久光は、朝廷から京都警備を命じられる。これは、本来京都所司代の任務であるが、京都には尊攘激派によるテロの嵐が吹き荒れており、京都所司代の力ではもはや治安維持は不可能であった。それにしても、朝廷が勝手に特定の藩に京都守護を命じるほど、幕府の権威は衰退していたということだ。これが、テロのピーク、文久年間の朝幕関係の実態であったことに留意しておきたい。

朝廷が久光に命じた京都警備という任務には、テロを繰り拡げている尊攘激派の取締りも含まれている。孝明天皇がテロを憎み、過激派が都を跳梁《ちようりよう》する様《さま》を憂えていたことは言うまでもない。そして、久光はもともと純粋な尊皇佐幕派の人であり、〝復古〟を喚き、討幕を至上目的として殺戮を繰り返す過激派浪士を、これまた憎悪していたのである。

そういう久光が、過激派浪士の取締りを朝廷から任務として与えられたのである。久光は藩士たちに過激派浪士たちと交わることを禁止していたが、それでも誠忠組のメンバーの中には尊攘激派と連携しようとする者も存在した。有馬新七、橋口壮介、柴山愛次郎たちである。

久光の率兵上洛は、実は京都は言うに及ばず全国各地の尊攘激派に誤解されていたのである。何せ藩兵千名を率いての上洛である。彼らは、久光の挙兵討幕を期待していたのだ。ところが、既述した通り、久光は根っからの尊皇佐幕人であり、討幕など考えたこともない。恐らく、久光その人が、この点は西郷が危惧した通り、全国的にはまだよく知られていなかったこと、そして、兵を率いて上洛したことがこのような誤解に基づくあらぬ期待を生んだのではないか。つまり、久光の政治信条は知られておらず、「遂に薩摩が動いた」と受け取られたのであろう。

幕府の権威に陰りがみえたとしても、先に述べた通り、兵を率いて京に入るということの意味や重みは、武家社会においては尋常ならざることという点でさほど変わってはいなかったのだ。「斉彬の遺志を継ぐ」ことを常に標榜することによって求心力をも継承しようとしていた久光は、そこまで気が回っていなかったともみえる。

薩摩藩の過激派は、久光が朝廷から浪士鎮撫《ちんぶ》の命を受けたことに愕然とし、憤激したようだ。そして、久留米藩真木和泉ら他藩の狂信的な過激派と共謀して関白九条尚忠と京都所司代・小浜藩主酒井忠義（忠禄）を殺害し、その首を持参して無理矢理にでも久光に蜂起を迫るというテロ計画を立て、実行しようとした。

その謀議の集合場所が、薩摩藩の定宿であった伏見・寺田屋となった。過激派の動きを知った久光は、彼らに藩邸に戻るように説得する鎮撫使八名を派遣（志願者一名を加えると九名）、説得に応じない場合には「上意討ち」も可としたのである。鎮撫使八名の中には、後に長州世良修蔵と共に戊辰東北戦争を指揮した大山格之助も含まれている。

文久二（1862）年四月二十三日夜、鎮撫使として選抜された藩士たちは「上意討ち」を決行、激しい斬り合いの末、過激派を鎮圧した。鎮撫使側は一名が死亡、四名が重傷、過激派側は有馬新七以下六名が死亡、二名が重傷（後に切腹処分）、一部は逃亡したが、二十一名が投降し、帰藩謹慎処分となった。この投降組には、後に日露戦争で満州軍総司令官を務めた大山弥助（巌）が含まれている。真木和泉ら他藩の過激派は、それぞれの藩に引き渡されている。

余談ながら、「寺田屋事件」と呼ばれるこの事件の舞台寺田屋は、私の生地伏見に在り、今も観光客が絶えない。しかし、その殆どは、いや、すべてが薩摩藩内粛清事件としての「寺田屋事件」を知らず、もう一つの「寺田屋事件」の舞台として訪れていると言って間違いはないだろう。

もう一つの「寺田屋事件」とは、言うまでもなく、土佐の郷士崩れ坂本龍馬が伏見奉行所の捕り方に襲撃された事件である。この事件については、司馬遼太郎氏の小説などで一般にもよく知られているので詳細は割愛するが、今も寺田屋にはその時の弾痕や刀傷、お龍が入浴していた風呂桶までもが「当時のそのままのもの」として残っていて、活動写真の弁士のような臨場感溢れる説明を受けることができる。しかし、残念ながらこれらはすべてウソである。

寺田屋は、「鳥羽伏見の戦い」で焼失している。今存在する寺田屋は、建物も経営主体も、往時の寺田屋と何も関係はない。現在も残る、とされている寺田屋は、戦後、昭和三十年代に観光用に建てられたもので、弾痕も刀傷も観光用の〝創作〟であって、余り有難がる必要はない。

さて、西郷は、寺田屋事件の直前に捕縛され、海路薩摩へ送られ、その後、同文久二年閏八月、沖永良部島へ流された。つまり、幕末動乱のピークとも言うべき時代に、西郷はまだその舞台に登場できなかったばかりか、更に動乱の地から遠方へ遠ざけられたのである。

2　密貿易の国薩摩の対英戦争

西郷に「地ゴロ」と馬鹿にされ、露骨に兄斉彬との比較の目で見下された久光であったが、これが意外な成果を上げてしまう。

「寺田屋事件」を始末すると、朝廷の久光に対する信任は増し、勅使大原重徳の担ぎ出しに成功、久光は、勅使警護の名目で藩兵を率いて江戸に下向すると、一橋慶喜を将軍後見職に、前福井藩主松平春嶽を大老職に任命することを幕閣に要求した。最終的に、春嶽は「政事総裁職」ということに落ち着いたが、ほぼ要求を通してしまったのである。朝廷の権威を利用し、薩摩藩の軍事力をみせつけながら、幕府の最高人事に介入したということだ。

一橋慶喜は、兄斉彬が将軍に就けようとした人物であり、松平春嶽は斉彬の盟友と目されていた存在であり、久光は、斉彬が成し得なかった野望をほぼ形にしてしまったのである。久光は、西郷の見立てとは全く違って、中央政界へ登場するや否や、いきなり幕政介入に成功したのだ。

久光は、意気揚々と京都への帰途につくが、帰途についたその日、八月二十一日、生麦事件を起こしてしまう。神奈川宿生麦村で久光の行列を横切ろうとしたイギリス人を、供侍が無礼討ちにしたのである。この事件が、翌年、薩英戦争を惹き起こすことになる。しかし、久光はそのまま東海道を下り、八月七日京都へ帰った。

ところが、文久二（1862）年の京都とは、尊攘激派のテロが燃え盛っていたまさに無法のピークにあり、政局も波にもまれるように激動していた。

閏八月、会津藩主松平容保《かたもり》が京都守護職就任をようやくのことで受諾、容保はその年十二月、藩兵千名を率いて京に着任した。

その後の政局の動きを箇条書きにして、急ぎ足でみておこう。

文久三（1863）年

・三月　将軍家茂、上洛

・四月　家茂、攘夷の実行を五月十日と奏上

・五月　長州藩、関門海峡通過の外国船を砲撃

・七月　薩英戦争

・八月　八月十八日の政変（七卿落ち）
文久四年　元治元（１８６４）年
・一月　家茂、再び上洛
・六月　池田屋事変
・七月　長州藩兵、伏見・天王山に布陣
　　　　禁門の変
　　　　長州藩追討の勅命が下る
・八月　四国連合艦隊、下関砲撃
・十二月　征長総督徳川慶勝、広島から撤兵
元治二年　慶応元（１８６５）年
・九月　長州再征勅許下る
・十月　通商条約勅許となる
慶応二（１８６６）年
・六月　長州戦争開戦、幕府軍各地で敗戦
・七月　将軍家茂、大坂城で病死
・八月　小倉城落城

慶喜、長州藩征討の勅書を受ける
慶喜、征長軍解兵を奏上
休戦命令沙汰書下る
・十二月　慶喜、十五代将軍に就任
孝明天皇崩御
慶応三（１８６７）年
・一月　明治天皇践祚《せんそ》
・五月　兵庫開港、長州藩処分勅許
・六月　薩土盟約成立
・九月　薩摩・長州、上方出兵協定合意
・十月　徳川慶喜、大政奉還の上表提出
薩摩・長州が討幕の密勅を偽造
大政奉還勅許
慶応四（１８６８）年
・一月　鳥羽伏見の戦い

この一連の流れについて、若干補足しておきたい。

この時期の政局とは、あくまで雄藩と呼ばれる有力諸藩の主導権争いであって、討幕を前提目的としたものではない。後世の薩長史観と言われる後付け史観が語るような、何らかの国家理念を掲げて、それに向かって邁進していったというような動きでは断じてないことを、改めて認識しておく必要がある。徳川将軍政権の絶対優位を認識しながら、単独では対抗し得ない有志諸藩が雄藩連合を意識し、或いは現徳川政権を巻き込んだ雄藩連合を企図して、その主導権を握ろうとした政治抗争なのだ。

幕府にしても同様であり、「和宮降嫁」を一つの政治目標とした幕府は、その実現のために「十年以内の破約攘夷」を約束してしまう。「十年以内」とは悠長な話であるが、対外協調路線を採り、富国強兵策によって列強に伍していける国造りを目指す幕府が、それには十年くらいはかかると漠と考えていたとも受けとれるし、破約攘夷などという非現実的な空論は十年も経てば自ずと消滅すると考えていたとも受けとれる。或いは、攘夷を迫る朝廷（を利用する勢力）の、目先の圧力をかわしたいという短絡的な対応であったかも知れない。

いずれにしても、久光が江戸で幕府の最高人事に介入することに成功したものの、京都では破約攘夷論を振りかざす者が横行し、長州藩が公家を煽り、洛中では「天誅」と称するテロが益々激しくなり、朝廷は長州藩に支配される様相を呈してきた。

京都に戻った久光は、関白近衛忠熙《ただひろ》・忠房親子に建白書を提出し、近衛家を通じて朝廷に「幕府に攘夷を命じてはならない」旨を強く申し入れる。しかし、長州に支配されていた朝廷がこれを聞き入れることはなく、久光は閏八月二十三日、失望のうちに薩摩へ帰国すべく京都を発った。

政局の主導権争いにおいて、一瞬島津久光率いる薩摩が勝利したようにみえたが、破約攘夷という空論で公家たちを煽った長州がそれを覆して勝利者となったわけである。しかし、主導権を争っていたのは薩摩と長州だけではない。

久光が勅使を奉じて江戸に下向し、幕政に介入したことと全く同じことを、土佐藩が直ぐ真似をする。

土佐藩では、武市半平太率いる土佐勤皇党が実権を握り、これに動かされた藩主山内豊範《とよのり》が、勅使三条実美《さねとみ》を立てて江戸に乗り込む。三条は、将軍家茂に勅命として攘夷の実行を求める。家茂は、やむなく攘夷の実行計画は上洛して直接上奏する旨、回答した。将軍家茂の上洛は、このようにして決定してしまったのである。

土佐では、山内容堂が「安政の大獄」の波を被って隠居しており、藩主豊範自身に何らかの政治信念があったわけではない。そもそもこの藩主は、この時勅使となった三条実美の従弟に当たる。その三条実美とは、改めて言うまでもなく公家の中では攘夷派の代表格であり、長州の庇護を受けている長州藩の利益代表のような人物で、後に孝明天皇から「重々不埒《ふらち》な国賊」とまで言われた人物である。幕府崩壊後、この男が内閣総理大臣に当たる太政大臣となり、その公家らしい優柔不断が国政を混乱に陥れた。いずれにしても、せめて山内容堂が藩主の座にいれば、土佐藩は久光の「猿真似」をするようなことはなかったであろう。残念ながら、容堂が前藩主として実権を回復するのは、しばらく後のことである。

既述した通り、島津久光の行列が江戸からの帰途、有名な「生麦事件」を惹き起こす。久光の行列に乗馬したまま近づいたイギリス人四名を供侍が「無礼討ち」にしようとし、一名が斬殺され、二名が負傷したのである。国際紛争に発展する典型的な事例であるが、実際、これが「薩英戦争」の直接原因となり、幕府は賠償金十万ポンドを支払うこととなった。イギリスは、薩摩藩に対しては犯人の逮捕及び死刑執行と二万五千ポンドの賠償金支払いを要求した。

文久三（１８６３）年七月、イギリス艦隊は七艦で薩摩市街を砲撃、これが薩英戦争である。賠償金二万五千ポンド＝十万ドルは、幕府が立て替えた。世界最新鋭の施条式後装砲・アームストロング砲が初めて実戦で使用されたのが、この戦であった。

これまでの著作でも述べてきたが、薩摩藩という独立圏意識の強いこの藩は、密貿易によって生きてきたと言っても過言ではない。その際、この藩は琉球王国を〝盾《たて》〟として利用してきた。島津重豪という極端な蘭癖大名が現れたのも、同じく蘭癖大名の代表的な一人であった島津斉彬が集成館という洋式工場を造ることができたのも、琉球を利用した密貿易の利潤があったればこそ、なのだ。幕府に軍艦を献上したことさえあるほどで、イギリスとの結びつきは昨日、今日の話ではなかったのである。国法を犯すイギリスとの交易によって得た技術や武器でイギリス軍艦と戦ったというのが、薩英戦争なのだ。

一般には意外に思われるかも知れないが、密貿易を生業としていたと言ってもいい薩摩藩が、「攘夷」を藩論としたことは一度もない。従って、「攘夷」のために「討幕」を藩是としたことも、一度もない。西郷や大久保は、討幕に成功する最後の最後まで藩内で孤立していたが、それはこのような藩の伝統的とも言える特性が背景にあったからでもある。

阿部正弘政権時代に、島津斉彬は阿部に非常に近く、幕政参画に意欲的であったし、弟の久光もあくまで公武合体、雄藩連合の成立を目指していたもので、久光が藩兵を率いて上洛した際、藩内の攘夷急進派を伏見の寺田屋で上意討ちにしたことは先に述べた通りである。

薩摩が、幕府の貿易管理に不満を抱いていたことは間違いないが、薩英戦争までは攘夷を方針としており、戦争の後、攘夷の不可能なことを悟ったとする一般の歴史書の記述や学校教育の教えは明白な誤りである。

3 暴れる長州

文久三（1863）年、西郷はまだ沖永良部に流されていた。

京都では、依然としてテロが横行し、この頃の朝廷は、尊攘派公家が牛耳るようになっていた。彼らの後ろ盾は、長州である。そういうところへ、攘夷の実行策を奏上するために将軍家茂が上洛することになる。薩摩の島津久光も、公武合体を説くために、再び上洛してきた。

久光の言うことは、「天誅」という名の殺戮を放っておいてはいけない、無責任な攘夷を唱えるな、過激派に動かされている公家を罷免せよという、言ってみれば極めて正論ばかりであったが、もう遅いと言うべきであった。既に、朝議をリードしているのは三条実美、姉小路公知《あねがこうじきんとも》などの長州派＝過激派である。公武合体派の公家は、テロを恐れて引きこもりがちであった。

久光は、無力感と共に国許へ引き揚げる。土佐の山内容堂も公武合体派の中心メンバーの一人であったが、これも国許へ引き揚げる。福井藩松平春嶽は、攘夷が不可と知りながら攘夷の勅諚を得ようとするは御上を欺くものと怒って、政事総裁職を投げ出して、これまた国へ帰ってしまう。

春嶽の言うことは「今さら」と言うべきことで、それが分かっているのなら立場上何故それを阻止しようとしなかったのか。何故率先して動かなかったのか。この人物の一貫した様子見、ひ弱さは無責任に通じ、松平を名乗りながら全く国家の益を図ろうとしなかったことは、後々からでも断罪せざるを得ない。

尤も、正論を通せばテロのターゲットになることは理解できる。しかし、多少でも幕府という統治組織の防衛、国家の防衛ということを考えれば、常にさらっと退くばかりの政治姿勢は採れないはずであろう。

かくして、京には将軍家茂と将軍後見職一橋慶喜、そして、京の治安維持を一手に任された京都守護職、会津藩主松平容保が取り残されたような恰好となった。もう、京の都は、尊皇攘夷を喚く、長州人を核とした暴徒が支配する無法地帯の雰囲気を漂わせていたのである。そういう空気の中で、将軍家茂は「攘夷の実行」を口にさせられ、その日が五月十日と決した。

まるで漫画というか、もはや茶番そのものである。

「攘夷の実行」とは、何を行うのか。日米和親条約締結から既に九年、通商条約締結からでも五年、日本は対外協調路線を採り、貿易が行われており、領事、公使も赴任しており、一部不平等な側面があったとはいえ、幕府も相手国も条約に基づいて交際している。

官軍教育と呼ばれる歴史教育では、殊更「不平等条約」ということを強調するが、今日の安保条約に基づく「日米地位協定」の屈辱的な不平等に比べれば、遥かに上等と断言してもいい。

何よりも世界の主要国と通商関係をもっていることは、初歩的な安全保障という側面ももっている。そこへ「攘夷の実行」とは、いきなり大砲でもぶち込もうというのか。とことん政治リアリズムの欠落した過激な原理主義者とは、いつの時代も漫画のような主張を狂気によって現実社会に当てはめようとするものである。

将軍家茂は、無理やり「攘夷の実行」を奏上させられたが、幕府はこれを布告するに際して、「外国から攻撃を受けた時のみ、これを打ち払うこと」と強調して諸大名に達した。当然といえば当然のことだが、日本側からの攻撃を禁止したわけで、今流に言えば「専守防衛」に徹した反撃のみに限定したのである。如何に侵略の潜在的な欲望を秘めていたとみられるイギリスでも、この時点でいきなり攻撃してくることはあり得ない。イギリスもアメリカも、更にはオランダ、フランスであっても、それほど未熟な国ではない。つまり、幕府としては、朝廷に対して朝廷の望む通りの「攘夷の実行」を口にはしたが、現実には幕命を発することによって諸大名が「攘夷行動」を採ることなど不可能と考えていたようである。

しかし、長州の久坂玄瑞《くさかげんずい》たちは常識の埒《らち》外《がい》の人間であったようだ。五月十日に関門海峡を通過する外国船を、本当に砲撃したのである。砲撃を受けたのは、アメリカ商船であったが、損害は軽微であった。次いで、五月二十三日にはフランスの通信船が砲撃された。いずれも、明白な国際法違反で、言い訳の余地はない。

フランス船の場合は、軍事演習ではないかと思い、それを確かめるためにわざわざ投錨してボートを下《お》ろしたところ、長州勢はこれを砲撃し、水兵四名が即死した。更に、五月二十六日、オランダ軍艦が砲撃され、四名が死亡。オランダ船の場合は、永年日本とは友好国であった自分たちがまさか砲撃されるとは考えてもおらず、オランダ国旗を掲げている限り安全だと考えていた。しかし、長州人には友好も条約も通じなかった。

六月に入るや否やアメリカ、フランスは報復攻撃を実施。陸戦隊を上陸させ、簡単に長州の各砲台を占拠、破壊し、すべての武器弾薬を押収した。この時、オランダは報復に加わらなかった。二百数十年に亘って、ヨーロッパ諸国では唯一交易を許されてきた友好国であるという思いが報復を躊躇させたのであろうか。日本の開国に当たっては、常に助言し、外輪船を贈ったこともあった。海軍伝習所に対しては教官を送り、日本海軍の創設に協力もした。久坂玄瑞たちは、こともあろうにそういう友好国の区別もできず、無差別に国際法のみならず、幕命にも反する凶行を繰り広げたのである。

昭和になって、オランダがヨーロッパの中でも有力な反日国家となったことを覚えている読者も多いことだろう。それは、何も大東亜戦争時の捕虜の扱いだけが原因ではない。昭和天皇が訪問された時、日の丸が焼かれたほどの反日国家になった、そのきっかけがこの文久三年の長州の暴挙であった。

翌七月には、前述した薩英戦争が勃発。文久三年という年は、昭和維新という暴力の嵐が吹き荒れた昭和十一（１９３６）年と似たような、原理主義者が暴走した年であった。

しかし、八月、遂に孝明天皇の怒りが爆発、「八月十八日の政変」が起こり、長州と三条実美を始めとする長州派公家が漸く京から追放される。世にいう「七卿落ち」である。この政変は、自らの政治的野望を孝明天皇のご意思として偽り、天皇ですら道具として利用するという凶暴な本性を露骨に示す長州に対して、天皇の怒りが爆発したものである。

孝明天皇という方は、確かに夷人嫌いである。しかし、朝廷と幕府との関係において「大政委任」の原則を崩そうとされたことはない。そして、京都守護職・会津藩主松平容保と一橋慶喜を信頼されていた。特に、松平容保に対する信任が非常に厚いものであったことは周知の通りである。この政変は、公家では中川宮が中心となり、会津・薩摩・淀藩が実行部隊として動いたが、孝明天皇は松平容保に対して、

「朕の存念貫徹の段、全くその方の忠誠にて深く感悦の余り〜」

として感状と御製《ぎよせい》を下されている。

孝明天皇は、偽の勅諚を乱発して、できもしない過激な攘夷行動に突き進む長州によほど心を痛められたようで、八月十八日以前の勅はすべて偽物であり、十八日以後に申し渡すことが真実の存意であることを在京諸大名に対して明らかにされた。更に、長州に担がれた中心人物三条実美を指して「重々不埒の国賊」という表現を用い、激しい怒りを示されている。

先に触れた通り、天皇に国賊とまで言われた長州の操り人形のような公家が、幕府崩壊後の明治新政府において太政大臣、即ち、今でいえば内閣総理大臣の地位に就く

のである。天皇権威を軽々しく利用して暴論の実行を推進しようとした長州とそれに担がれた公家は、民族にとってまさに逆賊であったと言えよう。

長州暴徒とそれに担がれていた三条たち長州派公家を都から追放し、洛中に平穏な日々が戻ったかにみえたのはほんの束の間であった。翌元治元（1864）年には、もう長州過激派は密かに、続々と京に潜入してきた。

彼らが企図したことは、更にエスカレートしていた。それは、以下を断行することであった。

・御所の焼き討ち
・中川宮の捕縛、幽閉
・孝明天皇の拉致、長州への連れ去り
・京都守護職松平容保の殺害
・将軍後見職一橋慶喜の殺害
・桑名藩主松平定敬《さだあき》の殺害

これはもう、国家転覆を企図した完璧なクーデターである。そして、御所を焼き討ち、天皇を拉致するという発想自体が、長州人ならではのものであると言えるだろう。

前著『列強の侵略を防いだ幕臣たち』（講談社）において、長州人が天皇のことを「玉《ぎょく》」と呼び、「玉《たま》を転がす」とか「玉を抱く」などと、天皇を道具そのものとしか考えていないことを示す表現を使っていたことを明らかにした。

社会評論という分野で第一人者のポジションを確立し、その歴史に「巨星」とも呼ぶべき存在で今もなお確固とした指針の位置を保ち続けている故大家壮一氏は、昭和二十七（１９５２）年という、日本が漸く形だけの独立を果たした、まだ大東亜戦争の硝煙が漂っているような時期に『実録・天皇記』（だいわ文庫）を著した。その中で氏は、以下のように述べている。

――はじめは薩長を中心とする新興勢力のロボットとして利用され、後には資本主義国家そのものを育て、守って行くのに必要な看板となり、支柱と化したのである。現に幕末の混乱期に際しては、皇室ではなくて天皇個人がフット・ボールのボールのように争奪戦の対象になっていた。天皇というボールを抱えこんでいた方が勝ちなのである。――

薩摩・長州にとっての天皇の位置づけを端的に言い当てた一文であるが、前著において幕末正義の基準として「官」と「賊」について私が述べたことと全く同じである。

実際のところ、「勤皇」を名乗り、攘夷を喚いて、その「勤皇」の名において殺戮を繰り返し、対外協調路線を採った幕府の足を引っ張り続けた長州激徒は、「玉を抱く」とか「玉を転がす」といった表現を平気で使っていた。この場合の「玉」とは、ストレートに天皇のことである。

例えば、長州激徒のリーダー木戸孝允（桂小五郎）が大久保利通（大久保一蔵）に語った言葉に、

「禁闕《きんけつ》奉護の所、実に大事のことにて、玉《ぎょく》を奪われ候ては、実に致し方なしと甚だ懸念」

という表現がある（『大久保利通日記』）。

また、木戸は、品川弥二郎宛ての手紙で、

「うまく玉をわが方へ抱え奉り候御儀、千載の大事にて、自然万々が一もかの手に奪われ候ては、たとえいかよう覚悟仕り候とも、現場のところ、四方志士壮士の心も乱れ芝居大崩れと相成り、三藩の亡滅は申すに及ばず〜」

と書いている。三藩とは、薩摩・長州・芸州（広島藩）を指す。天皇のことを玉と呼び、討幕運動のことを芝居と表現している。木戸は、一連の殺戮活動をよく「芝居」「狂言」と表現した。ゆとりがあって言っているのではなく、木戸らしい高みに立ちたがる表現であろうが、天皇のことをまるで、彼らが入り浸《びた》っていた祇園や島原の娼妓のことのように玉、玉と言い慣らしていることは、口先で「勤皇」を喚く長州人に「勤皇」「尊皇」の真意など全くないことを如実に物語っている。彼らにとって、天皇は徹底して単なる道具であったのだ。そういう長州人だからこそ、平気で御所の焼き打ち、孝明天皇の拉致を計画できたのである。

この暴挙と呼ぶべき不遜な計画は、新撰組と会津・桑名・彦根・淀藩などの必死の奮戦で未然に防ぐことができたが（池田屋事変）、それでもなお長州は、「玉」の支配を諦めなかった。長州激徒のリーダーたちが、統制のとれないまま続々と兵を挙げて入京してきたのである。もっとも過激だったのは、来島《きじま》又兵衛や久坂玄瑞、久留米出身の真木和泉である。久坂は来島たちに引っ張られただけとする説もあるが、来島の戦死を知って堺町御門を攻撃したのは久坂である。

もっとも戦闘が激しかったのが蛤御門《はまぐりごもん》辺りで、そのためこの長州の御所侵攻は「蛤御門の変」とも呼ばれるが、ここを守っていたのが会津藩と桑名藩である。会津と長州は、ここで激突した。一時、筑前藩の守る中立売御門《なかだちうりごもん》が破られ、長州軍は御所内に侵入したが、そこへ薩摩軍が援軍として駆けつけ、長州軍が撃退された。この時の薩摩軍を率いたのが西郷吉之助。幕末動乱のピークに漸く間に合った、西郷の表舞台への登場であった。

この変に際して、朝廷内は過激派公家と対長州強硬派とに分裂していた。有栖川宮熾仁《たるひと》親王や中山忠能《ただやす》が長州派の過激派で、彼らは、一部の薩摩藩士、土佐藩士、久留米藩士と共に、長州軍の入京を認め、京都守護職松平容保の追放を上申するという動きをみせたが、孝明天皇が会津藩擁護の姿勢を断固崩さず、長州藩の掃討を強く命じられたことが朝廷の姿勢を決した。

この時、禁裏御守衛総督《きんりごしゅえいそうとく》の任にあった一橋慶喜は、長州軍に対して退去を呼びかけるだけで、両派の間に立ってオタオタしていたが、孝明天皇の厳しい長州追討令を受けて、漸く対長州強硬姿勢に転じた。平時には鋭利な判断力を発揮するが、いざ事が起こると優柔不断で何もリードできなくなるのが、この人物の特徴である。結局、この変において、一貫して不動の姿勢を貫いたのは、孝明天皇その人と松平容保、桑名藩松平定敬であった。

過激に過激を重ねて幕府の足を引っ張り、天皇を「玉」と軽んじて覇権を求めた長州藩は、「八月十八日の政変」で京を追われ、それでも懲りずに「禁門の変」という御所を攻撃するという前代未聞の戦争行動を行って遂に「朝敵」として追討される立場に陥ったのである。この「朝敵」処分が解けたのは、後に彼ら自身が密勅まで偽造して起こした「王政復古」クーデター前夜のことである。その時の天皇は、まだ少年であった明治天皇であり、朝敵処分の解除は、いわば自作自演と言うべき形であった。即ち、当時の公式な理屈で言えば、それは勝手に「官」を名乗りはしたものの実態は依然として「賊」であったということになり、ひと言でいえば「官賊」と呼ぶべきものであったということになるだろう。明治新政府とは、「官賊」の政府であったというのが幕末論理の流れの帰着である。

なお、長州追討に際して薩摩は会津と組んだ。これは、藩父島津久光が頑強な公武合体派であり、激徒を断固排撃したこと、孝明天皇が松平容保を厚く信任されていたことが大きな要因となっていたことは明白である。そして、西郷・大久保が、藩内では少数派であり、孤立気味であったことも基盤要因として忘れることはできないであろう。

私たちは、その後の歴史事実を知っている。朝敵となった長州が薩摩と組んで最終的に幕府を倒したことは、紛れもない歴史事実である。では、述べてきたような経緯で朝敵となった長州に、何故それが可能であったのか。

それは、グラバー商会、つまり、イギリスの存在抜きにしては説明がつかないのである。

元号が慶応と改まったその元（１８６５）年、幕府は第二次長州征伐を企図する。この年、朝敵長州の再征と共に通商条約にも勅許が下される。

この時、長州は既に「領民皆兵」とも言うべき形で猛烈な戦争準備を始めていた。藩を挙げて幕府を討つという決意を固めたわけだが、そもそも御所を攻撃し、京の占拠に失敗して「朝敵」となって追われた失地を挽回しようとするものであるから、中央政権に対する反乱である。中央政権とは、尊攘派の論理で言えば朝廷に他ならず、現実に幕府は、朝廷による統治の実行を委任されているに過ぎない。長州とすれば、利用価値のある「玉」を建前上は敵にすることはできず、あくまで自分たちを「朝敵」とした「玉」には触れず討幕目的のために戦争準備をするという形を採ることになる。

下関には、密輸入した武器が溢れた。この年だけで長州が上海から密輸入した武器は、小銃だけで四千挺以上と言われている。勿論、小銃には弾丸が必要で、火薬なども合わせて輸入額は五万両超とされる。下関は、武器密輸入の一大基地と化したのである。すべて密輸入であるから、これによって莫大な利益を上げたのは「死の商人」と言われる武器商人たちである。その代表格が、グラバー商会であった。

グラバー商会とは、スコットランド生まれで、ジャーディン・マセソン社社員であったトーマス・グラバーが、長崎に設立したジャーディン・マセソン社の日本代理店である。では、ジャーディン・マセソン社とは何かといえば、これはもう多くを述べる必要もないだろう。前身は、イギリス東インド会社、イギリスの仕掛けた阿片戦争に際して阿片密輸で巨額の利益を得た、イギリスによる中国侵略の実行部隊とも言える存在である。その日本代理店がグラバー商会であるとすれば、その本性や目的は明白であろう。

イギリスという侵略国家の対外基本姿勢は、反政府組織を支援する、または反政府組織を創って支援するというものであった。アメリカ南北戦争に介入した時も、この基本通りに振る舞った。グラバー商会は、常に反政府勢力に加担するという、こういうイギリス国策を実行する最先端に位置していたのである。勿論、金になりさえすれば、佐幕勢力にも武器を売った。そのあたりは、骨の髄まで「死の商人」であったのだ。

この年の八月、下関に入港したイギリス軍艦バロッサ号を桂小五郎が表敬訪問し、その翌日、桂がボーイズ艦長とイギリス公使館員ラウダーを自宅に招いたことが分かっている。この時、桂は長州藩下関奉行の立場にあった。桂は、ボーイズ艦長に重大な〝お願い事〟をする。

長州は、久坂に引っ張られるようにして無謀な攘夷活動として関門海峡を通過する外国船を、問答無用の天誅と同じような形で砲撃した。そして、四ヵ国連合艦隊の報復を受け、藩内の砲台はすべて破壊または使用不能にされた。その時の休戦協定に、今後決して新しい砲台を築かないこと、旧砲台の修繕を禁止することが定められていた。桂は、イギリス軍艦のボーイズ艦長に、決してイギリスを砲撃することはなく、幕府を攻撃する目的のためだけのものという条件を付けてこの協定の定めを一時的に解除し、大砲を設置させてくれと嘆願したのである。桂は、幕府との戦闘が終わったら破壊してもいいとさえ申し出ている。

ボーイズ艦長は、長州砲台の再武装化を認めてもいいという雰囲気に傾いたようだが、結論を言えば、イギリス公使パークスは四ヵ国が長州と締結した協定である以上、またフランスを筆頭とした三ヵ国の牽制もあり、桂の訴えを認めることはできなかったのである。

蛇足ながら、久坂たちの外国船砲撃によって実際に砲撃を受けたのは、アメリカ、フランス、オランダの軍艦や商船であって、イギリス船は砲撃されていない。それにも拘らず、報復攻撃の、異常とも映る積極的なコーディネーター役を果たしたのはイギリスであった。些細なことのようで、これは見過ごしてはいけない史実であると考え、敢えて付け加えておきたい。

ところで、桂が卑屈とも思えるような嘆願を行っていた頃、イギリスの長崎領事ガウアーが本国のラッセル外相に興味ある報告を行っている（『遠い崖―アーネスト・サトウ日記抄』萩原延壽・朝日新聞出版）。前年、イギリスから帰国した伊藤俊輔（博文）と井上聞多（馨）が薩摩藩家老小松帯刀の庇護を受け、薩摩藩士として薩摩藩邸に滞在しているというのである。

表の歴史では、この時点ではまだ薩摩・長州は互いに敵であったはずである。しかし、実際には既に長州は、薩摩藩名義でグラバー商会から大量の武器を買い付けていたのだ。薩摩藩は、表向きはこれから始まる第二次長州攻撃に消極的ながら参加、協力しようとしている。しかし、裏ではイギリスと共に長州支援に乗り出していたのである。政局の主導権争いで対立していた二つの藩を結びつけたのも、グラバー商会である。口先の「勤皇」「尊皇」などクソ喰らえというのが、イギリス派である薩摩をリードし始めた西郷たちの本音であったということだ。

多くの日本人は、対立関係にあった薩摩・長州を結びつけたのは坂本龍馬であると信じているかも知れないが、俗にいう「薩長同盟」の成立は、翌年一月末とされている。つまり、俊輔や聞多が〝薩摩藩士〟として走り回っていた半年後のことになる。

先にはっきり述べておかなければならないが、軍事的な同盟を結んだかのように言われている「薩長同盟」なるものは存在しない。今では学者の世界でさえ「薩長同盟」という言葉を使う方は少数派になりつつある。

幕府の第二次長州征伐が刻々と近づく中、英米仏蘭四ヵ国による「四国共同覚書」が成立した。その内容は、日本の内戦に対する厳正中立の遵守と絶対的不干渉、密貿易の禁止を申し合わせたものである。これはもう、米仏蘭三ヵ国が、イギリスを牽制したものであることは明々白々である。それほどイギリスの長州に対する武器支援、それもグラバー商会を使った密輸による武器売却は露骨であったのだ。

この慶応元（1865）年の夏には、不審な出来事がいろいろ起きている。七月に長崎で伊藤俊輔、井上聞多が、グラバー商会から大量のミニエー銃、ゲベール銃を買い付けている。総計八千挺と言われているが、一挺十両としても八万両である。この頃、果たして密輸銃が一挺十両で買えたかどうか。

ここで再び、久坂たちの外国船砲撃事件が浮上する。この賠償金は幕府が支払うことになったが、その第一回分五十万ドルが支払われたのが、同じ七月なのだ。

この二つの事実を結びつける直接証拠はない。しかし、こればかりは結びつけない方がおかしいのではないか。傍証と言えるだろうが、この直前四月のこと、幕府もグラバー商会から大砲三十五門と砲弾を購入し、六万ドルと言われるその手付金を支払った。グラバー商会は、この金を薩摩藩に回してしまったことが後に判明している。更に後のことだが、グラバー商会は幕府から金だけを受け取り、注文された大砲をなかなか幕府に引き渡さなかったこともある。グラバーとは、このような悪質な「死の商人」であり、グラバー商会とは、清国に対するジャーディン・マセソン社と同じように、反日商社であったことは明白である。薩摩・長州は、その反日商社に武器を頼ったのである。

それにしても、「四国共同覚書」に密貿易禁止が明記されたことは、グラバー商会と長州にとって厄介なことであった。更に、幕府の統治能力というものは、同時期の清国のそれとは全く違う。このことも列強諸国に、迂闊に手を出せる国ではないと露骨な侵略を思いとどまらせた大きな要因であるが、外国船に対する臨検も厳しかったし、条約違反を取り締まる探索能力も外交倫理も全く低くなかった。幕府には、対外協調路線を採るだけの外交能力が備わっていたということであり、このあたりは明治新政府とはレベルが違う。

例えば、グラバーの入れ知恵でやったことだが、長州藩士村田蔵六（大村益次郎）が藩所有の船を上海で売却し、その金で小銃を仕入れて帰ってきたことがある。これは、密輸出と密輸入であり、いずれも通商条約に違反し、「四国共同覚書」にも抵触する。幕府外国奉行筋は、これにアメリカ商人ドレークが協力したことを突き止め、アメリカ公使館に対して厳重抗議、関係者の処分を要求した。この結果、まさにこの七月に、アメリカ公使ブリューインは解任されたのである。

かつて水野忠徳は為替レートをめぐってハリスとわたり合い、通商条約批准使節団の目付として渡米した小栗忠順《ただまさ》は五つ玉の算盤《そろばん》をもち出してその改定を迫ったが、徳川テクノクラートの後輩たちは、幕府権威が衰退する中でもアメリカ公使を解任に追い込むだけの外交力を身に付けていたのである。平成の外務官僚たちが、材料が揃っているケースにおいてもこの種の要求をアメリカ大使館に突きつけたことがあっただろうか。

こういう環境の中で、グラバーは如何にして長州の密貿易を助けようとしたのか。根本的な問題として、長州は金をもっていないのだ。公使パークスを巻き込んで幕府の金を長州へ回すなどという手法には継続性がない。何せ密輸入しているのは、日本の中央政権を倒すための高価な武器である。

そこでグラバーが考えついたのが、薩摩を絡めた三角取引である。グラバー商会がジャーディン・マセソン社から仕入れた武器は、薩摩が購入したという形を採る。薩摩は、これを長州に回す。資金のない長州は、武器代金を米で薩摩に支払う。慢性的に米が不足していた薩摩は、長州から米を購入したことになる。長州は武器を、薩摩は米を、グラバーは現金を得て、これで三者の利益が見事に成立するのだ。

米は、通商条約によって輸出禁止品目となっており、少なくとも長州の違法行為は表向きは回避できることになる。薩摩の武器密輸入は、今に始まったことではない。

ただ、一つ新たな課題が生じたとすれば、それは長州の米の輸送及びその他の薩長間の往来、薩長とグラバー商会とのやり取りである。このために必要となり、登場したのが「亀山社中」である。

「亀山社中」とは、土佐の坂本龍馬が組織したものか、近藤長次郎によるものかはっきりしないところがある。今では近藤長次郎説が有力であるが、近藤については史料も乏しく、ここでは坂本によるものとしておく。

坂本は薩摩藩が面倒をみていた男で、薩摩藩が長崎で買い入れた船や武器、産品を薩摩へ運ぶ下請け業者のような仕事をして、月々給金をもらって生活していた。グラバーの考案した三角取引によって、この男はグラバー商会の下請け業者として薩摩・長州にとっても必要な存在となったのである。薩摩藩小松帯刀にしてみれば、当てがあったわけではないが、飼っておいてよかったという思いであったろう。

グラバーのやっていることは、明白な国際条約違反であるが、この違法行為を成立させるために「亀山社中」も存在し得たということができる。「亀山社中」は、司馬遼太郎氏の小説の影響もあって、我が国初の商社だとか、先駆的な企業の原型などと麗しく語られてきたが、それは全くの事実誤認であって、実態はグラバー商会の意向に沿って動く、薩摩・長州の密貿易システムに組み込まれた徒党の集団に過ぎない。

根っからの商人の血を引く坂本の言葉として、「義理などは夢にも思うなかれ」とか「恥ということを打ち捨てて世のことは成るべし」などという類の言葉が近代人坂本を表わすものとして愛されているが、そういう神経でなければ死の商人の手先となって日本人同士が殺し合うための武器調達の手伝いなどできないであろう。

かくして朝敵長州は、イギリスの支援を受けて幕府との武力対決の道を突っ走り、次の時代をどうするかという何の青写真を描くこともなく、天皇を「玉」として抱くことによってその権威を前面に押し出す効果を得て、討幕を実現してしまうのである。

グラバーが国際条約に違反してまで如何にして薩摩・長州を支援したかについては、明治になってからグラバー自身が堂々と語っている。まさに勝てば官軍を地でいったこの死のイギリス商人もまた、官賊と呼ぶべきであろう。

グラバーは、書記官アーネスト・サトウ、公使ハリー・パークスと連携し得たからこそ大きな利益を手にすると共に、討幕という薩摩・長州過激派の政治目的を成功に導くことができたのだが、忘れてはならないことは、この時の本国政府がパーマストン内閣であったことだ。この内閣が更に続いていれば、我が国は薩長が傀儡《かいらい》政権を作り、大英帝国が支配する属国となっていた可能性が濃厚なのだ。或いは、日本を舞台にフランスまたは米仏連合軍とイギリス軍の軍事衝突を経なければならなかったかも知れない。

天佑神助《てんゆうしんじょ》と言うべきであろう、慶応元（１８６５）年、世界中で砲艦外交を展開した首相パーマストンが急死し、欧州各国もその死を〝心から〟喜んだ。後を受けてラッセル新内閣が発足、外務大臣にはクラレンドンが就任した。これによって、イギリスの対日方針が一気に、文字通り百八十度転換したのである。クラレンドン新外相は、パークスに対して日本国内の政争における厳正中立を厳しく指示したのである。しかし、走り出していた薩長過激派の反乱は急には止まれなかった。まるでアーネスト・サトウのシナリオ通りのような討幕戦となるのだが、イギリス本国政府の方針大転換によって薩摩・長州はそれ以上は進むに進めなかったのである。

思えば、老中首座阿部正弘、大老井伊直弼に率いられた徳川官僚たちは、欧米列強の恫喝外交、砲艦外交によく耐えた。日本人は「神風が吹く」という表現を使って神頼みになってしまうことがあるが、イギリス首相パーマストンの急死こそは「神風が吹いた」としか言い様《よう》がないのではないか。

明治維新を賛美して止まない司馬遼太郎氏さえ言う通り、明治という時代は江戸期の、即ち、徳川の遺産で成り立っていたと言える。現実に、ノンキャリア組を含めた新政府官吏の六〜七割は幕臣または幕府時代の藩吏であった。そうでなければ、政府・行政を機能させることができなかったのである。列強の侵略を免れたことについては、天は徳川テクノクラートたちの、武家としての覚悟を見捨てなかったと思いたい。

このような長州過激派が暴れ回った我が国の歴史上最大の危機とも言うべき動乱の最中《さなか》に、西郷は遅れて登場してきた。そして、その人望の無さ、策謀好き、独断専行といった本性の故に常に藩内で孤立し、島津久光と憎しみ合いながら、薩摩藩という重い大八車を引っ張っていくことになるのである。

4 偽勅

遅れて登場することになったとはいえ、沖永良部島へ流されていた西郷を幕末動乱の舞台へ登場させるべく、島から復帰させたのはやはり薩摩・誠忠組と小松帯刀であった。

薩英戦争において、アームストロング砲を有する英国艦隊相手に奮戦した薩摩の主力は、誠忠組であった。西郷の弟西郷従道や従兄弟の大山弥助（巌）たちが必死の防衛戦を繰り広げ、藩内で発言力を増していったのである。そういう藩内世論を背に、彼らは西郷の赦免を求めた。これに、小松帯刀が加わった。

小松帯刀は、一所持《いっしょもち》二十九家の一つ小松家の当主であり、その家格は家老を務めることもできるという、西郷や大久保と違って門閥家の藩士である。小松も斉彬に抜擢され、誠忠組の良き理解者という立場を保持していたが、彼は久光からも信頼された。この点が、西郷との決定的な違いである。

久光は、依然として感情としては西郷を許したくない。一方で、文久三（1863）年八月十八日の政変で長州が失権した後の政局で、孝明天皇の信任を得ようとして場当たり的に豹変する一橋慶喜に振り回されて、政治的敗北を喫している。この失地を何とか回復し、雄藩連合の主導権を握りたい。そのためには、やはり他藩に人脈をもつ西郷は必要であった。

誠忠組の大久保や家格の高い小松は、ここを衝いて久光を説得した。久光が折れて、文久四（1864）年一月、遂に久光は西郷の赦免に同意した。

なお、小松は、文久二年に家老に取り立てられており、西郷帰還後、大久保たちは西郷から直接久光に建言するという形を採らせず万事小松から言上するようにした。小松の言うことなら久光も普通に耳を傾けたのである。

西郷が鹿児島に戻ったのは、元治元（1864）年二月二十八日、直ぐさま三月十四日に上洛し、数日後に久光に拝謁、軍賦役兼諸藩応接役に就くことになった。ここから西郷の幕末動乱が始まり、具体的には前述した通り「禁門の変」においてその表舞台に登場するのである。

その後、二度の長州征伐を含み、幕末政局は目まぐるしく転変するが、注意すべきことは薩摩藩が決して一枚岩ではなく、藩内で路線対立があったという点である。

西郷の活動は、基本的に小松帯刀の指示に従いながら展開されており、第一次長州征伐で参謀を務めたことも西郷単独の力で成立したことではなかったはずである。小松にしてみれば、久光という西郷を忌み嫌う主を抱きながら藩を引っ張っていくには自らがその前線に立つわけにはいかないのだ。西郷をコントロールし、久光をなだめすかして藩をまとめていかなければならない。つまり、小松こそが幕末薩摩の実質的な大黒柱であったと言える。それでも西郷は、次第に実質的な薩摩藩代表という位置づけでみられるようになっていく。

第一次長州征伐は、実質的な戦闘を行わずして長州藩が屈服するという形で一応の終結をみたが、戦後の長州処分案について幕府が猛反撥し、慶応元（１８６５）年四月、長州再征と将軍家茂の進発を布告、家茂は五月末に大坂城へ入り、大坂城には約五万という大軍が集結した。そして、九月二十一日、一橋慶喜が朝議で長州再征の勅許を得ることに成功する。更に、十月五日には通商条約も勅許される。幕府にとっては、実に安政以来の懸案が解決したことになる。大坂城に集結していた幕府の軍事力が、朝廷に対する圧力となったことは言うまでもない。

こうした一連の流れに猛反撥したのが、西郷である。西郷は、長州再征の勅許に反撥したようである。何故なら、長州を再征するということは、第一次征長を収拾した自らの策が否定されたことになるからだ。これは事実であって、第一次征長後の西郷の提起した長州処分案とは、藩主毛利敬親・広封《ひろあつ》親子の落飾隠居と十万石の減封というものであったが、御所を砲撃し、京都を焼くという暴挙を行った「逆賊」に対する処分としては如何にも軽いと言えよう。幕府は毛利親子の江戸送致を求めていた。

独断性の強い西郷という男は、自分の為したことが否定されると激しく反撥する。これはもう本性の問題であって、如何ともし難いことであろう。ここから西郷は、急速に反幕府、討幕に傾いていく。「薩長盟約」という名で語られる長州との連携を明確にした薩長合意を成立させたのも、この直後のことであった。

嘉永六（1853）年、ペリーが来航し、開国通商を求めることから始まった幕末動乱と呼ばれる時代と、平時にはあり得ない民族の歴史に刻まれるべき悲惨な出来事のドラマは、西郷が討幕に傾いた時からいよいよ最終章へと移行していくことになる。その意味では、西郷は紛れもなく幕末動乱の主役の一人であり、後の官軍思想によって「大西郷」と呼ばれて尊崇される条件を獲得することになるのである。

「復古！」「復古！」と喚き、政権奪取後に「廃仏毀釈《はいぶつきしやく》」という歴史的にも恥ずべき文化破壊活動を繰り広げた維新新興勢力が、後世にでもこれを恥じたかと問えばそういう事実はない。世代わりとは、動乱を伴うものである。そして、動乱とは武力によって成立するものであるから、後世からみればそういう愚かなムーブメントが一時的にせよ社会を支配することは、避けられないことかも知れない。勿論、仕方がないでは済まされない、回復不能な文化的損失が甚大であったことを、この先も忘れることはできない。西郷が、このような文化的視野を欠いた動乱の時代の主役の一人になり得たのは、その本性が「武闘派」であったからに他ならない。

「武闘派」「軍《いくさ》好き」という以外に、西郷には「策謀好き」という大きな特性がある。これも、西郷の本性と言ってもいい顕著なキャラクターであり、これについても触れておかなければならない。

私たち戦後日本人は、自国の歴史を知らないことについては世界でも冠たる民族であるが、幕末史だけは好きなようで、さまざまな事件、人物が、さまざまな形式で物語られてきた。しかし、それは驚くほど単純化されており、まるで「鞍馬天狗」の映画のようにすっきりと、気持ち良く割り切れるものが多いのだが、それはまさに「官軍教育」の賜物である。永らく五百円札の肖像は、討幕派の象徴とも言える下級公家の岩倉具視であったが、このことは昭和になってもなお「官軍思想」が根強く生きていたことを示している。

幕末動乱時の西郷も、非常にすっきりと気持ち良く理解できるように語られてきたきらいがある。

江戸という時代は、特に後期になると、諸学が盛んになっており、学問的には多様な時代であったが、幕末近くなるに従い国学諸派が力を得てきた。天皇を極端に神格化する竹内式部の思想も、結果としてテロリズムを生むことになった狂気の水戸学も、そういう文化環境の中で生まれ、或いは力を得たものである。

そのような学問的論理を重視する時代の気分を受けて、徳川幕府による全国統治は、朝廷即ち天皇が徳川将軍家に委任したものであるという考え方が確立し、これを大政委任論と呼ぶ。

しかし、この思想は、何も学者によらずとも自然な形として大和民族の精神には十分消化され、染み込んでいたものである。律令制の時代から、征夷大将軍とは朝廷内の官名であり、多少その性格が変わったのは源頼朝からであろう。将軍とは清和源氏の流れを汲んでいないとなれない、信長は平氏を名乗ったから将軍にはなれなかったなどというもっともらしい説もあるが、こういうことが言われるのも将軍というものが朝廷から任命されるものという、疑いようのない感覚の名残りが消えなかったからだとも言えよう。

改めて、素朴な事例を挙げておこう。

近頃の京都は観光公害に晒されているが、天皇の住まい＝御所の佇まいを、観光名所として直接目にした読者も多いことだろう。一つの永い歴史をもつ民族の最高貴種一族の住まいである。それにしては、その塀の低さはどうしたことかと気づいた人もまた多いことであろう。余りにも無防備である。こういう例は、恐らく我が国以外にはあるまい。

都の庶民にとって、天子様とは文字通り「お天道様」のような崇高な存在ではあるが、決して権力者ではなかった。自分たちが神仏の加護を得て平穏に生きておられるのも、天との懸け橋である天子様がそこにおられてこその話なのだ。この国の民にとってもともと天皇とは、そういう存在であった。これを侵す者がどこにいようか。従って、高い塀も、城壁のような防御施設も御所には要らないのである。まず、民にとって天子＝天皇とはどういう存在であったか、この点の認識を誤ると、動乱の時代の解釈も間違うことになる。

大東亜戦争が終わって進駐軍という名の占領軍が今の憲法を作るに際して、わざわざ天皇を「日本国民統合の象徴」であるとしたが、笑止千万《しょうしせんばん》と言わざるを得ない。古来、大和の時代からこの国の天子は、大和民族統合の象徴であり、それ以外の何ものでもなかったのである。昨日今日の新興国家から、武力で押しつけられる筋合いのものではないのだ。

先ずこのことを肌身に染み込ませるように理解しておかないと、西郷の策謀好きどころか、いわゆる「明治維新」の〃まやかし〃そのものを真に理解することができないのである。

慶応三（１８６７）年、土佐藩が将軍徳川慶喜に対して「大政奉還」の建白書を提出した。これは、実は慶喜の意を受けて提出されたものとされる。慶喜はこれを受けて京都二条城に諸藩を召集（約四十藩が参加）、「大政奉還」について諮問した。諮問といっても、これも形式手続きに過ぎない。慶喜は即、幼い明治天皇に対して上奏文を提出、その翌日、天皇は参内《さんだい》した慶喜に対して「大政奉還勅許」の「沙汰書」を授けられて、これで「大政奉還」が成立した。土佐藩が建白書を提出してから、僅か十二日後のことである。

このように表現してしまうと、日本史を揺るがせた大激変が、実にシンプルでスピーディに成就したかにみえるが、これは表面《おもてづら》だけのことである。舞台裏では、「尊皇」などという精神とは無関係な政治的駆け引きという思惑や策謀が渦巻いていた。

この慶応三年十月時点では、朝廷内の討幕派公家は少数派であったことも、必須の基本環境として理解しておく必要がある。三条家という長州派の過激派公家は四年前の文久三（1863）年の「八月十八日の政変」で追放されており、岩倉具視を中心とする少数の討幕派公家はいずれも下級公家である。八十年ぶりの摂政に就任していた二条家や賀陽宮《かやのみや》家という佐幕派の上級公家が朝廷の主導権を握っていた。

そこで、岩倉具視や西郷・大久保たちはどうしたか。密勅という形で、偽の勅許を創作した。偽の「討幕の密勅」である。これは、天皇、摂政の署名もなければ、花押《かおう》もないという〝天晴《あっぱ》れな〟偽物である。この行為は、策謀というよりは国家的な犯罪と言うべきであろう。

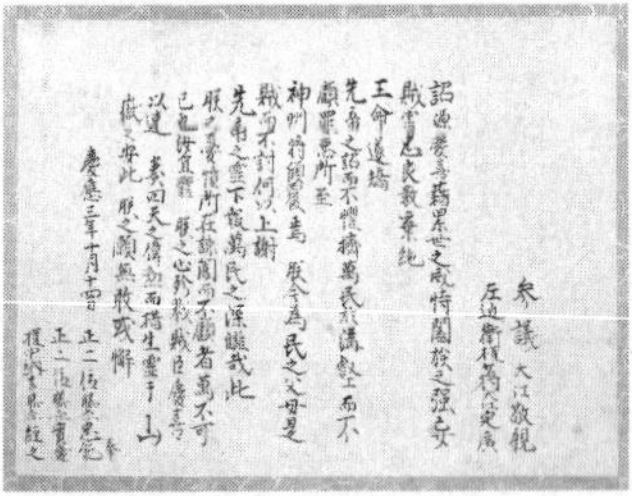
參議 大江敬親
左近衛權少將大江廣封
詔 源慶喜藉累世之威恃闔族之強妄賊害忠良數棄絶
王命遂矯
先帝之詔而不懼擠萬民於溝壑而不顧罪惡所至
神州將傾覆焉 朕今爲民之父母是賊而不討何以上謝
先帝之靈下報萬民之深讎哉此朕之憂憤所在諒闇而不顧者萬不可已也汝宜體朕之心殄戮賊臣慶喜以速奏回天之偉勲而措生靈于山嶽之安此朕之願無敢或懈
慶應三年十月十三日 正二位藤原忠能
正二位藤原實愛
權中納言藤原經之

幕府追討密勅（写真提供:毛利博物館蔵）

ところが、慶喜サイドではこれを「密勅が下る」と解釈した。まさか西郷・大久保たちが勅許の偽物を創るとは思ってもいない。本物であれば、密勅とはいえ勅許が下ることとは、幕府としては避けなければならない。そこで、先手を打って「大政奉還」という手に出たのである。これによって「討幕」の大義名分を消滅させたのである。

「大政奉還」を行っても、所詮朝廷に政権運営能力はない。つまり、統治能力はない。慶喜サイドがそう読んだことは明らかである。形式はどうあれ、実権は依然として徳川が握ることになるという〝政局判断〟であり、事実この判断、読みは間違っていなかった。

朝廷には、政権担当能力は勿論、その体制そのものが存在しなかった。「大政奉還」から一週間が経って後、朝廷は、外交については引き続き幕府が担当することを指示している。列強との外交諸問題が緊迫していた時期である。朝廷も、それ以外に為す術《すべ》がなかったということだ。諸外国への新潟開港の延期通告事務も、結局幕臣官僚が行っている。

冷静にこの時期の我が国の置かれていた政治外交環境を思い返してみると、よく分かるはずだ。

世にいう黒船の来航は嘉永六（1853）年のことであった。徳川慶喜が「大政奉還」という挙に出る十四年前のことになる。京が長州人を主としたあぶれ者たちによるテロによって血塗られたピークは文久二～三年頃であるが、それは十年ほど前から続いていたのだ。会津藩、桑名藩が、朝廷と政権を守るという名分を押しつけられ、尊攘激派によるテロの矢面に立った。この頃、西郷はまだ流刑地で穏やかな島暮らしをしていたのである。

その十年間というもの、幕府は、アメリカ、ロシア、イギリス、フランス、プロシャ等を相手にして、次々と和親条約、通商条約の締結を迫られ、独立と国益を守るべく必死の外交交渉を続けてきたのである。討幕の意思を秘める薩摩と長州の過激派は、そういう幕府の足を引っ張るだけでよかったのだ。

国家が危急の際には、人材が現れる。よくしたものである。前著『列強の侵略を防いだ幕臣たち』（講談社）に詳述したが、老中阿部正弘が積極的に人材登用を推進したこの時期、幕府を支えた実務官僚を指して「幕末の三傑」という言い方がある。岩瀬忠震、水野忠徳、小栗忠順のことを言う。

私にはこれに若干異論があり、言うとすれば「幕末の四傑」ではないかと思っている。川路聖謨《としあきら》が抜けているのだ。中には、いや、井上清直を入れないのも片手落ちであり、「幕末の五傑」と言うべきだと主張する人がいるかも知れない。いずれも幕臣であり、幕末外交に奮闘した優秀な武家官僚である。

ハリスを全権とするアメリカ合衆国との間の日米修好通商条約に署名したのは、井上清直と岩瀬忠震である。岩瀬は、その前にロシアとの間に日露和親条約を締結している。水野忠徳は、その後の日露交渉で川路聖謨を補佐するとともに日英修好通商条約、日仏修好通商条約に日本側全権委員として署名した。アメリカのあのハリスと英国の初代駐日外交代表オールコックが組んだ米英連合を相手に壮絶な通貨の交換比率交渉を展開し、鋭い知性でハリス、オールコックをたじたじとさせたのが水野忠徳である。いずれも、現代の外務官僚と比べても、その見識の深さと東奔西走の行動力、外交モラルの高さには驚嘆すべきものがあり、外交特権を利用して卑しい私腹肥やしに汲々としたハリスやオールコックと比べても水野の知性、倫理観、胆力というものは、彼らを遥かに上回っていた。

また、条約の批准手続きのための外交団の目付として井伊直弼に抜擢されて渡米した小栗上野介忠順の知性と品格に「ヘラルド・トリビューン」をはじめとするアメリカの現地紙が驚嘆の記事を掲載して敬意を表したことは、広く知られている逸話である。

こういう幕府の高度に訓練されたテクノクラートの存在は、彼ら自身の素地は勿論無視することはできないが、幕府がそれなりに外交経験を積んできたことを示している。

嘉永六年にペリー率いる黒船が来航して、その武力威圧に屈して幕府は遂に開国したというのが「官軍教育」に則《のっと》って今も学校で教える日本史である。ところが、実際には幕府は天保十三（1842）年に「薪水《しんすい》給与令」を発令し、文政八（1825）年から施行されてきた「異国船打払令」を完全否定し、この時点で対外政策を百八十度転換した。

即ち、この時点で実質的に開国したと看做《みな》すことができるわけで、薩摩・長州サイドの事情で後に書かれた〝歴史〟とは二十年以上の開きがあるのだ。また、寛政九（1797）年以降、長崎出島へアメリカの交易船が来航した回数は少なくとも十三回確認されており、ペリーの来航によって日本人が初めてアメリカ人と接触したかのような歴史教育は歴史事実とは異なるのだ。更に、弘化二（1845）年には日本人漂流民を救助したアメリカ捕鯨船マンハッタン号が浦賀に入港し、浦賀奉行と対面しており、翌弘化三（1846）年には、アメリカ軍艦二艦が浦賀に来航し通商を求めたが、幕府はこれを拒否している。

つまり、薩長政権が成立するまでのおよそ四半世紀の間、江戸幕府はオランダ以外の列強、アメリカ、イギリス、フランス、ロシア、プロシャを相手としてそれなりに外交経験を積んできたのである。ペリーの黒船が来航して、初めて見るアメリカ人や軍艦に右往左往し、それによって生まれた混乱に乗じた倒幕運動によって幕府が一挙に崩壊し、薩長政権が初めて欧米とわたり合うようになったなどという歴史は存在しないのである。

このような史実としての背景があって、徳川慶喜が朝廷の統治能力の無さを見透かし、「大政奉還」という手を打ったのは決して的外れではなく、現実的な打ち手であったと言えるだろう。

朝廷が、外交のみは引き続き幕府が担当することを命じた直後、慶喜は征夷大将軍の辞職を朝廷に願い出た。平面的に捉えれば「大政奉還」に伴う、「大政奉還」を確固とした形で仕上げる行動と受取れるが、私には「あなた方にはやはりできないでしょ」という慶喜の朝廷に対する〝ダメ押し〟ではないかとも受取れる。このまま終われば、遅れてようやく「公武合体」が成立しそうな情勢となったのである。即ち、岩倉具視と西郷・大久保の策謀が生んだ国家的犯罪と断ずべき勅許の偽造は、失敗に終わった。

追い詰められた岩倉と西郷・大久保は、新たな策謀を画策する。クーデター計画である。

このクーデターの首謀者は、表向きは岩倉具視だが、実質的な首謀者は西郷・大久保である。まだ十六歳の明治天皇を手中に収め、慶応三（1867）年暮れに決行された。十二月八日夜、岩倉具視が自邸に薩摩・土佐・安芸・尾張・福井五藩の代表を集め、「王政復古」の断行を宣言し、五藩の協力を求めた。明けて十二月九日、朝議を終えた摂政以下の上級公家が退出したのを見計らって、薩摩を始めとする五藩の藩兵が御所九門を封鎖、公家衆の参内を阻止した上で岩倉具視が参内、明治天皇を臨席させ「王政復古の大号令」を発した。この五藩に、御三家の尾張藩、一門の福井藩が含まれていることを注記しておきたい。つまり、これは、幼い天皇を人質とした軍事クーデターであったのだ。

大号令の内容は、

・徳川慶喜の将軍職辞職を勅許する
・京都守護職、京都所司代を廃止する
・江戸幕府を廃止する
・摂政関白を廃止する
・新たに、総裁、議定《ぎじょう》、参与の三職を設置する

というもので、「王政復古」とは言いながら、その実は二条家を筆頭とする上級公家の排除と一部公家と薩長主導の新政権樹立の宣言に過ぎない。ただ、これによって「公武合体」論などが孕《はら》んでいた、また徳川慶喜が企図していた「徳川主体の新政権」の芽は完全に抹殺された。現実に、岩倉が参与に就任したこの三職は、半年を経

ずして廃止されている。つまり、大号令五項の内、先の四項が主眼だったことがはっきりしているのだ。

しかし、「王政復古の大号令」は、動乱の意図したものが成就したのではなく、最後の動乱の端緒に過ぎなかったのである。

5 「王政復古」の敗北

動乱の渦中に入った時、或いは巻き込まれた時、人はパニックに陥ったり、狂気に走ったり、はたまた絶望の果てに正気を失ったり、いずれにしても平常な心持ちを失うようである。誰もが「我を失う」ものだ。そういう時に、人の本性というものが顕れる。どれだけ勉学を積み知識を身につけても、その成果より生来の性格、気質といったものが表に出てしまうのだ。これは、人にとって自然なことであろう。西郷吉之助の「何故《なぜ》」についても、その本性というものを見誤らなければ、虚構を排した正しい解が浮かび上がるはずである。

歴史とは、表面的には人の行動記録に過ぎないが、人をその行動に駆り立てた「本性」がどういうものであったか、歴史に通っているはずの血の温もりを感じるために、私はそれを洞察することに常に神経を尖らせている心算《つもり》である。

俗にいう「明治維新」という一大ムーブメントについても、この時起きた事件や戦いの全ての表面を嘗めても歴史の実相には近づけないであろう。それらは、誰の、どういう「本性」に因るものか、そこまで追い込んでいかないと、官軍の書いた歴史ではない実際の「明治維新」を浮かび上がらせることも、西郷の「何故」を解くこともできないのではないかと考えている。

さて、幼い天皇を人質として「王政復古の大号令」を発した岩倉具視、西郷・大久保らのクーデターは成功したのか。結論から言えば、失敗に終わった。

ところが、現在でも学校教育では「大政奉還」が為され、「王政復古の大号令」が発せられて「明治維新」が成立したという流れになっているから、成功したと言わないと成績表の上では困ったことになるのだ。

しかし、実はこのクーデターそのものは失敗している。このクーデターが成功していれば、論理的にも戊辰戦争は起きていないはずである。学校教育は、まずこの点から教科書を書き直していかなければいけない。

クーデターの直接行動から間を置かず、明治天皇の御前において最初の三職会議が開かれた。三職とは、クーデターによって設けられた総裁・議定・参与のことである。今の内閣総理大臣に当たると言ってもいい総裁には有栖川宮が就任、岩倉具視は参与の一人となった。自称のような「幕末の四賢候」に数えられる前福井藩主松平慶永（春嶽）、前土佐藩主山内豊信（容堂）が議定に名を列ねている。

この会議は、慶応三（1867）年十二月九日に開かれたが、この時世情は騒然、というより、事態はもっと緊迫していた。京都にクーデター派諸藩が軍を入れ、力で押し切ろうという姿勢を露骨に示したのである。

繰り返し触れたが、京都に軍を入れるということがどれほどの意思をどれほど強烈に示すものか、このことについては、我が国の歴史を考える上では十二分な洞察力を働かせなければならない。京に向かって兵を動かすということは、どこそこへ三千の兵を派遣しました、というような普通の軍事行動と全く次元が違うのである。

薩摩は、西郷が藩主島津忠義と三千の兵を率いて上洛。西郷が藩主を「率いて」というのも妙な言い方だが、それがこの時点の薩摩の実態である。「率兵上洛」――この形こそ島津斉彬の遺志を継ぐものと、西郷は無条件に信じ込んでいたに違いない。

朝敵処分が公式に解かれておらず、入京できないはずの長州が千名強の兵力を京に入れたが、この中にはあの凶暴なことで知られる奇兵隊が含まれていた。安芸広島藩は三百名。こうして、会議直前の十一月末には、おおよそ五千という兵力が京に集結し、会議に対して、また軍事クーデターに加わらない公武合体派に対して強い圧力をかけたのである。

現に、クーデター後の最初の〝閣議〟とも言うべきこの三職会議は採めに採めた。この会議は、御所内の小御所で開催されたところから「小御所会議」と言われる。まだ数え十六歳という明治天皇と公卿以外の大名格の出席者は、元尾張藩主徳川慶勝、前越前福井藩主松平慶永（春嶽）、前土佐藩主山内豊信（容堂）、薩摩藩主島津忠義、安芸広島藩世子《せいし》浅野茂勲《もちこと》の五名である。画期的なことは、薩摩藩大久保一蔵、土佐藩後藤象二郎、安芸広島藩辻将曹《しょうそう》たちが敷居際に陪席を許されたことである。この時、西郷は外で警備を担当していた。

なお、幼い明治天皇はこの会議に臨席されていなかったとの説があるが（佐々木克《すぐる》氏ほか）、ここでは『岩倉公實記』に従い、臨席されていたとする方が、この時期の他の政争局面の一々と矛盾が少なくなるものと思われ、臨席されていたとする。

小御所会議が採めた図式の軸は、土佐藩山内容堂と岩倉具視の対立である。山内容堂は、一貫して「尊皇佐幕派」であり、「公武合体派」である。岩倉具視は、長州・薩摩の頭に立つ「討幕派」である。こういう立場、スタンスの違いだけでなく、実はこの時点で「岩倉具視が孝明天皇を毒殺した」という噂が流布されていたとされる。もし、そうであるとすれば、この会議の出席者は皆、この噂を知っているはずである。

山内容堂は、徳川慶喜の出席を拒んだ会議であることを責めた。同時に、今回の会議に至る事態を、幼い天皇を担いだ、権力を私《わたくし》しようとする陰謀であると非難した。この指摘は事実であって、まさに核心を衝いている。

この時、山内容堂は「幼沖《ようちゅう》なる天子～」という表現をしたとされる。岩倉は、ここを捕えた。「幼沖なる天子とは何たる不敬！」とばかりに反攻に出た。完璧な「揚げ足取り」である。「揚げ足取り」であっても何でも、反論、反攻しなければ、天皇暗殺の噂のこともあって自らの立場は危険なことになるのだ。

更に、まだ何も〝閣議決定〟をしていない段階にも拘らず、「徳川慶喜が辞官納地を行って誠意を見せることが先決である」という、論理にもならない主張を繰り返した。徳川家に対して辞官納地という形を求めるならば、山内容堂が主張する通り、徳川慶喜を会議に呼べばいいのである。核心を衝いた容堂の主張に、松平春嶽、浅野茂勲、徳川慶勝が同調し、山内容堂は、終始「徳川内府を～」と主張し、この会議は休憩に入った。

ここで、いろいろな種類の〝本性〟が事態を動かす。

大久保と共に陪席を許されていた薩摩藩の岩下左次右衛門が、この経緯を警備の西郷に伝えたらしい。その時、西郷が漏らしたひと言、「短刀一本あれば片が付く」。

これが歴史を動かした。

西郷独特の計算に過ぎないとする説もあるが、これは西郷の本音ではなかったろうか。複雑な曲線を描いて思考する癖のある、陪席している大久保に対する苛立ちも含まれていたかも知れない。いずれにしても、万事最後は力、即ち、武力とするのは、それこそ西郷の本性である。

このひと言が岩倉の耳に入る。岩倉は、これを広島藩浅野茂勲に伝える。岩倉の決意を知った広島藩は、これを辻将曹が土佐藩後藤象二郎に伝え、後藤は主の山内容堂と松平春嶽に伝えたようだ。

武断派西郷の、いざとなれば山内容堂を刺し殺し、玉座を血で汚してでもケリをつけろという、昭和の極右勢力にまで繫がる問答無用の決着のつけ方を、岩倉は己の決心として直接容堂に伝えるのではなく、広島藩を通じて容堂を脅かす。このあたりは、岩倉らしい打ち手と言えるだろう。公家にしては過激な性格は岩倉の本性であろうが、小技を駆使する狡猾さもまた、この曲《くせ》のある野心家公家の本性ではなかったか。

山内容堂が身の危険を感じた時点で、会議の趨勢は決したと言える。再開後の会議において、「徳川慶喜に辞官納地を求める」、即ち、官位と所領を没収することを、誰も反対せず決議したのである。「幕末の四賢候」などと言われているが、ここまでが山内容堂の限界であろう。

ぎりぎり武士の末端とも言うべき薩摩の田舎城下士の末端に位置していた西郷という男の、全ての論理や倫理を否定する本性の顕れたひと言が、国家の行く末を決する小御所会議の方向を決してしまったのである。

この後、我が国の「近代」と言われている時代（「明治近代」）では、政局が行き詰まる度《たび》に反対派に対して「問答無用！」という暴力＝暗殺が繰り返され、最終的に薩摩長州政権が対米英戦争へと突入していったことは周知の通りである。

この小御所会議が開催されたのは、慶応三年暮れ、十二月九日の夜である。「徳川慶喜に辞官納地を求める」ことを決して、そのまま事が進めば、「王政復古」は成立する。即ち、後の言葉で言う「明治維新」の成立である。

ところが、事は逆方向に動き出した。

翌十日、徳川慶喜が、自らの新しい呼称を「上様」とすることを宣言した。これは呼称の問題であるから、理論的には大政を奉還したことと矛盾することにはならない。しかし、言外に「徳川政権の実質統治を継続しますよ」と宣言しているに他ならない。

徳川慶喜に「辞官納地」を求めたこの「小御所会議」の時、当の慶喜は幕府軍およそ一万と共に二条城にいた。一万という軍勢には、会津兵約二千、桑名兵約一千が含まれている。薩摩・長州を中心とする討幕派の兵も五千が京に集結しており、山内容堂は、双方が偶発的に衝突する不測の事態を懸念し、朝廷と慶喜に対して「納地」の問題は諸大名会議を開催して幕府と諸大名の分担割合を決めるなどの提案を行い、双方これを受け入れ、慶喜は、会津藩主松平容保、桑名藩主松平定敬、老中板倉勝静《かつきよ》等を伴い、十二月十二日、大坂へ下ったのである。

大坂へ下ったと言うと、慶喜が引いたと一般には受け取られるかも知れないが、この点も注意を要する。大坂へ下るとは、大坂城へ入るということであるが、これは反幕勢力からすれば恐怖なのだ。大坂城を根城として京都を軍事制圧する態勢を採ったという風に解釈するのが普通であるからだ。

現実にこれを受けて意を強くしたのか、薩摩・長州の軍事クーデターという強硬手段に対する土佐藩を中心とする公武合体派の反撥はピークに達し、肥後藩・筑前藩・阿波藩が、薩摩・長州に対して御所からの軍勢の引き揚げを要求するに至った。

結局、岩倉具視と薩摩・長州は、「徳川慶喜が辞官納地に応じれば、慶喜を議定に任命し、前内大臣としての待遇を保証する」との妥協提案をせざるを得なくなったのである。

ここで徳川慶喜は更なる反転攻勢に出る。十二月十六日、アメリカ・イギリス・フランス・オランダ・プロシャ・イタリア六ヵ国の公使を大坂城に召集し、内政不干渉と徳川幕府の外交権保持を承認させたのである。

岩倉具視や西郷・大久保には、こういう外交はできない。更に三日後、慶喜は、朝廷に対して「王政復古の大号令の撤回」を要求した。調子が良くなると、一転して図に乗るのもこの人の本性である。

朝廷は遂に、「徳川祖先の制度美事良法は其儘被差置《ままさしおかれ》、御変更無之候間《これなきのそうろうあいだ》」云々との告諭を出した。つまり、徳川政権による大政委任の継続を承認したのである。この告諭では「王政復古の大号令」を取り消すとは言明していないが、実質的に徳川慶喜の要求を呑んだことになるのだ。つまり、徳川幕藩体制は、引き続き維持されることになったのである。

ここに、岩倉具視と西郷・大久保たちの偽勅による討幕、軍事クーデターによる討幕をオーソライズする策謀は敗北した。「明治維新」は失敗に終わったのである。「小御所会議」で決定したはずの「辞官納地」も、暮れも押し迫った十二月二十八日、慶喜が朝廷からの「辞官納地の諭書《さとししよ》」に対する返書を出すが、内容は、

・徳川慶喜の内大臣辞任（前内大臣として処遇する）
・徳川慶喜が最高執権者として諸大名会議を主宰する
・諸大名会議で朝廷へ「献上する」費用の「分担割合」を取りまとめる

というものであり、「辞官納地」は完全に骨抜きにされたのである。

俗にいう「明治維新」の核となる出来事が「大政奉還」と「王政復古の大号令」であることは、学校教育でも一貫して常識であったが、以上のような史実が存在する以上、学校教育は修正されて然るべきであろう。少なくとも、「王政復古の大号令」が完璧に失敗、偽勅による幕府転覆の策謀が多数派によって防がれたことだけは、教育というものの良心に拠って立って明確に教えるべきであろう。

6　テロ集団赤報隊の悲劇

討幕の勅許を偽造したものの、徳川慶喜に「大政奉還」という先手を打たれ、軍事クーデターを起こして「王政復古の大号令」を発したものの、再び慶喜の反撃にあって、西郷・大久保たちの徳川幕府打倒計画は挫折した。

そもそも薩摩藩の大勢は、討幕には断固反対であったが、このことは殆ど語られてこなかった。久光を筆頭として、薩摩藩の総意は、天皇が徳川家を将軍に任じ、諸大名がその麾下に列した以上、討幕を企図することは天皇に対する不義となり、幕府を支えることこそ尊皇であるというものであった。

これは、尊皇佐幕そのものであり、大政委任論でもある。「大政奉還」の直前に薩摩・長州・芸州三藩の出兵協定が密約として締結されるが、薩摩藩内では反撥が渦巻き、「逆賊の長賊」という言葉が使われたほどである。藩論が分裂していたというより、西郷・大久保たち討幕派は、藩内で孤立していたのである。三藩の出兵協定は崩れ、藩内には西郷刺殺を主張する声さえ表面化していたことを知っておかなければならない。

小御所会議が紛糾した時、西郷が漏らしたひと言、「短刀一本あれば片が付く」……結局西郷は、これを実行することになる。但し、事が思い通りに進んでいない時は「短刀一本」では済まなくなるものだ。何十本、何百本もの短刀＝軍事力で幕府を倒すという、本格的な討幕戦の意思を固めることになる。

西郷は、岩倉具視の了承を得て、後に「赤報隊」となる浪士集団を組織した。本書ではここまでも、便宜上「赤報隊」という名称に統一して述べている。

隊長は、相楽《さがら》総三《そうぞう》。この部隊は、一番隊、二番隊、三番隊から成り、一番隊が相楽を隊長とする相楽の以前からの同志たちが中核を為す部隊で、これが「赤報隊」の中心である。

二番隊は、新撰組を離脱した御陵衛士《ごりようえじ》が中核を成していた。御陵衛士は、こんなところに生きていたのである。三番隊は、近江出身者が中心となった。主に近江水口《みなくち》藩士であった。

赤報隊が、正式に組織されたのは年が明けた慶応四（1868）年であるが、その前に西郷は相楽たちに命じた。打ち手を失いつつあった薩摩・長州の〝重石《おもし》〟のような存在になりつつあった西郷は、相楽たちに何を命じたのか。

江戸において、旗本・御家人を中心とする幕臣や佐幕派諸藩を挑発することである。挑発と言えばまだ聞こえはいいが、あからさまに言えば、放火・略奪・強姦・強殺である。倫理観の強かった江戸社会においては、もっとも罪の重かった蛮行を繰返すことであった。今の言葉で言えば、これもテロとしか言い様がないのだ。

何せ毎夜のように、鉄砲までもった無頼の徒が徒党を組んで江戸の商家へ押し入るのである。日本橋の公儀御用達播磨屋、蔵前の札差伊勢屋、本郷の高崎屋といった大店が次々と襲われ、家人や近隣の住民が惨殺されたりした。そして、必ず三田の薩摩藩邸に逃げ込む。江戸の市民は、このテロ集団を「薩摩御用盗」と呼んで恐れた。夜の江戸市中からは人が消えたという。

因みに、三田の薩摩藩邸とは薩摩藩の上屋敷である。七十七万八千石という大藩の薩摩藩は、この三田（芝新馬場）の上屋敷以外に、幸橋内に中屋敷、高輪と品川にそれぞれ下屋敷をもっていた。

遂に幕府は、庄内藩酒井忠篤《ただずみ》に江戸市中取締を命じたのである。藩の成り立ちというものもあるが、会津藩松平容保が京都守護職を受けたことが戊辰会津戦争の悲劇に通じたように、庄内藩が会津と共に最後まで薩摩・長州を中心とした反乱軍に抗戦したのも、その端緒はこの「江戸市中取締」を拝領したことにある。

幕府高官も庄内藩も、愚かではない。時の政治情勢はわきまえている。つまり、取り締まるといっても、できるだけテロ集団を刺激しないことに留意した。刺激しないということは、いきなり強圧的には出ないということである。

そうなると、赤報隊のテロは益々激化する。江戸だけでなく野州（下野《しもつけ》）、相模、甲州といった周辺地域にまでテロの標的を拡大していったのである。そして、京で岩倉や西郷・大久保が勅許を偽造して政局が緊迫の度を増していた頃、再び江戸市中でのテロを激化させ、遂に慶応三（１８６７）年十二月二十二日夜、庄内藩屯所を銃撃するに至った。翌二十三日には、再び庄内藩士が銃撃を受ける。このあたり、何が何でもという、浪士たちの強い〝目的意識〟が感じられる。挑発する方が、先に業を煮やしたということだ。

この二十三日には、江戸城二の丸で放火が発生しており、これも赤報隊の仕業だとされる。

なお、三田薩摩屋敷を根城としていた赤報隊は、総勢で五百名ほどに達していたとされる。そのうちの多くが、金で買われた文字通りの、人別帳《にんべつちょう》からも外された無頼の徒であり、強盗、殺戮、放火などを好んでやるような輩であった。

このような無法者による藩士銃撃、江戸城放火で、耐えに耐えてきた庄内藩は、堪忍袋の緒を切った。幕閣も同時に切れてしまったのである。これは、責められないであろう。

老中稲葉正邦は、庄内藩、岩槻藩、鯖江藩などから成る幕府軍を編成、薩摩藩邸の攻撃を命じた。十二月二十五日、幕軍は三田の薩摩藩邸を包囲、薩摩藩が下手人の身柄引き渡しを拒否したのを受けて遂に薩摩藩邸を砲撃した。これが世にいう「薩摩藩邸焼き討ち」である。

後に、京にいてこの報に接した西郷は、手を打って喜んだと伝わる。自分が送り込んだ赤報隊の江戸市中での無差別テロという挑発に幕府が乗ったのである。

これが、京都における「鳥羽伏見の戦い」のきっかけである。つまり、「戊辰戦争」のきっかけとなったのだ。

しかし、ここまでなら挑発テロに乗らずに済んだはずである。江戸においてのみ薩摩藩を、具体的には全ての薩摩藩邸を壊滅させればよかったのだ。薩摩藩江戸表の責任者を相手にしてのみ処分を下すなど、江戸というフィールドで対処すればよかったのだ。江戸藩邸とは、通常「藩」と同義に扱われるものである。江戸においてのみ徹底的に薩摩藩の犯罪を追及すれば、西郷・大久保の方から江戸へ下らざるを得なくなるはずである。仮に、西郷が軍を率いてきたとしても、それも薩摩・長州が連合軍を組織したとしても、幕軍の圧倒的優位は動かないのだ。

結局、この後があるから「挑発テロに乗った」ということになるのである。

薩摩藩邸の焼き討ち程度では収まらなかった幕臣たちから、慶喜に対して「討薩」の圧力が強まり、慶喜は、「討薩表《とうさつのひょう》」を朝廷に提出することを決意し、「奸臣共の引き渡し」がなければ、やむを得ずこれに「誅戮《ちゅうりく》」を加えると表明してしまった。即ち、下手人を引き渡さなければ薩摩を討つと宣言してしまったのである。

江戸での「薩摩藩邸焼き討ち」とそれに至る経緯が、大坂城の慶喜に伝えられたのが十二月二十八日。ちょうど「辞官納地」を骨抜きにし、「王政復古の大号令」を失敗に追い込み、政治的逆襲に成功したとみえた、その時である。エリート臭の強い慶喜は、図に乗り過ぎたのかも知れない。先に述べた通り、調子がいい時はどんどんアグレッシブになるのは、この人の本性である。

明けて正月二日、「討薩表」を持った、大河内正質《まさただ》を総督とする幕軍一万五千が大坂城を進発した。そして、翌三日、薩摩がこの軍を突如砲撃し「鳥羽伏見の戦い」が勃発、薩摩・長州は一気に戊辰戦争という、待ちに待った討幕の戦乱に突入する。

結局、京における討幕クーデターに失敗し、圧倒的に不利な立場にあった薩摩・長州勢力は、この江戸市中での騒乱に拠って一気に「戊辰戦争」へと突っ走り、後に「明治維新」と呼ばれる政権奪取を断行してしまったのである。即ち、西郷が送り込んだ赤報隊が、その一番の功労者ということになる。敢えて簡略に述べ切ってしまえば、これが、後世「明治維新」と呼ばれた動乱の、核になる部分の史実である。

動乱という事態に身を置いた時、勝たなければ我が身が滅びる。とすれば、打ち手の質にこだわってはいられない。とはいうものの、西郷の採った、手段を選ばず江戸市中でテロを展開するという打ち手を評価することはできない。

西郷吉之助という人物は、正義感の強い男であるとされてきた。しかし、それは一定以上の安定がもたらされた場合に発揮される、ごく普通の良心程度のものであったということであろう。長州の山縣有朋や井上馨には、そもそもそれすらなかったということに過ぎない。

もし、西郷という男が上級の士分の者であったなら、こういう手を打っただろうか。これまで「明治維新」とは、下層階級の者が成し遂げた革命であると、美しく語られてきた。下層階級によるクーデターであることは確かにその通りであるが、下級の者であったからこそ、下劣な手段に抵抗を感じなかったと言えるのではないか。平成日本人は、この種のリアリズムを極端に蔑視するが、これは否定し難い染み付いた本性の問題である。敢えて付言するが、差別主義であるなどという指摘は、全く的が外れているのだ。そして、動乱とは概してそういうものであるとも言えようが、挑発行動の核になったのが下層階級にも入らぬ、倫理観とも往時の良識とも無縁の単なる無頼の輩であったことを忘れてはならない。

挑発に成功した相楽たちは、直ぐ正式に討幕軍の一部隊としての「赤報隊」として組織され、薩摩・長州東山道軍の先鋒を務めることになる。正式に薩長軍が核となる東海道鎮撫総督指揮下の部隊として組み込まれたのである。

相楽総三以下の「赤報隊」は、「年貢半減」を宣伝、アピールしながら信州へ進軍した。新しい政権は年貢を半減すると公約して、民衆の心を引き寄せながら東へ、東へと進んだのである。勿論、この〝公約〟は、薩摩・長州中枢、即ち、西郷たちの裁可を得て発したもので、「赤報隊」が勝手に宣伝したわけではない。岩倉具視もこれを承認している。

この頃、各地で一揆が頻発しており、総称して「世直し一揆」と呼ばれる。そういう情勢下にあって「赤報隊」の掲げる「年貢半減」は大いに受け、薩長軍の東進を大いに助けたのである。

ところが、京を出る時は軍費に事欠き、東征軍とは言っても兵站も何も無視されていた、一軍の体裁を全く整えていなかった討幕軍ではあったが、日を追って恭順する藩が相次ぎ、事情が変わってきた。そして、現地調達を基本方針としていた軍費調達の方針も変わった。岩倉具視は、三井組に負担させることを決定した。

勿論、三井組が何の見返りもなく、まだ反乱軍に過ぎない東征軍の金主になるわけがない。三井は、討幕の成立を見込み、担保として新政府へ納入する米穀の管理権を独占したのである。

三菱の場合は、岩崎弥太郎が討幕対佐幕の当事者であった一面があるが、三井は純粋に算盤勘定だけで討幕軍に付いた方が儲かると判断したのだ。日本の新権力と新興財閥の癒着の歴史が、ここから始まる。そして、この癒着の構造が、大東亜戦争に至るまで「戦争を欲した」ことは否めない。

「年貢半減」について、西郷は、このことを「赤報隊」に対して口頭で許可したものの文書にして残してはいない。そして、直ぐ「年貢半減」を取り消し、「赤報隊」が勝手に触れ回ったものとし、何と「赤報隊」を「偽官軍」であるとして追討したのである。

相楽総三以下「赤報隊」一番隊は、慶応四年三月早々、下諏訪にて処刑された。但し、隊が担いでいた公家は処刑されなかった。御陵衛士が中核となっていた二番隊は京へ引き戻され新政府軍に編入、近江出身の三番隊は桑名で処刑された。

要は、相楽たち「赤報隊」は、「維新」に失敗しつつあった薩摩・長州と岩倉具視たちに利用され、使い捨てにされただけなのだ。彼らが江戸市中で行った蛮行には許し難いものがある。しかし、彼らは西郷の命を受け、その行動に「大義」があると信じていたのだ。このような蛮行に「大義」などあるわけがないのだが、少なくとも単なる無頼の徒ではなかった相楽はそう信じたのだ。

西郷にしてみれば、端《はな》から使い捨ての心算《つもり》である。その時点の東征軍の軍費の状況から考えて、軍費調達の方針が変わったことが赤報隊の扱いに影響したということは、断じてあり得ない。西郷とは、こういうことを平然とやってのける神経をもっていた男であるということなのだ。

結局、後世でいうところの「明治維新」を成立させるについて、もっとも決定的な道筋を開いたのが「赤報隊」であり、「赤報隊」のテロであったのだ。

司馬遼太郎氏は、いろいろ悩んだ末に「明治維新とはやはり革命であった」との結論に達するのだが、これは間違いである。既に海外の社会学者たちも否定している通り、これは革命の定義には当てはまらず、単なるクーデターである。悩むようなテーマではない。但し、文学的見地に限定すれば話は別である。

革命であれクーデターであれ、それを実行する側にとって多少の意図的な犠牲が「大義」のための些事として許されるなら、反革命、反クーデターサイドにとってもそれは同様であろう。そして、決着をつけるのはやはり西郷の言う「短刀一本」であり、その集合体である武力であったということだ。

相楽総三は、本名を小島四郎という。内田四郎、村上四郎という変名を使っていたこともあるが、江戸の薩摩藩邸に入ってからは相楽総三を名乗り、処刑されるまでこの名で通している。彼は、江戸生まれの江戸育ちであるが、慶応二（1866）年三月末から翌慶応三年九月末まで京都にいた。その京都滞在中に、薩摩藩の伊牟田《いむた》尚平、益満《ますみつ》休之助と知り合い、そこから西郷、大久保と通じるようになったようである。

慶応三（1867）年十月、相楽を三田の薩摩藩邸へ連れてきたのも伊牟田尚平、益満休之助であるが、江戸へ発つ直前、西郷は、京都三条でこの三人の〝送別会〟をもち、その席には大久保も参加している。

赤城山挙兵計画、筑波山挙兵にも加わった、根っからの関東尊攘激派である相楽は、自らが西郷の道具として使い捨てにされることを承知の上で、江戸市中で下劣な蛮行を繰り広げたのであろうか。

相楽の処刑を知った妻は、一子を総三の姉に預け、後を追って自害している。

7　江戸城無血開城という美談

西郷吉之助という男が、伝えられているような「大西郷」と称されるキャラクターや器量をもった人物とは大きく乖離《かいり》していたことは、ここまでで既にある程度明らかにしたはずである。

そもそも「明治維新」と呼ばれる出来事の実相そのものが、官軍を名乗った関ヶ原の敗者である薩摩・長州の書いた歴史によって著しく歪められたものであることは、本書第一章と本シリーズ前二作で明らかにした通りである。だとすれば、俗にいう「維新」の主役である西郷の実像が歪めて語られてきたことも、当然といえば当然であろう。つまり、私たちが聞かされてきた西郷隆盛とは、「西郷伝説」の産物としての虚像に過ぎないのである。

「西郷伝説」のもっともシンボリックなお話の一つが、江戸城無血開城という幕府崩壊のクライマックスシーンとなる美談であろう。

改めて述べるまでもなく、東上してきた薩摩・長州軍の江戸総攻撃は、西郷と勝海舟の会談において西郷が大きな度量を発揮することによって回避され、江戸は火の海になることとなく、江戸城の無血開城が実現し、ここに平和裡に徳川幕府から明治新政府への政権委譲が実質的に成立したとするのが、これまで私たちが教えられてきた〝歴史事実〟である。今の学校教育の教えも、何を史実とするかという軸については何ら変わっていない。

幕府を代表する勝と薩長軍を代表する西郷が、互いにその〝人物〟たるをリスペクトし、二人の英断によって江戸城は一滴の血を流すこともなく開城されたとするこの物語は、西郷だけでなく勝をも維新の英雄に押し上げることとなった。

せっかくの美談を壊すことにさほどの益はなく、その点については真《まこと》に心苦しいが、幕末動乱の史実を史実としてあからさまにすることによって、行き詰まりを迎えているこの社会の先々をデザインする上での一つの指針として有用あらしめたいと願う以上、ここは例外を設けず史実を求めていきたい。

東上してきた薩長軍の目的は、徳川幕府を完全な形で崩壊させることであったが、江戸城を落とすことも江戸総攻撃もその目的を天下に分かり易く示す上で、付随して必要であったに過ぎない。江戸総攻撃があり得るかも知れない情勢下で、その攻撃軍を指揮する立場の西郷の前に立ちはだかったのは誰か。

それは、静寛院宮（和宮）と天璋院篤姫である。改めて述べるまでもなく、十四代将軍家茂の正室であった和宮は孝明天皇の妹であり、明治天皇の叔母に当たる。更に、実に悲劇的なことであるが、和宮は東征軍（薩長軍）大総督有栖川宮熾仁親王のかつての許婚である。

また、十三代将軍家定の御台所であった天璋院篤姫は、西郷が終生唯一の主君と仰いだ島津斉彬の養女である。つまり、この時点で西郷が代表している薩摩藩は、篤姫の実家なのだ。篤姫の将軍家への輿入れに際しては西郷自身も働いたわけであり、西郷にとって篤姫は、色濃く主筋の人であった。

この、徳川政権を倒すべく東上してくる勢力から徳川家へ嫁いだ二人の女性が東征軍に対する抵抗のシンボルとなったことは、文字通りドラマティックに運命の皮肉としか言い様がない。

しかし、西郷にとってはこの二人の女性のウエイト、この場合は攻撃するに際しての圧力となる重みに明白な差があったようである。

この時期の西郷の徳川慶喜に対する姿勢は、強硬の一語に尽きる。盟友大久保一蔵に対しても、慶喜の切腹処分を強く主張している。既に、ひたすら恭順の姿勢を示す慶喜について寛大な処置を求める嘆願書が、新政権でも議定を務めることになった世渡り上手な松平春嶽や、一貫して討幕に反対してきた山内容堂、そして静寛院宮その人からも、天璋院篤姫からも提出されていた。

これに対する西郷の大久保宛て主張は、如何にも「薩摩の武闘派」西郷である。

——慶喜退隠の歎願、甚だ以て不届千萬《ふとどきせんばん》、是非切腹迄には参《まいり》申《もう》さず候ては相済まず、（中略）然れば静寛院と申ても、矢張賊の一味と成りて——（『大西郷全集』）

現在からみれば驚くべきことに、西郷は先帝孝明天皇の妹和宮を指して、静寛院といっても所詮賊の一味に過ぎないとばかりの言い方をしているのである。これが「尊皇」を喚く薩長勢力の実の姿であって本来驚くに当たらないのだが、真逆の薩長史観で育てられたその後の日本人には驚愕する人もまた多いことであろう。

尊皇を喚く討幕勢力の朝廷利用の実態についてはここまでにも触れ、この先も触れざるを得ない場面が出てくるであろうが、いざ江戸城を攻撃するとなれば、静寛院宮がそこにいようといまいとお構いなしに、西郷なら躊躇なく砲撃したであろう。

ところが、東征大総督府と称していた東征軍の中枢はそうではない。やはり、静寛院宮には尋常ではない重みがあった。元の内親王ともなれば、それは元から尋常な人とは異質なのである。益して、先にも述べた通り、大総督有栖川宮熾仁親王にとって静寛院宮はかつての婚約者である。熾仁親王がどう考えようが、周囲がこのことに無頓着ではいられないのは当然である。このことは、平成の幕を引こうとしている政権内で〝流行っている〟卑しいとしか言い様のない「忖度」ということとは、新政権の政治的品性や正当性にも影響を与えかねない点で、全く次元の異なる話なのだ。

前節で赤報隊のことを述べたが、使い捨てであった赤報隊士を処刑した時、名目上の総責任者であった公家たちは誰も処刑されなかった。この時期、殆どが無能そのものであった公家とは、体裁上の頭として利用されるだけの、そういう形式としての存在に過ぎなかったのである。

東征大総督が有栖川宮熾仁親王であると共に、大総督府参謀には正親町公董《おおぎまちきんただ》と西四辻公業《にしよつじきみなり》が任命されていた。公家に純軍事的な参謀が務まるか。務まるわけがない。これもまたお飾りに過ぎない。そこで「下参謀」という、わざわざ「下」を付けた参謀が必要となった。西郷は、林通顕《みちあき》と共にこの「下参謀」に任命されたのである。そして、軍監を江藤新平が務めた。

大総督も参謀もお飾りに過ぎないとすれば、実権は当然「下参謀」が握ることになる。握らざるを得ないのだ。西郷が東征軍を率いてきたわけではなく、西郷が総督府を代表したわけでもないのだが、実質的には西郷が実権をもっていたと言って間違いはない。かといって、事の実相をあからさまにしようとする時には形式を無視することもできないのだ。

大総督府が、江戸での部分的な戦闘行為を覚悟していたとしても、江戸城総攻撃や徳川慶喜の処分について、西郷のように静寛院宮の存在や意向を全く無視することはできなかったと考えられる。

西郷には、別の感情があったはずである。静寛院宮ではなく、天璋院篤姫の存在だ。

繰り返しになるが、天璋院篤姫は養女とはいえ西郷生涯の主と言ってもいい島津斉彬の娘である。この主筋そのものの天璋院が城に留まった場合、西郷はこれを砲撃できるか。

薩摩の士風を殊更愛した西郷という男は、郷中で育まれた上下の秩序を重んじ、今日自分があるのは斉彬公の御恩という意識を強くもち続けている。久光に対する反駁《はんばく》もこの感情が底に流れていたからである。大恩ある方の娘に向かって、西郷は砲撃を命じることができるか。

生身の人間の感情とか気持ちに触れていると、それを裏付ける一次史料はあるかなど非難されそうである。そんなものは、ない。

はっきり言えることは、この例は別にしても歴史の実相を考える時に、往時の生身の人間の想いを推し量ろうとする姿勢は極めて重要であるということだ。但し、あらかじめ特定の立場に立つ教条主義の目でみてしまうと、歪曲が起こりかねない。難しいところであるが、私は、傍証の積み重ねは歴史を考える上では非常に重要で、有益であると考えている。

天璋院の方では、どう考えていたか。

実家である薩摩藩の、見知った西郷が、大将よろしく東征軍を率いて徳川慶喜討伐、即ち、徳川家討伐を目指して東上してくる。天璋院は、徳川家滅亡を防ぐべく、嘆願書を提出した。

実は、天璋院が慶喜のことを嫌っていたことは、よく知られている。この時点でも、それは変わっていなかったようであるが、事態は慶喜の好き嫌いを言っている場合ではない。徳川家の存続に関わることなのだ。慶喜に対する寛大な処分を求める天璋院の嘆願書とは、その心は徳川という二百六十年以上の永きに亘って政権を担ってきた誇るべき家の存続を願っての嘆願であった。

後述するような経緯で江戸城の明け渡しと上野戦争が終結した後、徳川家の駿河七十万石への移封が決まった。この時、天璋院は奥羽越列藩同盟の中核を成す仙台藩伊達慶邦へ宛てて書状を送っている。その書状に曰く、

——当五月十五日、薩長其外諸家之人数、上野東叡山へ理不尽に大小砲打かけ、勅額もこれ有り候中堂山門を初め、其外諸堂社本坊に至る迄焼払い（中略）御宝物其外重き御品々を掠《かす》め取り候次第、実々以て恐れ入り候次第、朝敵は申す迄にこれなく、神敵、仏敵、盗賊共の振舞と申すべし（中略）就中《なかんずく》、嶋津家は以之外なる風聞もこれ有り——

天璋院は、薩長藩兵が寛永寺を砲撃し、勅額が掲げられた中堂を焼き払い、更には寺の宝物を掠奪した行為は、朝敵であることは言うまでもなく、神敵、仏敵、盗賊の振舞いであると激しく糾弾している。

更に天璋院は言う。

――当節承り候えば、奥羽方は申し合わせ御尽力のよし、誠に誠に御頼母しき御事にて深く感じ入り候（中略）勿論、会津家へも其御方と力を合せ候よう頼み遣し候間、宜しく御相談之上、外忠義之諸侯を相催し、悪逆之者とも御退治下され、是非共是非共、当家再興相成り候よう、くれぐれ御頼み御嘆き申し候――

天璋院は、奥羽越列藩同盟が官軍を名乗る薩長軍を相手に抗戦していることを心強く思い、薩長軍を「悪逆之者」と断じて、その征伐を懇請しているのだ。そして、この書状から、会津藩松平容保へも同様の書状を送ったことが窺われる。また、列藩同盟の盟主輪王寺宮にも送られている。徳川家存続を願う天璋院の薩長軍への抵抗の気持ちは、必死なものであったのだ。

また、天璋院は、西郷へも尽力を依頼していたようであるが、西郷は「如何様にも御骨折り致します」と言っておきながら、

「其儘召に応ぜず逃げ去り候御次第、言語断長」

という次第で、天璋院は、大きな失望と怒りを露わにしている。

御一新後、天璋院が実家薩摩藩からの支援申入れを頑なに拒否したことは、よく知

られているエピソードであるが、それはこの書状にみられる天璋院の心情と整合性がとれており、単なるエピソードではなかったことが想像できるのである。

慶喜に対する寛典処分の嘆願と伊達藩、会津藩などへの書状とは、江戸城明け渡しを挟んで時間的に前後するものであるが、薩摩藩から嫁いだ天璋院の薩摩藩への怒り、薩長軍への抵抗の心情は、斯様にも激しいものであった。こういう天璋院の存在が、東征軍下参謀である西郷に江戸総攻撃の大きな阻害要因として心理的圧迫を加えたことは想像に難くない。

さて、江戸城の無血開城であるが、世に伝わるように、江戸へ侵攻してきた西郷が勝麟太郎（海舟）と会談して、両者互いにその人物たるを感じ、西郷と勝の度量によって実現したなどというものではない。結論だけを言えば、素っ気ない言い方になるが、端から血が流れる可能性は少なかった。とはいえ、何が起こるか分からないという可能性の問題で言えば、無事に想定通りの無血開城ということになったに過ぎない。

恭順を貫こうと決めた慶喜は、あくまで迎撃を主張する主戦派のシンボルとも言うべき小栗忠順を退け、会計総裁大久保忠寛《ただひろ》（一翁《いちおう》）と陸軍総裁勝海舟に東征軍との交渉全権を委任する。同時に、山岡鉄太郎（鉄舟）も用いており、この時期、慶喜自身が〝整然とした交渉団〟を構成したという史実はない。

後世からみれば、慶喜が大久保、勝、山岡を「並列的」に用いたことは不自然なことのように映るが、「鳥羽伏見」以降の慶喜の言動や打ち手には全く一貫性や整合性がなく、このことは前提として十分認識しておく必要がある。

そもそも慶喜は、真に勝海舟を信頼していたとは考えられない。元治元（1864）年十一月、軍艦奉行を罷免されて以降、一時的に復活したことはあったが、勝は幕政の中核からは外されているのだ。最終末段階に至って慶喜が勝を用いたのは、勝を薩長とパイプをもつ人物と認識していたからに他ならない。

このことは、山岡鉄舟についても同様ではないだろうか。山岡といえば、清河八郎直系の、骨の髄からの尊皇攘夷派である。慶喜にしてみれば、「薩長と話ができる人物」と映ったことであろう。

かくして、慶喜は大久保にも勝にも山岡にも直接「終戦交渉」を命じたと考えられる。

慶応四（1968）年三月五日、東征軍大総督府が駿府に到着し、翌日、江戸総攻撃の予定日を三月十五日と決定する。

三月九日、山岡鉄舟が駿府に到着、直ぐ、西郷との会談をもった。

このことについて、私は『大西郷という虚像』（悟空出版）において、

「勝と大久保が派遣した山岡鉄太郎が〜」

と述べたが、これをお詫びして修正させていただきたい。

改めて、『海舟日記』『氷川清話』（以上勝海舟）、『鉄舟随感録』（山岡鉄舟）、そして、山岡鉄舟研究会が提供してくださった例会報告『英国公文書などで読み解く江戸無血開城の新事実』（同会2016年2月例会報告）等々を検証すると、勝が山岡を派遣したということは考えられないという結論に至った。これ以前に勝と山岡は全く面識がなく、勝は大久保から、山岡が殺しに行くかも知れないという注意を受けていたほどである。これらの史実に更に山岡の義兄高橋泥舟《でいしゅう》の証言などを加味して考えると、山岡鉄舟研究会指摘の通り、山岡は慶喜から直々の命を受けて駿府へ赴いたと考えるのが妥当である。


慶応四（1868）年三月九日、駿府に着いた山岡は、直ぐ西郷と面談した。江戸総攻撃を前にした東征軍と幕府の、これが最初の会談である。

西郷・山岡の一部激しい談判を経て、大総督府側の、慶喜救済（死罪を免じる）のための条件七ヵ条（五ヵ条ともされる）が提示され、山岡がこれを江戸にもち帰ることになった。

つまり、東征軍サイドでは慶喜の死一等だけは免じることが、既に決定していたのである。前にも触れたが、西郷たち武力討幕派は、薩摩藩においても、その他諸藩においても元々少数派であって、「鳥羽伏見の戦い」では運良く勝利を収めた薩摩・長州ではあったが、一気に慶喜断罪までは踏み切れなかったのである。前述した静寛院宮や天璋院からの嘆願だけでなく、朝廷所縁《ゆかり》の人たちからの嘆願などもあり、大総督府としても慶喜を断罪した場合、諸勢力がどう転ぶか、全く自信をもっていなかったのだ。

では、山岡が江戸へもち帰った七ヵ条とはどういうものであったのか。以下が、その条項である。

一　慶喜は備前藩へ御預け、恭順謹慎致すべき事
一　諸侯、慶喜の暴動を助け候者、夫々謝罪の実効相立てるべき事
一　軍艦は残らず官軍へ相渡すべき事
一　兵器は一宇に差し出すべき事
一　城内へ住居候向は、向島へ引移り申すべき事
一　居城明け渡しの事

一　玉石共焼き候御趣意にはこれなく候間、一同暴動致すべからず、暴動致し候者は官軍にて取り鎮め候事

右謝罪実効相立ち候わば、徳川家名の儀は寛大を以て御沙汰之事

さて、どうであろうか。これが、大総督府から出てきた最初の条件である。いよいよ幕府と官軍の決戦、果たして戦端が開かれ、江戸は戦火に包まれるのか、といった、私たちが教えられてきた江戸開城間際の雰囲気がどこかに感じられるか。「備前藩へ御預け」という第一の条件だが、備前岡山藩主池田茂政が慶喜の弟であることから出てきたものであろう。しかし、岡山藩そのものは完全に長州派であった。駿府の会談において、山岡はこの条項には強硬に抵抗したようだ。山岡の主張は、主人である慶喜を差し出すこと自体を臣下として承服することはできないというものであった。

これについて西郷は、「朝命である」として突っぱねたが、山岡は朝命であっても承服しかねると譲らなかった。そして、もし島津公が今の慶喜の立場に置かれていたとしたら、あなたは君臣の情を無視して主人を差し出すことに同意するかと、論理ではなく情義の問題をもち出して訴えたようである。

「二才頭」体質の染みついた西郷という人物は、情義には脆《もろ》い。西郷は、この問題は自分が引き受けて取り計らうことを山岡に約してしまった。ここにも、西郷の「二才頭」体質がよく顕れている。その権限もないのに、自分が取り計らうという、大将的態度、親分的言動を取ってしまうのである。

どうやら先の六日の東征軍首脳会議で、慶喜には直接軍門に下って謝罪させるとの決議が為されていたようである。とすれば、「備前藩へ御預け」という条項そのものが、山岡の態度に心を動かされた西郷の独断である可能性すらある。

第二の「慶喜の暴動を助け候者～」は、眼目として会津藩を指していることは言うまでもない。それにしても、京で散々殺戮を繰り返すことによって公家を操り人形よろしく政争の道具とすることに成功し、江戸市中でも攪乱《かくらん》のテロを繰り返した単なるクーデター軍が、「慶喜の暴動」云々とはよく言ったものである。

第三条から第六条までは、当然といえば当然の条項であろう。実態はどうあれ、西郷と山岡の会談、その後の勝・大久保との会談とは、幼いながらも天皇を手中に収めて勝者となった者と敗者の、言ってみれば、妥結内容次第で終戦交渉になり得る停戦交渉なのである。従って、武装解除も城の明け渡しも、当然といえば当然の内容で、現実に附則的な第七条を除けば、江戸城の明け渡しは最後の条項に確認のように付けられているだけであった。山岡は勿論、勝と大久保も、江戸城明け渡し条項についてだけは、ひと言も異論を述べてはいない。

附則的な第七条では、平たく表現すれば「何でもかでも焼き払おうというのではないが、抵抗する場合は武力鎮圧する」とわざわざ付け足している。但し、ここに幕府サイドにとっては交渉の最大眼目であった徳川家処分のことが述べられていた。

このようにみてくると、終戦条件交渉、慶喜助命の条件交渉は、西郷と山岡の会談で殆ど煮詰まっていたのだ。

では、山岡がこれをもち帰った後の、世にも有名な西郷と大久保・勝の会談とは何であったのか。ひと言で言えば、それは「確認会談」であろう。

列強との条約交渉の際に幕府も直面した問題であるが、外交交渉とは同格の者が全権を委任されて行うものである。東征軍と幕府のこの交渉も同じことであって、双方の代表者の格（組織内の立場）が釣り合わなければならない。

この時点の山岡には、いわゆる肩書きというものがなかった。せいぜい慶喜の親衛隊とも言うべき「精鋭隊」の頭に過ぎない。「精鋭隊」は、幕臣の剣豪で構成された組織であったが、そのリーダーであるというだけでは公式には通用しない。

東征軍の「下参謀」という格と権限をもつ西郷としても、幕府精鋭隊の頭である山岡鉄舟なる者と斯《か》く斯く云々《しかじか》合意したと鎮撫総督府に報告するわけにはいかないのだ。起きていることが軍事クーデターであったとしても、クーデター軍が偽勅によってオーソライズされていたに過ぎないとしても、政争とその終結とはそれほど幼稚なことではないのだ。

即ち、江戸における西郷と大久保・勝との会談は、山岡との会談で合意した内容を確認するものであったと理解すべきであろう。実質的には山岡との間で合意に達していたとしても、西郷にとっても形式を採る必要があったのだ。その点で言えば、幕府会計総裁と幕府陸軍総裁が相手だとする形が成立すれば、西郷としても受け容れられる形式である。

東征軍と幕府の会談という点では第二回となるが、第一回の、西郷と勝・大久保の会談は、慶応四（1868）年三月十三日に行われた。山岡との会談の四日後、江戸総攻撃予定日の二日前である。この会談には、山岡も同席している。

山岡に提示された条項に対して、勝・大久保は、「お伺い」という形で反論、質問を西郷に投げている。勝・大久保にとっては、徳川家処分が中心となる最初の交渉であるから、大総督府の真意を確かめたかったのであろう。尤も、中には皮肉のような「お伺い」も含まれているが、その部分は恐らく大久保ではなく勝によるものであろう。

第一条、備前岡山藩への御預けについては、備前藩とは岡山のことか、それとも岡山藩江戸屋敷のことか、と確認している。確かに、大名家の江戸屋敷とは〝治外法権〟の認められたような場所であるから、慶喜が岡山藩江戸屋敷で謹慎したとしても「岡山藩へ御預け」ということになる。つまり、大総督府側＝西郷側の表現に不備があるのだ。

第二条、敵対した者への処分については、勝・大久保は、幕臣は徳川家の家臣であるから可能であるが、諸大名は家臣ではないから不可能、益して慶喜が将軍職を辞している今、「関係することはできない」と突っぱねている。これには、西郷も「問合の通り致すべく候」としか答えようがなかった。

第三条、第四条は、軍艦、兵器の差し出し、即ち、武装解除条項であるが、勝・大久保サイドは、軍艦とはどういう船舶のことを言っているのか、兵器とはどこまでの範囲のものを指しているのかと、これまた外交交渉なら当たり前のシビアな「お伺い」を立てている。

第五条は、城内からの引移り条項であるが、ここまでくると可笑しささえ込み上げそうな「お伺い」となる。

曰く、「城内」とは「郭内一円」のことか、それとも「和田倉・馬場先、内桜田、更に竹橋・半蔵門の内側」のことか、或いは、「本城西丸だけ」のことかと、まるで茶化すような「お伺い」となっている。

そして、第六条が「居城明け渡し」条項、即ち、江戸城の明け渡しであるが、ここだけ勝・大久保は、前述の通り何の「お伺い」も立てず、「畏《かしこ》み奉り候」の一言で済ませている。敗者が城を明け渡すのは当然であるから、勝・大久保にしても何も問題にすることはないのだ。

第七条で触れられている徳川家名のことについては、勝・大久保は一転、厳しい「お伺い」を西郷にぶつけている。

曰く、「寛大」と言うが、それは具体的にどれほどの「見込」なのか、徳川麾下の者たちを説得しなければならないから予《あらかじ》め聞いておきたい、内容次第では押さえ切れないだろうと言う。幕臣たちが暴発寸前にあったことは、決して勝のハッタリでも何でもなく、この時期の実情であった。

第二回会談は翌十四日に行われ、勝・大久保は、前日の七ヵ条を受けた嘆願書を西郷に提出した。

その嘆願内容の主要なポイントは、

・慶喜は岡山藩ではなく水戸藩預かりにして欲しい
・軍艦兵器は徳川家でまとめておき、徳川家で必要な分を除いて引き渡す
・江戸城は明け渡すが、明け渡したら即、一門の田安慶頼《よしより》に預けて欲しい
・敵対した幕臣への処分は寛大にして欲しい

というものであった。これを嘆願と言うべきかどうか、実に不思議な「敗軍の嘆願」と言うべきであり、岡山藩か水戸藩かという点以外には、さほどの真剣みは感じられない。

しかし、西郷はこれを受け取ると、翌日の総攻撃を延期する旨を通告し、大総督府が駐屯している駿府へ引き返していったのである。更に西郷は京都へ裁可を仰ぐために、急ぎ戻った。京都着は三月二十日。

いつもながら驚くのだが、西郷という男は非常にフットワークが軽い。江戸へ入ったのが三月十一日で、十三日に勝・大久保と第一回の会談をもち、翌十四日第二回会談、即日江戸を発ち、駿府大総督府へ立ち寄った後、二十日にはもう京都へ帰着しており、西郷のスピードに引っ張られたように朝廷では同日総裁・議定・参与による三職会議が開かれ、勝・大久保の提出した嘆願書の内容について検討に入っている。中

心課題は、やはり徳川家の処分問題であった。

余談ながら、西郷の身長は百八十センチ、体重は百十キロということが、推測値ではあるが確定的に定まっている。江戸末期の男性の平均身長は百五十七センチ前後というのが定説であるから、かなりの大男であったことになる。勿論、体形と行動力は無関係であるが、西郷のフットワークの軽さと彼の体形との間に、私は常にギャップを感じるのである。

三職会議では、例によって岩倉具視が六ヵ条の対案を出すなど、それなりの議論があったようだが、三職会議の結論、即ち、朝廷サイドの結論は、主要点については以下の通りとなった。

・徳川慶喜は水戸藩お預けとする
・明け渡し後の江戸城の管理については東征軍大総督府にて決定する
・軍艦武器はすべて没収し、必要分は後日大総督府より下げ渡す

つまり、勝・大久保の嘆願は、慶喜の水戸藩へのお預け以外はすべて却下されたことになる。このことを以て、朝廷サイドの結論は幕府にとって厳しいものであったと

する見方が大勢であるが、私はそうは思わない。

この交渉は三月に行われているが、この一月に幕府は「鳥羽伏見の戦い」で薩長軍に敗北している。つまり、形は勝者が薩長軍、即ち、東征軍であり、幕府は敗者である。勅書を偽造しようが、偽の錦旗を創ろうが、勝ちは勝ちであり、薩摩と朝敵であった長州は、逆に慶喜に朝敵というレッテルを貼ることに成功したのだ。

つまり、政治的にも押しに押されていた薩摩・長州の大逆転勝ちとなったのである。その僅か二ヵ月後に行われたこの交渉は、いってみれば降伏文書をめぐる交渉であったとも言えるだろう。

だとすれば、慶喜を実家である水戸藩へ預けることに同意するとは、実に寛大な降伏条件ではないか。明け渡し後の江戸城管理を大総督府が行うのは当然であるし、誰かに委託するにしても勝者である大総督府が決めて当然である。武装解除後の武器の「必要分」の下げ渡しについても、勝・大久保の嘆願書の逆の流れで下げ渡すという形式論に過ぎず、そもそも敗者が「必要とする」武器とはどういうことか。

つまり、勝者サイドの頭も、まだ徳川幕藩体制から完璧には切り替わっていないのである。徳川家を将軍職から引きずり下ろしたとはいうものの、各藩には当然武器は必要というような感覚がまだ残っていたとしか考えられないのだ。

更に、決定的な背景要因を理解しておく必要がある。

ひと言で言えば、ここでも東征軍の弱腰が目立つということだ。京都を出た頃の東征軍は、軍としての体裁を為していないような弱体の目立つ軍であったが、東征していくに従って、次第に体裁だけでなく軍としての質も強化されていった。しかし、それでもなお、江戸侵攻のこの時点では、幕府軍は艦隊を核として強力であり、東征軍は勝者としての自信をもっていなかったのである。東征軍が勝者として振る舞うようになるのは、上野戦争終結後のことになる。

西郷が、回答書をもって再び江戸に入ったのは四月二日。江戸城管理は、尾張藩に委託されることとなった。

言うまでもなく、尾張藩は御三家の一つである。しかし、長州征伐の際にも全く徳川の役に立とうとしなかった前々藩主徳川慶勝《よしかつ》は、議定を務めるほどの、実質的には〝討幕派〟と言ってもいいような存在であった。しかし、曲がりなりにも元御三家、その点では尾張藩が江戸城管理に当たるという措置は、勝・大久保の顔を立てることになるだろうという、総督府サイドの配慮があったかも知れない。

四月四日、東海道先鋒総督橋本実梁《さねやな》が勅使として江戸城へ入城した。

西郷が京都から持ち帰った総督府＝朝廷サイドの決定を受諾するか拒否するか、その回答期限は自ずと江戸城が引き渡される四月十一日となった。もし、勝・大久保が拒否すれば、最後の武力行使となる。実は、この時が東征軍と幕府双方にもっとも緊張が高まったタイミングであったのだ。

軍艦・兵器の引き渡しに応じたものの、武装した陸軍兵が続々と脱走していた。ある隊に至っては隊ごと武器をもって脱走している。軍艦も既に二艘が脱走。協定は、実質的に骨抜きにされていた。

勝・大久保は、江戸城明け渡しの前日、即ち、四月十日、大総督府参謀・長州藩木梨精一郎に対して、このような状況であるから明け渡し当日にすべての兵器を引き渡すのは不可能、予め了解願いたいなどと申し入れている。

当然、木梨は怒る。軍艦が脱走したといっても、範囲は「地球上に限られる」のだから探索しろなどと、無茶苦茶な話になってくる。勝・大久保はそれでも、東征軍が直接出てくれば必ず武力衝突となるからここはひとつと、木梨をなだめる。

木梨にも、自分たちは勝者＝官軍であるという意地がある。十一日の江戸城入城に際しては、一戦を覚悟して臨むという姿勢を示し、これを各部隊に発令して、当日は午前八時駐屯地を出陣、全軍桜田門から江戸城へ入城した。

幸いなことに当日は何事も起きず、江戸城明け渡しだけは無事に完了したのである。上野寛永寺で謹慎していた慶喜は、寛永寺を出て実家の水戸家へ落ちて行った。東征軍大総督有栖川宮熾仁親王が江戸城に入ったのは、四月二十一日のことであった。

これが、江戸城無血開城の経緯である。事態は、この後まだしばらく渾沌とする。しかし、どこからみても、江戸城無血開城とは、敗者の対応とすれば本来そういうものであり、結果として偶々《たまたま》無血で済んだだけであって、決して語り継がれてきたような麗しい物語はどこにも存在しないのだ。

江戸城 桜田門

西郷と勝の心を開いた会談によって成立した開城でもなく、そもそも会談は二人だけでは行われていない。大久保はこの交渉においては勝と同格であり、会談には山岡も同席している。

そして、既にお気づきであろうが、条件交渉において西郷の意向が条件に反映されたかといえば、そもそも西郷にはその権限が付与されていないのだ。下参謀として東征軍を代表する形式にはなっているが、下参謀の上には参謀がおり、更に上には総督がいる。その大総督も、「大」を付してはいるものの、当然京都の朝廷の意向に従って動いている。そういう組織体制であったからこそ、西郷はフットワークを軽くして、裁可を得るべく走り回ったのである。

ただ、独断癖のある西郷が先走った面が認められ、そのことがこれ以降の新政権内での西郷の立場を悪くしたことは確かである。とはいうものの、語られてきた江戸城無血開城とは、殆どフィクションに近いと断じていいだろう。

なお、西郷は、英国公使パークスの圧力に屈して江戸総攻撃を中止せざるを得なかったというもっともらしい説が幅広く語られるが、結論だけ述べれば、パークスの圧力などというものは存在しない。このことについては、次章に譲りたい。

第五章　明治復古政権の成立と腐敗

1 戊辰戦争終結と英国公使パークス

東征軍と幕府との間の降伏条件の一部が実質的に骨抜きにされてしまったとはいえ、江戸城の明け渡しによって、事実上、政権交代が実現したことは天下に明らかになった。武家政権が城を明け渡せば、それはそこで敗北である。敗者は、事実、真実とは無関係に勝者によって裁かれることになる。

江戸城無血開城という麗しい物語も、勝者がその勝利の瞬間に彩りを添えるべく、歪曲、捏造の類を加えてドラマティックに創作したものである。そして、これは「大西郷伝説」創作の重要な一部分でもあるのだ。

城明け渡しの実態は、前章7節で述べた通りであるが、西郷隆盛という虚像の成立を正しく理解するためにも若干補足しておきたい。

江戸城明け渡しに際して行われた西郷と勝・大久保の〝確認会談〟の場で、西郷は翌日に予定されていた総攻撃を延期することを通告した。延期とはいうが、事実上の中止である。

勝・大久保が、降伏条件についての会談において、この西郷の決断を引き出すような懇願とか何らかの譲歩を行ったかといえば、それは全くなかった。そして、総攻撃中止に論理的に結びつく徳川慶喜の処分、徳川家処分の結論が、朝廷サイドで既に出ていたことも述べた通りである。

ところが、近年盛んに指摘されることは、総攻撃中止は英国公使パークスの圧力を受けたものだということだ。

確かに、薩長討幕勢力は、イギリスの支援を受けて討幕に成功した。「鳥羽伏見の戦い」から「箱館戦争」に至る大小幾つかの戦場で、討幕勢力が使用した銃の中で、死の商人グラバーの世話にならなかった銃が一体何丁あったろうか。

そういう背景を考えれば、西郷にパークスの圧力がかかっていたと言われれば、話としては非常に分かり易くなるであろう。しかし、断定して述べるが、そういう事実はない。

勝・大久保と西郷の会談は、慶応四（1868）年三月十三日と十四日であった。まずこの日付を常に頭に置いて考えていただきたい。

パークスが、明治天皇への謁見などを済ませ約三ヵ月ぶりに横浜へ戻ったのは、駿府で西郷・山岡会談がもたれた前日の三月八日である。この時点で東征軍は北陸道、東山道、東海道三方面から江戸に向かっており、大総督有栖川宮熾仁《たるひと》親王から三方面先鋒総督に対して三月十五日を以て江戸総攻撃という命令は発せられていた。

西郷が山岡と会談した三月九日の時点で、既に横浜には東征軍先遣部隊の兵が多数入り込んできた。パークスは、将軍のことを「大君」、天皇のことを「御門《みかど》」と記録しているが、彼の表現では「御門の軍隊の乱雑な、規律が整然としているとは言い難い兵士」が入り込んできたのである。戊辰戦争における「官軍」とは、奇兵隊だけでなく、前線を担う兵には乱暴狼藉者が多かったのである。

放置すると、居留地だけでなく日本人町も掠奪、放火などいわゆる「乱獲り」同様の被害に遭う危険があった。そこでイギリス公使館は、第九連隊の出動を要請し、横浜に通じる主要な入口に兵士を展開させて防衛に当たったのである。

同三月九日、神奈川奉行水野若狭守良之がパークスを訪問、横浜の行政権を東征軍側に渡す用意はできているが、相手がまだ到着しないこと、横浜に乱入している東征軍の兵を取り締まる力が既に奉行所にはないことを告げ、東征軍雑兵たちの乱暴狼藉を謝罪している。

これを受けて、横浜在留の各国代表が協議、各国が軍を出動させ、幕府と共同で日本人町を含む横浜要衝を占拠し、東征軍兵士の横浜立ち入りを阻止することで合意、これは三月十一日から実施され、四月二十日まで続けられた。

同じく三月九日、パークスは、アーネスト・サトウを情報収集と探索のため江戸に派遣している。サトウの報告がもたらされたのは三月十六日、その主たる内容は以下の通りである。

・御門の軍（東征軍）の先鋒は江戸に着いている。その前哨地点は、東海道の品川、甲州街道の新宿、木曽街道（中仙道）の板橋。
・幕軍小部隊との間で幾つかの戦闘が起きている。
・少人数の薩摩・長州兵が江戸市中を練り歩いている。
・三月十五日、薩摩兵がイギリス公使館に近い薩摩屋敷を再び占拠した。
・大総督有栖川宮は、沼津にいると言われている。
・会津藩松平容保《かたもり》公は、会津へ帰った。
・その他諸大名も領国へ帰るか、恭順の実を示すために上洛した。
・旗本は、半数以上が江戸から去った。
・江戸市中では、薩摩御用盗の記憶もまだ生々しく、江戸が火の海になるのではと人びとは不安におののいているが、商人はまだ店を開けている。

この報告は、おかしいと気づく方が多いことだろう。そうなのだ、西郷と勝・大久保の会談に関する情報が何もないのである。

このことは、サトウが勝・大久保が幕府を、西郷が東征軍を代表して双方の会談がもたれていることをキャッチしていないことを示すものと考えるのが普通であろう。西郷も勝も、サトウにとって旧知の人物である。その二人が会談していることをキャッチしていて、それに触れない探索報告などというものはあり得ない。サトウがこのことを知らなかったとすれば、パークスは勿論知る由もないであろう。

幕府に代わる新政権が誕生するとすれば、パークスとしては、「連絡をとるべき責任者は誰か」が問題となる。パークスがサトウを江戸に派遣したのも、恐らくその手がかりが欲しかったからであろう。

また、西郷と勝・大久保の第一回会談がもたれた三月十三日、パークスは、新政権の代表を横浜に派遣することを要請するため、イギリス軍艦ラットラー号を大坂へ派遣している。このことは、駿府まで進軍していた大総督府とはまだ接触がなかったことを示している。パークスにとっても、西郷は旧知の人物であったが、ラットラー号が大坂へ向かった日、西郷は江戸で勝・大久保と会談をもっていたのだ。つまり、この時点でパークスは、西郷が東征軍下参謀を務めていることを知らなかったはずである。

このような事実関係を考えれば、慶喜処分や江戸総攻撃について、パークスが西郷や東征軍総督府に圧力をかけることは不可能である。それ以前に圧力をかけておいたとすることも不自然である。

萩原延壽氏は、このあたりの経緯を『遠い崖―アーネスト・サトウ日記抄　江戸開城』（朝日新聞出版）において細かく検証しているが、氏が検証素材としているのは、『岩倉家蔵書類』（東大史料編纂所）、『江城《こうじょう》攻撃中止始末』（史談会速記録）、『横浜情実』（改訂肥後藩国事史料）『橋本実梁陣中日記』（日本史籍協会）などである。ここでもっとも問題となるのが『江城攻撃中止始末』である。

ラットラー号が大坂へ発った翌日、三月十四日、東海道先鋒総督参謀木梨精一郎（長州藩）がパークスを訪れた。

二人の間で交わされた話は、横浜を外国軍隊が防衛している件であったようで、木梨はこれに納得し、東征軍兵士が横浜に流れ込まないように各部隊指揮官に伝達することを約束したようである。

ところが、大村藩の渡辺清左衛門という人物が木梨に同行してパークスと面会しており、後年彼が語った話をまとめたものが『江城攻撃中止始末』であり、この内容が後々、現代に至るまでパークスの圧力というものを飛躍して論じる根拠となってしまうのである。

渡辺の談話は、おおよそ以下の通りである。

——其《その》恭順して居るものに戦争を仕掛けるとは如何と云う。（中略）孰《いず》れの国でも恭順即ち降参というものに向て戦争せねばならぬということは無い筈、其上一体今日は誰から命を承《う》けて来られた乎《か》。大総督から。それは如何なること乎。斯様々々。其人は何所《どこ》から命を受けた。朝廷。朝廷とは何物乎。斯様々々と云う。（中略）居留地は如何なるものかということは御存知でしょう、若《も》し其国に戦争を開くならば、居留地の人民を統轄して居る所の領事、之れに政府の命令というものが来なければならん、それに今日まで何の命令もない、又素《もと》より命を発するに際しては居留地警衛という兵が出なければならぬ、其手続が出来た以上に戦争を始むるべき道理、斯くありてこそ始めて其国に政府があるというものである、然るに夫等《それら》の事は一つもして無い、それ故自分は無政府の国と思うのである。（中略）又御見掛け通り居留地に貴国より警衛の兵も出してない、（中略）それ故に仕方がないから、我海軍兵を上陸さして居留地を守らして居る、彼《か》の赤い衣服を着たものがそうでござる、斯様な乱暴な国が何所にあるものかと、実に一言もない論でありまして、吾々はそれに対して言う事が出来なかったけれど――

渡辺の談話は続く。

――木梨と横浜で別かれて、馬に騎《の》り切って品川に着したのは、今の午後二時頃であった。直ぐ西郷の所に行きまして、横浜の模様を斯々《かくかく》といいたれば、西郷も成る程悪かったと、パークスの談話を聞て、愕然として居りましたが、暫くしていわく、それは却て幸であった、此事は自分からいうてやろうが、成程善しという内、西郷の顔付はさまで憂いて居らぬようである。――

萩原氏は、西郷には外交経験の蓄積があり、討幕勢力の中でパークスやサトウの考え方を熟知していた人物の一人であったと説く。

確かに、薩摩藩とイギリスは裏で密接に結びついていたし、西郷自身、パークスやサトウとは何度も会っている。パークスが、内戦の長期化を望んでいないことや、慶喜の大政奉還を高く評価していたことも当然知っていたであろう。

こういう背景も「パークス圧力論」を生む要因であろうが、派手なことではないので余り語られない重要な事実がある。それは、東征軍大総督府が京都を出発する二月の半ば、岩倉・大久保・西郷などの東征軍首脳部の間で、既に三ヵ条の降伏条件案ができていた可能性が高いということだ。

その三ヵ条とは、慶喜の恭順がもし偽りのないものであった場合は、死罪を免じ寛大な処分を下すこと、備前藩へ御預けとすること、軍艦武器の差出しは勿論、江戸城を明け渡すことである。つまり、西郷が山岡へ提示した条件のベースとなるものだ。

萩原氏は、西郷が「静寛院宮といっても所詮賊の一味」などといって、激しく武力討幕を主張したのは、遅れていた「討幕令」の発令に業を煮やし、それを促したものであると分析し、次のように整理している（『遠い崖―アーネスト・サトウ日記抄 江戸開城』）。

一、会談が行われた三月十三日、十四日の段階で、勝とパークス或いは勝とサトウは接触していない。

一、パークスの発言が十四日の第二回会談前に西郷の許へ届いたことはあり得ない。会談の直後なら届いた可能性はあるが、その場合は、西郷に対する圧力がかかったことにはならない。

一、仮に、会談前に届いたとしても、西郷にしてみればその内容は予測できたはずで、自分の考えとパークスのそれに大きなギャップはなく、西郷が感じたとすればそれは「圧力」ではなく「安堵感」であったであろう。

私が、萩原氏の分析や洞察を多少詳しく引用するのは、私もほぼ同じ見方をしているからである。

つまり、ここで考えなければならないことは、西郷が慶喜の助命と江戸総攻撃の中止を決めていたとすれば、その障害となるものは何であったかということだ。

それは、他でもない自分が率いてきた東征軍そのものではなかったか。北陸道、東山道、そして、東海道と三方面から東へ、東へと進軍してきた東征軍。特に、東山道、東海道の先鋒軍は、鳥羽・伏見における戦勝の勢いと益々高揚する戦意をみなぎらせて、ひたすら江戸総攻撃を目指して東進してきている。総攻撃目前で、西郷を含む中枢が慶喜処分について寛大な措置を採ることを決めており、それに伴って江戸総攻撃を取りやめたら、まだ組織として固まってもおらず、単に「勢力」の段階に過ぎないこの戦闘集団はどういうことになるか。四分五裂ということはないにしても、徳川に代わる一つの新政権を創る上で大きな障害を生み出すことは十分考えられたことである。

三月十四日夜、西郷は勝・大久保との第二回会談において言明した通り、翌日に予定されていた江戸総攻撃の中止命令を、東海道、東山道先鋒総督に通知した。忽ち、東山道先鋒総督参謀の乾退助《いぬいたいすけ》（板垣退助）がすっ飛んできた。先の渡辺談話（『江城攻撃中止始末』）は、このことにも触れている。

——退助が真先に西郷の所に参っていうに、何を以て明日の攻撃を止めた乎、勝が罷出《まかり》るということは窃《ひそ》かに聞いたが、彼れがいうたとて止めるというはどういうことである乎と、如何にも激烈の論を致しました。西郷のいうに、先ず待て、茲に一つ吾れに欠点がある。それはこの席にある渡辺が横浜へ参り、先ず斯よう〱である、どうも之れに対しては仕方がない。そこで板垣もなる程仕方がない、それなら異存をいうこともない、それでは明日の攻撃は止めましょう、実は明日やらなければならんと思うて参ったというて、板垣は帰りました。——

推測している。

先の渡辺談話を思い返していただきたい。これについて萩原延壽氏は、次のように推測している。

——「仰天」した木梨は横浜から駿府の大総督府に走り、おなじく「仰天」した渡辺は江戸の西郷のもとに馬を飛ばした。しかし、（中略）西郷が真に「仰天」したとは到底思えない。やがて西郷は「それは却て幸であった」といったというが、それはパークスの発言が江戸攻撃の中止に利用できると、咄嗟に判断したからに他なるまい。——（前出『遠い崖　江戸開城』）

萩原氏は、西郷を「高等戦略家」ともち上げ過ぎるきらいがあるが、パークスの圧力ということに関しては、私も概ね氏の推測通りではないかと考えている。

単純な武断派とも言うべき板垣でさえ、パークスが怒っているというだけであっさりと引き下がるのだ。パークス＝イギリスの意向は、討幕勢力にとってそれほど影響力をもっていたということである。

なお、パークスが「慶喜が望めばその亡命を受け入れる」と語ったのは、あくまで万国公法上の一般論として言ったに過ぎない。

西郷は、江戸で勝・大久保と会談し、大久保がまとめた対案の裁可を得るべくまた駿府へ戻り、更には京まで走るのだが、往きも帰りもパークスのいる横浜へは立ち寄っていない。これは、果たして偶々《たまたま》そうなったに過ぎないのであろうか。萩原氏の言うような「高等戦略家」であったとは思わないが、西郷が「策謀家」であったことは事実である。「パークスの圧力」なるものを自軍に対して存在たらしめるには、パークスに会わない方が都合がよかったこともまた事実であろう。

さて、江戸開城の段階になると、在日外交団の主役は当然パークスであったが、一貫して幕府を支えようとしてきたフランス公使ロッシュはどういう状況にあったか。

彼は、やはり「敗者」ではあったが、最後まで「この内戦の行方はまだ分からない」という〝希望〟を抱いていた。パリに滞在している幕臣栗本鋤雲《じょうん》に宛てた手紙にも、「旧政権の未来にはまだ希望がある」と記している。

ロッシュは、奥羽越列藩同盟が成立した翌日、約四年の任期を終えて横浜から帰国の途につくが、最後まで「まだ分からない」と信じ続けていた根拠の一つが、やはり会津藩の存在であったことは容易に想像できる。

慶応四（1868）年四月四日、勅使橋本実梁《さねやな》、同柳原前光《さきみつ》が江戸城へ入城、徳川家への御沙汰書を公式に伝達した。ここに、徳川幕府は終焉を迎えたのである。

そして、四月十一日、江戸城は開城、この日の早朝、第十五代将軍を務めた徳川慶喜は水戸へ向かって江戸を後にした。

なお、勅使橋本実梁とは、東海道先鋒総督に担がれた公家であり、同じく柳原前光は副総督を務めた。先鋒総督、副総督とは、あくまで戦時中、即ち、戊辰戦争中の立場であって、四月四日の立場は勅使である。

つまり、公式に徳川幕府が消滅したこの時を以て戊辰戦争は終結した。戊辰戦争とは、討幕戦争であったからだ。そして、薩長を核とした討幕軍は、勝利者として官軍となり、朝廷は新しい政権の担い手となったのである。

即ち、戊辰戦争とは幕府が公式に消滅し、軍事的には江戸城が明け渡された慶応四年四月を以て終結したとするべきなのだ。

薩長による討幕の後ろ盾となったイギリスは、公使パークスが既に「大政奉還」直後に大君（将軍）宛てに代えて天皇宛ての信任状を本国政府に要請しており、幕府消滅の四月には既にパークスの手許に届いていたのである。あとは、これを朝廷＝天皇に提出するだけであった。パークスは、四月七日にケッペル提督に信任状提出のために大坂へ向かうことを告げ、それをより華やかなイベントとすべく、イギリス艦隊の大坂集結を要請している。

また、慶喜助命の裁可を得た西郷は、江戸へ戻る途中、三月二十八日、横浜へ立ち寄りパークスを訪ねている。もう、事は実質的に完結したとの気持ちがあったのであろう。事実、その通り、東征は完了していた。

この時、西郷は、パークスに、

・御門（天皇）は前大君（慶喜）の一命を要求しない

・前大君に京都攻撃（鳥羽伏見の戦い）をそそのかした人びと（会津藩、庄内藩）についても、同様の寛大な処置が施される

ことを言明している。

幕府から政権を継承するための公式なセレモニーが完了し、パークスの状況、西郷の言動など、どこからみても討幕戦争はここで終結しているとみられるのだ。

そこで新たな課題が浮かび上がるのだが、それでは、この約四ヵ月後に行われた会

津戦争とは何であったのか。

これまでの一般の理解に従えば、会津戦争とは、箱館戦争がそうであるように、「戊辰戦争」と総称されてきた薩長主導の討幕勢力による討幕戦争の一部であった。

しかし、述べてきたように、「戊辰戦争」が「討幕戦争」であるとすれば、それは江戸開城を以て終結している。この時点で「討幕」は完了しているのだ。

このような言葉の定義に関わる話は、学者と呼ばれる方々にお任せすべきであり、西郷の実像を描こうとする本書の主旨からも外れていると思われる。

そのことを承知で敢えて、ロッシュが希望を託した会津についてひと言加えたのは、私の基本的なスタンスを改めて確認しておきたいからである。

そもそも俗にいわれる「明治維新」というムーブメントは民族としての過ちではなかったかと疑い、長い時間軸を一本引いて、今を生きる日本人にとって都合のいいことも悪いことも、隠さず誇張することもなく、莚《むしろ》に梅干しを天日干しするようにその線上にあからさまに晒してみようと考える私にとって、西郷の実像を描くという作業は避けて通れないものである。

別の言い方をすれば、「大西郷」という虚像を剥いで彼の実像を描くことは、「明治維新」の実相を描くこととほとんど同義と言っていいほど考えるべき事柄がオーバーラップするのである。そのような視座から、敢えて「会津戦争」に対する認識に簡潔に触れておくが、「戊辰東北戦争」とも呼ばれる会津戦争は、「戊辰戦争」と切り離して考えるべきなのだ。これが、私の指摘しておきたい結論である。

大英帝国駐日公使パークスのひと言には敏感に反応する一方で、既に徳川幕府が消滅しているにも拘らず、私怨を晴らすための全く大義も名分もない戦を仕掛け、会津城下において我が国の歴史に消すことのできない残虐非道な行為の傷を付けた薩摩・長州、そして土佐。指揮を執った長州山縣有朋、薩摩伊地知正治、土佐板垣退助の戦争犯罪人としての「始末」は、まだ済んでいない。言うまでもなく、このことに関する西郷の戦争犯罪も無視することはできないのである。

2　賞典禄というご褒美

明治新政権を成立させた「恭順」とは、なかなかセンシティブな言葉である。英国公使パークスなどは、これを「降伏」と同義に解釈していたフシがあり、それは間違いであると一蹴することはできないが、二重丸の正解とも言い難い。広辞苑を引くと「つつしんで従うこと。心から服従すること」とある。そうなのだ、心底からの敬意、尊崇の念を伴った降伏でないと「恭順」とは言えないのである。

この「恭順」という現象がなければ、軍事クーデターを起こした薩摩・長州が討幕に成功するということはなかったはずである。テロは確かに絶大な効果を発揮したが、テロだけで新政権が成立するということはなかったであろう。

戦国の世から、戦に勝った陣営は戦功のあった配下の者に恩賞を与えるのが常であった。論功行賞と言われる「査定」による褒賞《ほうしょう》である。敵の首を胴回りにぶら下げて戦場を駆け回っていたのも、薩摩兵が倒した敵兵の鼻を削り取ったのも、恩賞を得るためにそれが必要であったたからだ。殺した敵兵の数や値打ちを査定においてカウントしてもらうためであった。

戦場で奮戦して、より多くの敵を殺し味方の勝利に貢献したというのに、大将が恩賞を与えることによってそれに報いるということをしなかったら、或いはできなかったら、配下の者は平気で大将を見限り、離れていったものである。鎌倉期などは、こういう点では武士集団というものは非常に合理的な側面をもっていた。主従関係というものは契約関係に近かったと言ってもいいだろう。

そのことはさておき、討幕戦争においても論功行賞が行われた。前節で述べた通り、「戊辰戦争」の範囲は修正すべきであると考えるので、従来の「戊辰戦争」をここでは「討幕戦争」という言葉に便宜上置き換える。あくまで、便宜上である。

論功行賞とはいっても、討幕戦争後のそれはさすがに鎌倉期や戦国期の恩賞とは形が異なる。平たく言えば、敵の首の数や質によって行われたものではないということだ。

薩摩・長州の討幕勢力は、当初自分たちが軍事的には幕府に劣ることを十分認識していた。先にも述べたが、錦旗を偽造し、勅許までをも偽造して臨んだ「鳥羽伏見の戦い」において、開戦直前に西郷・大久保は、天皇の逃げ道を準備していたほどである。この逃げ道の事前探査と鎮撫に走らされたのが、後に「最後の元老」と言われた、若かりし西園寺公望《きんもち》であった。

西園寺はこの時、数えで二十歳。薩長の兵二百と大砲二門を与えられ、洛北・山国荘方面へ走ったのである。京を出たのが正月五日早朝、西園寺たちは昼の弁当も用意していなかったというから、三日に開戦した「鳥羽伏見の戦い」という局面で天皇を脱出させるということが、如何に緊急に、非常案件として検討されていたかが分かる。

討幕戦争とは、それほどきわどい戦であったということだ。そこで「恭順」という概念が行き渡っていなかったら、江戸開城まですんなりと進めたかどうかは極めて疑問である。江戸期の読書人階級である武家の間に、古学の系譜を引く国学やその他諸学が高いレベルに達していたという文化的背景があってこそ「恭順」という現象が雪崩を打って現出したわけであり、この文化的要因が討幕を成功させた最大の要因であろう。

このことが、戦後の論功行賞である「賞典禄《しょうてんろく》」にも表われている。

「賞典禄」には永世禄、終身禄、年限禄の三種類があった（ごく一部ではあるが「一時禄」なるものがあり、厳密には四種類）。いずれも家禄とは別に与えられた、言ってみれば〝ボーナス〟のようにも受け取れるのだが、支給期間に幅があり、その支給期間の幅によって三種類に分けられたことを思うと、これはボーナスとは言えない。やはり、恩賞としての加増と同じ性格のものであると解すべきであろう。

永世禄は、無期限に給付されるもので、当然子孫へ受け継がれる。本人一代限りのものが終身禄、一定年数と限られて支給されたものが年限禄である。

実態は、殆どが永世禄であった。数字でみると、永世禄の総計が約八十一万石、終身禄が七千石、年限禄が八万五千石であったから、全体で九十万石のうち九割が永世禄であった。

幕府が倒れ、明治新政権が誕生したというのにまだ「石」で褒賞を与えたのかと素朴な疑問を抱く方も多いかも知れないが、世が明治になったとはいえ、西南戦争あたりまで、即ち、世代わりから十年ほどは社会の様相は江戸期と余り変わっていなかったのである。突出して目立つ政治体制のみを観察すれば、「近代化」された、などと錯覚するであろうが、それとて列強の模倣に終始しただけであり、庶民の生活に至っては、殆ど江戸期のままと考えていた方が歴史理解としてはよほど正しいと言っていい。

余談ながら、私の少年時代、即ち、我が国がアメリカに占領されていた時代とはこの世代わりから八十年ほど経った頃であるが、当時の田舎の生活とは江戸期そのままと言っても過言ではなかった。

このことは別の著作に詳しく書いたが、我が家には、夏でも扇風機などはなく、団扇《うちわ》のみであり、冬は炭火火鉢のみであった。トイレの糞尿は、各戸で汲み出して田圃に運んで肥料として使っていたし、夏の夜は蚊だけでなく、蛾から黄金虫《こがねむし》、カブトムシに至るまで、さまざまな生き物が隙間だらけの家の中に飛び込んできたものである。おおよそ四十戸の村の中に、現金と引き換えに何か物を売るという店は、一軒も存在しなかった。今でこそ「里山」などと麗しく表現するが、昭和二十年代の里山（当時はそのような表現はなかった）では、〝文明〟とは無縁かと思われるような生活スタイルが厳然と生きていたのである。しかし、今となるとそれが如何にサスティナブル（持続可能）な生活スタイルであったかを思い知らされるのである。

そのことはさておき、「賞典禄」であるが、どういう人物がどれほどの「賞典禄」を与えられたか、ほんの一例を挙げると以下の通りである。

島津久光・忠義（薩摩）　十万石

毛利敬親・元徳（長州）　十万石
山内豊信・豊範（土佐）　四万石
大村純熙《すみひろ》（大村）　三万石
真田幸民《ゆきもと》（松代）　三万石
島津忠寛（佐土原）　三万石
藤堂高猷《たかゆき》（津）　二万三千石
鍋島直大《なおひろ》（佐賀）　二万石
井伊直憲《なおのり》（彦根）　二万石
浅野長勲《ながこと》（広島）　一万五千石

薩摩・長州は、天皇の名を使って「己に対するご褒美」を支給した格好であるが、譜代筆頭を誇っていた彦根藩も、外様筆頭として常に「寝返る」ことで家名を繋いできた藤堂家も、堂々と賞典禄という名のご褒美を受け取っているのだ。すべては「恭順」によるものである。いち早く恭順し、藩兵を繰り出した藩が賞典禄という「褒美」を得ることができたのである。

藩士身分では、西郷が二千石。個人としては、最高額であった。

企業においても、賞与支給についてはまず総原資を幾らにするか、どう捻出するかが問題となるが、クーデターに成功して成立した明治新政府においても、これについてはかなり揉めたようである。

最終的に総原資は百万石とされたが、これを強引に主導したのは岩倉具視である。討幕直後の新政府に潤沢な財源などあるわけがない。東征軍は、進発直後から軍費調達に苦しみ、三井を始めとする商人に頼っていたほどである。特に三井がいなければ、東征軍は何もしなくても江戸まで辿り着けなかったであろう。

この百万石という原資は、討幕に成功した後に無理矢理報復戦争を仕掛けて屈服させた奥羽列藩から取り上げた土地を充てることで賄ったのである。戦に勝った者が負けた者から土地やその他の財を取り上げる――岩倉だけでなく、木戸も大久保も板垣もこのこと自体は当然と考えていたのだ。褒賞分捕り論議の場に西郷は立ち会っていないが、西郷にしても、敗者の財を取り上げること自体には何ら違和感を感じていなかったはずである。

大久保は、政府の財政状況を明らかにして納得を求めれば、百万石が難しく八十万石にしようが、仮に六十万石であろうが、誰も「薄恩」だとして不満をもつ者はいないはずだなどと、実に官僚的な綺麗事を述べているが、我欲の強い岩倉は強引に百万石と決してしまった。

更に岩倉は、この百万石を「軍功賞典」八十万石と「復古功臣賞典」二十万石に分けた。戦後の論功行賞であるから「軍功賞典」はわざわざ断わらなくても当然であろうが、別に「復古功臣賞典」なる枠を設けて「王政復古」に功労のあった者に恩賞を分配したのである。言うまでもなく、これは岩倉自身の取り分を確保するための方策であった。

明治二（1869）年六月二日、「軍功賞典」下賜、九月二十六日に「復古功臣賞典」が下賜され、右大臣三条実美《さねとみ》と大納言岩倉具視は永世禄五千石を手にしたのである。三条実美とは、言うまでもなく長州激派と組み、孝明天皇から「重々不埒《ふらち》の国賊」とまで糾弾されて朝廷を追放された、あの長州テロリストのシンボル・三条実美である。「復古功臣賞典」では、木戸、大久保、広沢真臣《さねおみ》（長州）が三条、岩倉に次ぐ永世禄千八百石と従三位《じゆさんみ》を授与され、西郷はその上位となる正三位を授けられたのである。

更に同年十月、箱館戦争の軍功者九名と艦船九隻に対して三年間の年限禄が与えられている。艦船が賞典禄を受けているのである。無茶苦茶といえば無茶苦茶な話であるが、箱館戦争を別扱いにしている点でも、この戦も戊辰戦争には含まれていないことを、分捕り合戦を繰り広げた当事者たちが認めていることになるとも理解できるのだが、実態は〝ご褒美〟にありつく機会、名目を増やしたかっただけであろう。「幼沖なる天子」を意のままに操り、「賞典禄」などと称して奥羽の地を財源とした「自分へのご褒美」の分捕り合戦を繰り広げた近代日本創始の偉人たち。明治二年のこの時、三条実美三十二歳、岩倉具視四十四歳、西郷吉之助四十二歳、大久保一蔵三十九歳、木戸孝允三十六歳、山縣有朋三十一歳、井上聞多三十四歳、伊藤俊輔に至っては二十八歳である。いずれも「若僧」である。若さ故の「政治的乱行」として、軽くやり過ごしていいものかどうか。

この問題は、西郷にとっては深刻な状況をもたらした。藩父島津久光の反撥が、更に強く、大きくなっていくのである。

江戸開城で存在感を示した西郷であったが、彰義隊との戦い（上野戦争）では主導権を長州の大村益次郎に奪われ、このあたりから次第に精彩を欠いていく。

一つには、江戸開城後も薩摩藩内には徳川家との融和路線を採る穏健派グループが存在し、西郷がその代表と看做《みな》されたことが影響していたと考えられる。前章で述べた、江戸開城の際に幕府サイドに示した条件に、西郷の独断と思われる箇条が存在したことも、この見方に影響を与えていたかも知れない。更に大きな要因は、戊辰戦争中も修復されることのなかった久光との関係である。

会津戦争を核とする奥羽越列藩同盟との戦を「戊辰東北戦争」と総称することがあるが、帰国していた西郷は慶応四（1868）年、増援軍を率いて八月十日、柏崎に到着するが、既に戦いは終わっており、出る幕はなかった。この越後での戦では、弟の吉二郎が戦死している。

西郷は庄内へ向かうが、庄内へ入った九月二十七日、同藩は降伏、ここでも直接戦闘に参加することはなかった。

十一月に一旦帰国した西郷であったが、箱館ではまだ榎本武揚《たけあき》以下が抵抗戦を展開しており、翌明治二（1869）年五月、再び増援軍を率いて箱館に向かう。しかし、ここでも着いた頃には榎本は降伏していた。

国に戻った西郷は、戦の後の独特の虚無感に襲われたのであろう、中央政界からも藩政からも隠遁したかったようだ。戦が終わった時の一種独特の虚無感とは、勝者敗者の区別なくよく指摘される心理である。

特に薩摩・長州による討幕戦とは、ただ幕府を倒すというだけで何のビジョンも戦後の青写真も描けていなかったのだ。西郷だけでなく多くの者が、さてこれから何をすればいいのか、明確には分からなかった。後に聯合艦隊創設に力を発揮した薩摩の山本権兵衛《ごんのひょうえ》なども、一種の虚脱感に陥り、何をしていいのか分からず、相撲取りになろうとして相撲部屋を訪ねたほどであった。

しかし、薩摩においても藩内の情勢は緊迫していた。これは薩摩に限ったことではないが、討幕戦に勝利した凱旋兵が続々と国許へ帰還し、藩政の主導権をめぐって既成階層＝門閥層との間で抗争が発生するのだ。

何せ、凱旋した兵たちは勝利者である。軍功がある。その勢いのままに、藩内保守層を突き上げる。

薩摩における凱旋兵のリーダーは、川村純義《すみよし》、伊集院兼寛、野津鎮雄たちである。彼らは、藩主島津忠義の面前で家老島津図書《ずしょ》を詰問するという有様であった。島津図書は、久光の実子である。彼は、一貫して上方出兵に反対してきた人物であり、藩内主流派として少数派であった西郷派からは目の敵にされてきた。討幕戦の勝利によって形勢が逆転した格好であり、島津図書は辞職に追い込まれ、久光側近であった奈良原繁たちも左遷された。

代わって藩政は、桂久武、伊地知正治、大迫貞清、伊集院兼寛といった西郷派に握られた。桂久武は、門閥層に属する人物であったが、西郷の数少ない支持者であった。この動きは、西郷派の下級藩士たちが藩の実権を握ったことを意味する。

しかし、西郷は表へ出てこない。日当山《ひなたやま》温泉に隠遁している。

既述したテゲの文化に育まれて成長した西郷にとって、郷中で二才頭を務めたことは、その人生で原点とも言うべき意味をもっていた。私は、このこと抜きに西郷を語ってはならないとさえ考えている。

西郷が一兵卒から慕われたのは、そういうことである。東征軍を率いる身になっても西郷は二才頭であり、従う兵は二才頭に率いられる稚児なのだ。二才頭は、稚児一人ひとりに対して面倒見がよく、大将として泰然としながらも優しく話を聞いてくれる。細かいことは言わないし、気にもしない。こういう郷中における二才頭と稚児の関係が、そのまま西郷率いる大将と兵の関係なのだ。西郷が大事にしたのは、この関係が醸し出す空気ではなかったろうか。

現実に、西郷は細かいことは言わないし、その前に分からない。しかし、両者の関係に漂う空気感というものは、その方がいつまでも安定して維持されるのだ。

別の視点でみると、こういう関係においては「組織」が存在しなくなる。大将がいきなり最下層の兵卒に溶け込む。中間が無視される。他の部隊の将官も無視される。だからこそ、「ウチの大将」西郷は、稚児である兵卒からは絶対的に慕われるのだ。この西郷のテゲに育まれたキャラクターこそ、後の「西南戦争」を読み解く鍵になるものではないだろうか。

薩摩の郷中とテゲについては第三章3節で触れたが、司馬遼太郎氏は『この国のかたち』(文藝春秋)「若衆制」の項で以下のように述べている。

――〝郷中〟とよばれた薩摩士族の若衆制は、方限《ほうぎり》(町内)ごとに設けられていて、やどは〝社〟とよばれた。また薩摩では二歳駒にたとえて若者をニセと言い、〝社〟に属する士族の若者のことを兵児とよぶ。社はかれらに、武と勇気と節義を練らせる場だった。(中略)薩摩の武勇が、この兵児の制によってささえられていたというのは定説といっていい。郷中頭には、十八、九歳の統率力のある若者が、郷中の仲間によってえらばれる。郷中頭が、自分の社の若者のことについてその父親を訪ねるとき、その父親がたとえ身分が高くても、袴を着けて玄関に出迎えたといわれる。――

〔筆者註〕司馬氏は「薩摩士族」という表現を使っているが、士族とは厳密には武士階級を廃止した後の呼び方であって、一般的には「士分」と言うべきである。

更に司馬氏は続ける。

——西郷は城下の中心からすこし離れた下加治屋町（下級の士分七十余戸）の方限にうまれ、十八、九のころ推されて郷中頭をつとめた。（中略）その時期のかれの社の兵児に、大久保利通、隆盛の弟の慎吾（従道）、それにいとこの大山弥助（巌）、あるいは村田新八などといった者たちがいて、のちの幕末の争乱期に、西郷の私的な幕僚になる。（中略）そのうち西郷の声望が巨大になり、いつのほどか藩全体の郷中の〝総頭〟ともいうべき存在にまで成長した。結果としてかれは久光をいわばだました形で藩軍を革命のために用い、ついには幕府をたおして、新政府をつくり、久光を呆然とさせた。——

若干乱暴に言い切っている感もあるが、それは著書の趣旨に因るところもあり、郷中の存在と西郷がその頭であったという点は、西郷理解の最大のポイントであり、司馬氏の指摘はほぼ核心を衝いていると思われる。

藩主忠義が村田新八を連れて日当山温泉へ、藩政復帰を求めて西郷説得に向かったことも、このような背景を考えると理解し易い。

箱館から帰還して後、西郷は藩政に復帰する。忠義の要請に応えたというより、西郷の気持ちとしてはあくまで「先君島津斉彬」の恩義に報いるためであったに違いない。

西郷は新政府からも出仕を求められていたが、あくまで「先君」の恩義に報いるため藩に留まった。西郷にとって主君とは、どこまでも「先君島津斉彬」であったのだ。このことも、島津久光が最後まで西郷を憎悪した大きな要因の一つである。西郷の藩政復帰は、久光からみれば凱旋兵勢力を背景にして藩政を牛耳るものとしか映らなかった。

大久保は東京へ向かい、参与として国政に携わる道を選んだが、藩に留まった西郷は門閥層からも反感を買い、根深い憎悪に苦しめられてきた久光との関係は最終段階へ入ろうとしていたのである。

そういう状況の明治二（1869）年六月に賞典禄が下賜された。

先に述べた通り、藩主島津忠義と久光には十万石という賞典禄が下賜されたほか、翌明治三年には忠義を従三位参議、久光を従二位権大納言とする官位の昇進もあった。ところが、というか、案の定と言うべきか、久光はこれら賞典禄の下賜と官位を拝辞、つまり、拒否したのである。それに留まらず、西郷始め家臣への賞典禄の下賜、官位の贈与も拒否したのである。

勿論、新政府はこれを許さない。何せこれは、名目とはいえ天皇から下賜されたものである。これを拒否することを許せば、「王政復古」政権の権威に傷がつく。

更に九月末には三条、岩倉用と言ってもいい「復古功臣賞典」の下賜があり、西郷は正三位に叙された。当然、久光はこれも拒否した。

こればかりは、当たり前であろう。このあたりが、三条や岩倉の愚かなところである。忠義と西郷の官位を比較すれば、家臣西郷のそれが主君忠義を上回るのだ。もし、二人が揃って朝議に出席すれば、西郷は主忠義の上座を占めることになるのだ。

確かに、この年一月から四月にかけて諸藩の藩主たちは「版籍奉還」の上表を次々と提出している。六月に新政府はこれを受理し、歴史上の大転換「版籍奉還」が実現し、全国の土地と人民は天皇の所有物となった。人民も天皇の所有物になったのである。これはこれで討幕というクーデターを評価する上で大きな問題であるが、現実は、諸大名はバスに乗り遅れないように奉還願を出していただけである。

六十余州三百諸侯から版図領民を取り上げたのはいいが、朝廷はこれをどうするのか。直接統治することができるのか。できるわけがない。

旧藩主たちは、天皇権威に頼って己の身分保証を図り、旧藩内の引き締めを図ったのである。現に朝廷＝新政府は、旧藩主をそのまま「知藩事」に任命せざるを得なかった。薩摩藩主島津忠義は、鹿児島藩知藩事となったのである。

凱旋兵の突き上げにみられるように、動乱を経て各藩とも藩主の権威というものは大きく低下している。討幕戦争において、前線に出て陣頭指揮を執った藩主など一人もいないのである。それどころか、武士階級以外の者までが討幕戦に参加して勝利者となったのだ。

知藩事の任命権は新政府が握ったが、旧藩主とすれば、己の安全と権威の維持を図った方が得策である。この時点で、藩はまだ厳然と存在していたからでもある。

こういう現実を無視し、岩倉は己の利益を基準にして「復古功臣賞典」なるものをばらまき、討幕の功臣西郷に旧藩主島津忠義を上回る官位を与えるという愚行を行ったのである。

大体、三条、岩倉といった公家に政治とか行政といっても無理であろう。彼らにできることは、歌を詠むこと以外には、せいぜい陰謀を画策して御所内をかき回すことぐらいであったろう。

西郷にとってもいい迷惑であった。西郷自身も官位の返上を願い出ている。

西郷は、自分は政府の官職に就いていないのに、何故位階を授けるのか、主君より高位の官位を受けられないのは臣下として当然である、公家にとって官位は尊いかも知れないが、田舎者の自分には何の役にも立たないと、さまざまに申し立て、大久保に返上に努力してくれと必死に懇請している。

大久保には西郷の苦悩が理解できたのであろう、彼の奔走で西郷の位階返上は何とか受理されたのである。

結局、西郷にとって賞典禄とは、その関係に苦しんできた島津久光との関係を更に悪化させるだけのものであり、あまつさえ新政府との関係にひびを生じさせる端緒となるものでしかなかったと言えるだろう。

後の史実で明らかな通り、新政府と藩との間で板挟みとなり、二才頭として稚児とも言うべき兵卒階層と門閥層の板挟みとなり、いずれについても背後の久光の憎悪を一身に受ける西郷の苦悩と怒りが、暴発しないで収まることはなかったのである。

3　岩倉使節団の大失態と西郷

ビジョンも何も描いていなかったとはいえ、「恭順」という概念の普及を背景に、武力討幕の形で倒幕が成立した。上野戦争あたりから西郷は精彩を失っていったが、小規模であったとはいえ武力衝突を伴ったクーデターであったが故に、自他ともに認める「武断派」西郷は第一の功労者であった。

しかし、第一章で述べた通り、幕府に代わって政権を担うことになった明治新政府の中枢は直ぐ腐敗した。汚濁にまみれていたと言ってもいい。この新政府の腐敗に対して、西郷は強い怒りを覚えたはずである。

策謀を好み、自ら「軍《いくさ》好き」と言う通り、物事は武力で解決するものと考える傾向が強く、一度嫌うととことん嫌うという根深さをもっているのが、西郷という人物の本性とも言うべき特性であったが、金銭欲については相対的には淡泊であったと見受けられる。ここでいう「相対的」というのは、新政府幹部の中では、といった意味に過ぎない。新政府幹部は、実に法外な俸給を自ら設定し、西郷も犬にまでウナギを食べさせたという話は余りにも有名なエピソードである。

井上馨（聞多）に対して「三井の番頭」と呼んだのは西郷であり、このことについて井上はかなり根にもっていたようだ。この有名な西郷の〝嫌み〟は、岩倉使節団歓送会の席上、西郷が、

「三井の番頭さん、一杯いこう」

と井上に盃をさした時の話である。言ってみれば、万座の中での嫌みであり、山城屋事件、三谷三九郎事件という全く同じような公金使い込み事件に直接関与していた井上としては、さすがに堪えたことであろう。しかし、「三井の番頭」とはよくいったもので、井上に反駁できる材料はあるまい。

後に西南戦争が勃発した時、井上はヨーロッパにいたが、現地から新政府首脳に対して督励の手紙を次々と送り、特に動乱時からのコンビとも言うべき伊藤博文（俊輔）に対しては、薩摩士族を叩き潰せというような激しい督励文を送ってきている。よほど西郷を恨んでいたのであろう。

この種のことを以て、西郷は正義感が強かったとするのは全くの間違いとは言えないが、多少核心からずれていると思われる。彼は、財を成すということに淡白であっ

たということに過ぎず、現に己の策に照らして失脚させるのは得策ではないと判断すれば、例えば山縣の窮地を救っているのだ。山城屋事件、三谷三九郎事件において、山縣と井上は同罪であり、それは西郷も承知していたはずである。

「テゲ」の具現者である西郷は、どこまでも郷中の若衆に対して「二才頭」であって、或いは今や舞台はもっと大きくなっており、郷党全体の「総頭」であるが、それでもこの気分は、西郷自身の中で定着していたと見受けられる。「総頭」ともあろうものが、まだ「稚児」である井上如き小人と同じように世俗の欲にまみれて走り回るような真似はできないのだ。自分は、どこまでも「テゲ」を具現する「総頭」なのだ。

人の不正を追及するより自分がどう映るか、頭としてはどう映るべきか。「総頭」西郷という人間は、常にその気分に支配されている。本性をも包み隠す「テゲの文化」を生んだ薩摩若衆組「郷中」に対する理解と、それに育まれた「二才頭」「総頭」のあり方というものに対する洞察なくして西郷という人間は理解できないのである。

私は、このことについては確信をもっている。

伊藤博文が西郷について、

「大まかなことのみを述べるだけで、理詰めで人を説得するようなことをしない。細かいことはいわず最後には一喝する。それで事はきまってしまうというところがあった」

という意味のことを言っているが、それはまさに、御一新成立後も西郷が「郷中」の「総頭」であったことを示している。

典型的な武断派であるそういう西郷が、討幕を目指して光彩を放ったのは江戸開城までではなかったろうか。討幕派にとって彼の最大の貢献は、薩摩藩兵を指揮下に置いて強引に武力によって倒幕までもっていった点にある。

王政復古のクーデターに失敗し、先の見えない状況で徳川慶喜を挑発して「鳥羽伏見の戦い」を創り出し、これに勝利して江戸開城までもち込んだところまでが西郷の舞台であったと言えるだろう。

江戸開城後、直ぐ彰義隊討伐戦（上野戦争）となるが、長州大村益次郎が強硬に討伐を主張するのに対して、西郷は消極的であった。最終的に、薩摩軍は大村の指揮下に入ることになるが、このあたりから西郷は妙に精彩を欠いていくのである。既述した通り、その後の戦では常に一歩遅れをとる形で戦場に到着し、戦闘そのものには間に合わないということが続く。意図して行ったことかどうかは分からないが、この段階で既に討幕勢力の首脳部、後の新政府首脳部に対する不信、不満が芽生えていたのではないだろうか。

新政府が成立して、確かに西郷からはかつての輝きが失われていたように見えるかも知れないが、西郷が新政府成立後直ぐに隠遁したわけではない。軍事的な最大の功労者であった彼は、やはり新政府の中心的存在であり続けたのである。

西郷が最終的に下野するのは、「明治六年政変」に敗れてのことである。一般には「征韓論」に敗れて下野したと言われるが、意味するところは同じである。

では、西郷やその他の参議までもが下野して「廟堂《びょうどう》大分裂」と称された「明治六年政変」とは、或いは殆ど同義のように使われる「征韓論論争」とはどういうものであったのか。西南戦争に直結するこの政変については、西郷の最期に結びつくだけに、そのポイントをできるだけ明瞭に把握しておかなければならない。

同時に、明治六年の政争に時期的にもオーバーラップする岩倉使節団について、その実態を理解しておくことも不可欠であると思われるのだ。

岩倉具視を正使とし、留学生も含めると総勢百名を超える大使節団となった「岩倉使節団」は、西洋文明の摂取によって殖産興業、富国強兵を図る明治新政府の基礎を固める上で大きな功績があったかのように語られてきた。特に私どもの世代は、そのように麗しく教え込まれてきたのである。

しかし、このような歴史教育はもはや「ウソ」の部類に入る。これほどバカげた使節団の派遣はない。

何せ政府首脳の大部分が、二年近くも成立したばかりの政府を留守にするのである。目的は、条約締結国に「聘問《へいもん》の礼」を修めること、平たく言えば国際親善なのだ。併せて、西洋の文物を見てこようということなのだ。討幕勢力が、如何に討幕後の青写真を描いていなかったかを示すことにもなるのだが、何故このようなバカげた使節団を送ることになったのか。

背景には、確かに条約改正問題があった。安政五（1858）年に江戸幕府が締結したいわゆる安政の五ヵ国条約は、確かに不平等条約であって、その改定時期が明治五（1872）年に到来するのだ。

新政府は、明治三（1870）年頃から条約改定の意向を各国に表明していたが、各国の反応は冷たかった。こういう経緯を経て、条約改定御用掛を務めていた参議の大隈重信《おおくましげのぶ》が使節派遣を提起した。大隈は、ごく小規模の人員で行く心算《つもり》であったらしい。そして、大隈を全権使節とすることは、ほぼ内定していたようである。

肥前佐賀藩出身の大隈という人物は、どちらかといえば陽気で、派手好き、才気に溢れているというタイプであった。佐賀藩出身というと、江藤新平が一つの典型であるが、薩摩・長州人からみると「やり手」が多いと映っただろう。彼らは、薩長の主流派から日頃から反感をもたれていた。それは、コンプレックスの一種であったかも知れないが、ここで大隈使節団が形成されたら、それこそ我慢がならないのだ。

要するに、新政府内での主導権争いである。大久保が敏感に反応し、岩倉と組んで〝大隈使節団〟を潰してしまったのである。「聘問の礼」が表向きの目的とはいえ、実質的には条約改定が意識されている。大久保としては、条約改定御用掛を務める大隈からその外交交渉権を奪い、薩長主流派の手でやり遂げたいということであったようだ。

大隈使節団を潰すことに成功した大久保は、木戸孝允を使節団に取り込むことを画策する。新政府成立以来、大久保と木戸の対立は広く知られているところであるが、大久保は木戸の〝子分〟である井上や伊藤までをも巻き込んで何とか木戸を取り込もうとした。

大久保は、対立関係にある木戸を何故斯《か》くも執拗に取り込もうとしたのか。理由は明白である。留守中に木戸に勝手なことを進められて、新政権の主導権を長州に握られては堪らないのだ。逆に、留守中に薩摩が御一新に相応《ふさわ》しい改革をどんどん進めてしまいたいということである。そのために、薩摩は大久保が出て、西郷が残る。ということは、大久保のミニクーデターとも言われる岩倉使節団の形成において、西郷は大久保と組んでいたということになるのだ。

薩摩閥にとって木戸という人物は、細かいところにまで口を出し、いろいろと理屈を並べる「困り者」であり、何かにつけて西郷とも折り合わなかった。西郷・大久保対木戸という図式が成立していたということは、薩長主流派とはいっても、その中で薩摩対長州という対立がまだ残っていたということである。

毛利敏彦氏は、『明治六年政変』（中央公論新社）において、

——大久保と西郷は、使節団外遊中の後事について相談を重ね、西郷が大蔵省事務監督を引き受けて内政に責任をもつことを十分に打ち合わせていた。——

と分析している。

更に、木戸には木戸の個人的な事情があった。その頃木戸は、既に病気と言ってもよく、新政府内での政争に疲れ果てていたようで、内政から逃避したかった。「逃

げ」である。「逃げの小五郎」は、新政府成立から日も浅いこの時期に早くも「逃げ」の心理に支配されていたのだ。そして、木戸は、説得を受けている過程で子分である伊藤博文の同行を条件のように推薦するのである。

こうなると、大隈の動きを阻止する目的だけで動いた大久保は、引くに引けなくなってしまった。使節団の失敗は、断じて許されないという空気ができ上がってしまう。つまり、大久保は自分で自分の首を絞めにかかったとも言えるのだ。成功を期して、万全の体制を採ろうとする、このことが、使節団の膨張を招いてしまったのである。

この状況を、そもそも使節派遣を発議した大隈はその「昔日譚」において、

「出来るだけ其人々を外国に派遣し、謂ゆる『鬼の留守に洗濯』と云う調子にて」

とか、

「始めは、単に条約改正のことのみを以て唯一の目的と為せし使節派遣も、今は内政と外交とに関する幾多の目的を以て決行せらるることと為りたり」

などと皮肉っている。

とにもかくにも、明治四（1871）年十一月十二日、岩倉具視を特命全権大使とする岩倉使節団は、最初の訪問国アメリカを目指して横浜を出港した。第二のクーデターと言われる「廃藩置県」から四ヵ月後のことである。その構成は、木戸孝允、大久保利通、伊藤博文、山口尚芳を副使とし、一等書記官〜四等書記官、随行、理事官、随員、留学生から成る大使節団であった。

この中には、田辺太一、福地源一郎、田中光顕《みつあき》、佐佐木高行、村田新八、由利公正、中江兆民、金子堅太郎、牧野伸顕《のぶあき》、津田梅子、山川捨松、大鳥圭介、新島襄など、幕末・明治史をそれぞれのジャンルで彩ったさまざまな人びとが含まれていたのである。

しかし、使節団の主要メンバーは、文字通りの同床異夢、大久保は「一挙両得」と三条実美に対抗する岩倉具視と共に満足し、伊藤は先を見据えた野心を抱き、木戸に至ってはまんまと国内政局から脱出して公費で観光旅行のような外遊という逃げ場を得て、使命感、責任感を真摯に感じていた者などいなかったのである。

最初の訪問国アメリカで、早速彼らはボロを出すことになる。

サンフランシスコを経てワシントンに着いたのが、明治五（1872）年一月二十一日。出迎えたこの時の駐米少弁務使は、薩摩出身の森有礼《ありのり》である。先に述べたが、この森有礼ほど極端な西欧崇拝者も珍しい。簡略化した英語を日本語とすべきであるという考えをもっており、このことをイェール大学の言語学者ホイットニーに相談したほどで、逆にホイットニーが日本語の廃止に反対した。こういう人物が、後に我が国の初代文部大臣を務めたのである。

この森が、アメリカ側の使節団歓待を勘違いした。アメリカ側の大歓迎は、東洋の後進国からきた使節団に対する好奇心の表われに過ぎない。森には、それが認識できていなかったのである。

森は、アメリカ側の態度から判断して今こそ親善訪問に留まらず、正式な条約改正交渉に入る好機であると建言した。功名心の塊のような人物、伊藤博文がこれに同調し、岩倉や副使たちを煽った。

万延元（1860）年に幕府が派遣した日米修好通商条約の批准書交換のための遣米使節団と比較すると興味深い。正使新見《しんみ》正興《まさおき》、副使村垣範正《のりまさ》、目付小栗忠順《ただまさ》たち一行は、やはりもの珍しさから大歓迎を受けたが、その物ごし、風格は、現地メディアを感嘆させた。更に、小栗の、米国ナンバー2である国務長官相手の通貨交換比率交渉などを通じて示した知性と交渉力は、彼らに敬意すら抱かせたのである。

一連の公式行事を終えた一行の、ニューヨーク・ブロードウエイでのパレードには五十万人の市民が集まり、空前と言われる大歓迎を受けたのである。

外交交渉の経験をもつ幕府の使節団と比較するのは、岩倉使節団には酷かも知れないが、私たちが注目すべきことは使節たちが身に纏《まと》う品格なり風格というものである。外交交渉においては、先ずこれが、その「入り口」において必要となるものである。

森と伊藤に煽られてその気になった岩倉以下首脳陣は、すっかりその気になって本格交渉に入ろうとした。ところが、漫画のような話であるが、彼らの持参していた委任状は条約改正交渉の権限、調印の権限を付与されたものではなかったのだ。つまり、彼らには交渉する権限がなかったのである。アメリカ側が、この点を衝かないわけがない。

交渉の権限を証明する全権委任状が必要だということになって、使節団は本国にその交付を求めることになり、副使である大久保と伊藤が急いで取りに帰ることにした。ワシントン到着早々、二人は二月十二日、ワシントンを発って取り急ぎ帰国の途に就いたのである。大久保にしてみれば、大隈から奪い取った立場である。何としても外交上の成果を挙げる必要を感じていたのであろう。

全権委任状を待っている間に、岩倉、木戸たちは、国務長官フィッシュと予備交渉に入ったが、いざ外交交渉となるとアメリカは強硬であった。大歓迎は礼儀、交渉は仕事である。当然といえば当然であろう。

岩倉、木戸たちは大きなショックを受け、挫折感を味わったようである。そもそも彼らにアメリカを相手とすることは、荷が重かったと言わざるを得ない。相手は、政権奪取に際して操ってきた公家とは違うし、何よりもまず、彼ら自身が小栗や水野忠徳、或いは岩瀬忠震のような幕臣とは違うのだ。

余談ながら、こういう場では狡猾な岩倉や中途半端な理論家木戸のようなタイプより、細かい理論には無知であっても「テゲ」の雰囲気を漂わせた、寡黙な西郷のような人間の方がまだ役に立つものである。但し、数ヵ月にも及ぶ長期戦の外交となると、話は違ってくる。

いずれにしても、特に木戸の挫折感は大きかったようだ。伊藤や森といった実際は余り外国事情に通じていない書生のような輩の言を信じたのは自分たちの罪だと悔い、「只管《ひたすら》涙のみ」とまで悲嘆している。

司馬遼太郎氏は、いわゆる「明治維新」というものを好意的な意味で「書生の革命」とよく言うが、木戸にしてみれば、未熟な書生・子分の伊藤を信じた自分の不甲斐なさばかりが頭をもたげ、副使に就任したことまでを「一生の誤り」であったと「大後悔」するのである。

全権委任の範囲外である対米交渉を軽率に始めて、更にそれに失敗したこの一件は、さまざまな悪影響を生むことになったが、先ず使節団の旅程が大幅に狂ってしまった。

当初、この使節団は明治五年秋には帰国することになっていた。つまり、旅程は十ヵ月半くらいで組まれていたのである。ところが、最初の訪問国であるアメリカで大失態を演じ、アメリカ滞在だけで何と六ヵ月以上を要したのである。結局、使節団は出発から一年十ヵ月後に帰国した。予定の二倍に延びてしまったことになる。

この期間中に、大久保と木戸の関係は更に悪化し、両者は口さえきかなくなったと言われている。そればかりか、木戸の子分・伊藤は、大久保と一緒に一時帰国を余儀なくされたことも手伝って、大久保と親しくなった。これによって、木戸と伊藤の関係も悪化し、そのことが大久保と木戸の対立に更に拍車をかけたようである。

木戸の子分・伊藤への怒りは、開化主義者である伊藤への憤りから開化主義そのものへの反感にまで発展したフシがあり、このことが留守政府の諸政策への反撥にまで繋がった可能性は否定できないであろう。

木戸は、ヨーロッパで大久保と共に「急ぎ帰国」の命令を受けるのだが、これに従わず更に二ヵ月も文字通りの観光旅行を続けた。御一新が成立した後も、この男には、公金とか公費という感覚がなかったようである。

大使岩倉は岩倉で、あとはもう「鉄面皮」でいくしかないと、公家らしくなく開き直っている。

アメリカでの失態の影響で、イギリスでは避暑の時期にぶつかり、ヴィクトリア女王の避暑明けを漫然と待つ有様で、ロンドン駐在寺島大弁務使からは「万国の一笑のみ」と酷評され、思想家三宅雪嶺《せつれい》からは「国事を余所《よそ》にし、花に戯れ月に浮かるる」と批判された岩倉使節団。大久保自身が、「大失敗」と悔悟している。その頃、次のような狂歌が流行った。

条約は　結び損い金は捨て
世間へ大使（対し）　何と岩倉

振り返ると、そもそも大久保が、錦旗を偽造し、勅諚まで偽造するという討幕戦以来の同志である岩倉を抱き込み、肥前派、長州派から政権の主導権、特に外交の主導権を奪取しようと企んで編成した使節団であったことが、失敗の基本要因であろう。

そして、公金の大きな無駄使いもさることながら、使節団の帰国が常軌を逸するほど遅れ、留守政府との距離を大きくしたことが最大の罪ではなかったろうか。

留守政府の筆頭は、西郷である。もし、使節団がせめて予定通り帰国していたら、後述する西郷の朝鮮派遣という政治問題は発生していなかったのではないか。朝鮮派遣問題が発生していなかったら、いわゆる「明治六年政変」も発生していなかったはずである。「明治六年政変」が発生していなかったとすれば、西郷の下野も起こり得なかったのではないか。西郷の下野がなかったとすれば、「西南戦争」は、果して発生したのか。

岩倉使節団とは、西郷にとってそれほど大きな影響を及ぼした新政府の大罪として検証されるべきではないだろうか。

第六章　西南の役

1　明治六年政変と西郷

岩倉使節団が国費を冗費している間、留守政府はさまざまな変革の施策を実行した。倒幕後の社会体制の変革とそれに伴う風俗の変化などを総称した言い方として「御一新」という言葉があるが、「御一新」という言葉を生んだ新政府初期の施策の殆どは、留守政府の手によるものであると言っても過言ではない。

以下に、幾つかの事例を挙げておこう。

・華族・士族・平民相互間の通婚の許可
・「穢多《えた》・非人」の名称廃止と職業の平民並み化
・華族・士族の職業選択自由の許可
・農民の職業自由の許可
・人身売買の禁止

・娼妓・年季奉公人の解放
・神社仏閣の女人禁制廃止
・士族の帯刀義務解除
・徴兵告諭の布告
・地租改正
・全国戸籍調査の実施
・「学制」頒布《はんぷ》
・電信の敷設
・鉄道敷設
・太陽暦の採用
・郵便制度の実施
・裁判所の設置（司法制度の制定）

それぞれが、ここで一つひとつ詳細を述べることが不可能なほどの大事業である。

留守政府は、文字通り「御一新」を断行したのである。勿論、中には建て前に過ぎなかった施策もあり、その実施動機に「近代化精神」とはほど遠いものもあった。しかし、とにかく猛烈なスピードで西欧化を目指したのである。

留守政府の最高責任者は、西郷であった。しかし、西郷とはこれまでに述べてきたように、どこまでも若衆組の「総頭」のような気分を維持していた、言ってみれば「大将」であり、細かい実務はやらないし、分からない。実務はすべて大隈重信、山縣有朋、江藤新平、井上馨などが行った。

もし、頭が西郷だけでなく、大久保や木戸が国内にいたとしたら、「御一新」のスピードはもっと落ちていたであろう。西郷を憎悪する井上でさえ、大久保、木戸が重《おも》石《し》のように頭にいるよりも西郷だけであったことにやり易さを感じていたに違いない。尤も、このことが井上を金まみれに走らせることに繋がったことも否定できないであろう。

ところが、外交の面で朝鮮問題という厄介な問題が発生した。世にいう「征韓問題」である。

事の発端は、朝鮮東萊府《とうらいふ》が釜山の「大日本公館」門前に掲出した〝抗議文〟である。その文言が大問題となった。

もともと江戸幕府と朝鮮は、対馬藩を介する形の「通信」関係を維持してきた。貿易面で言えば、「江戸四口」の「対馬口」を介しての交流が存在したのである。

江戸期の「通信」関係とは、「外交」関係と理解してもいいもので、徳川日本は、朝鮮と琉球とは公式の外交関係をもっていたのである。両国からだけは、定期的に使節が来日していたのも、そういうことなのだ。

ところが、廃藩置県によって対馬藩が消滅し、明治新政府は、明治五（1872）年九月、これまで対馬藩が管理していた草梁倭館《そうりようわかん》を接収、「大日本公館」と改称して外務省の管轄下に置いたのである。

倭館の敷地、建物は、朝鮮政府の所有物であることは言うまでもないが、これを現代の大使館のように考え、「治外法権」を云々するのは全くの筋違いであって、江戸期の日韓関係というものは実にセンシティブなもので、これは別項を設けて説明する必要があると感じている。いずれにしても、これは、対馬藩が使用許可を得て、商人たちと役人を滞在させていたに過ぎない。

新政府が成立して日本側はこの関係の刷新を望んでいたが、朝鮮側は旧来通りの関係を望んでいた。

ところが、何の合意も成立しないままに新政府は旧対馬藩関係者を退去させ、外務省係官を派遣、駐在させたのである。〝教科書通り〟に外交の一元化を推進しようとしたのだ。

朝鮮側はこれに反撥、両国間に緊張が発生した。そのような状況下で、三井（一説に三越）の手代が、対馬商人の名義で商売を開始しようとして、朝鮮側は厳しい取り締まりを行うようになり、公館駐在員が生活物資の供給停止さえ心配する中、〝抗議文〟が貼り出されたのである。三井にせよ三越であったにせよ、「明治近代」以降の我が国の経済勢力は常に政権の裏側から政治を歪めていくことが常態化するのである。

その抗議文の文中に、日本は西洋の物まねばかりをして恥じるところがなく、対馬商人にしか商売を許していないのにこれに違反した、真に日本というのは「無法之国」であるというような意味の記載があった。

ちょうど大久保利通が呼び返されて帰国した頃であったが、外務卿副島種臣《そえじまたねおみ》は清国出張中、外務大輔寺島宗則は駐英大弁務使としてイギリスへ赴任、外務省の筆頭は、外務少輔上野景範であった。上野は、この事態を本国へ急報、太政官（正院）での審議を要請した。これが、「明治六年政変」へ発展するのである。

多くの書物が、明治二（１８６９）年、明治新政府が「王政復古」を朝鮮に通告したその文書に「皇」とか「勅」という文字を含む文言があって朝鮮がこれに反撥、通告文の受取りそのものを拒否したことが原因としているが、事はそれだけで説明が済むような単純な話ではないのだ。

確かに、朝鮮人の感覚では、「皇（王）」とか「勅」という言葉が意味する概念は、明（後に清）国皇帝にしか許されないものであったが、それを問題にしたことは単なる「きっかけ」作りに過ぎない。

朝鮮側の背景として、この時期の朝鮮は「衛正斥邪《えいせいせきじゃ》」をスローガンとし、日本流に言えば「尊皇（尊王）攘夷」を国是としていたのである。但し、この時の「皇（王）」とは、どこまでも中華思想の盟主・中国皇帝のことなのだ。この中華思想には、伝統的に東西南北にそれぞれ「夷狄《いてき》」が存在し、日本は東の「夷狄」＝「東夷」と位置づけられていた。中国で王朝が替わっても、この中華思想に服属することに何ら恥じることがないといういびつな歴史を刻んできた朝鮮という国、民族は、そのまま中華思想に従った対日認識を保持してきた。ひたすら西欧化に励む明治日本を「倭洋一片」と蔑んでいたのも、このような伝統的な対日感情に由るものと言えるだろう。

平成の今日に至るも日韓関係というものは常にギクシャクするが、それは、秀吉による「文禄・慶長の役」や明治新政権による「日韓併合」という侵略の影響も大いにあるが、底流として横たわる、このような伝統的な中華を絶対視した対日蔑視の認識があることも否定できない。事あるごとに韓国政府が口にする「歴史認識」という言葉は「日韓併合」以降のことしか意識していないことが殆どであるが、日本人が明治新政権の侵略の歴史を知ることと同時に、韓国人も中華原理主義に侵されてきた自国の歴史を正しく認識する必要がある。どちらが欠落しても、日韓関係が真に健全なものになることは断じてないであろう。

さて、明治新政府の正院のメンバーは、太政大臣三条実美、参議は西郷隆盛、板垣退助、大隈重信、後藤象二郎、大木喬任《たかとう》、江藤新平である。政変は、このメンバーに帰国した大久保利通、遅れて帰国する木戸孝允《たかよし》、そして、正使岩倉具視を加えた面々によって繰り広げられていく。

正院閣議にかけられた原案は、武力解決しかないが、とりあえず居留民保護のために「陸軍若干、軍艦幾隻」を派遣し、軍事力を背景にして「公理公道を以て、屹度談判に及ぶべき」というものであった。

武断派で対朝鮮強硬論者である板垣退助がこれに賛成したが、西郷が反対し、副島外務卿が不在であることも理由として閣議は結論を先延ばしした。

西郷の主張は、先ず使節を派遣せよ、それも非武装で、礼装した全権大使を派遣せよ、自らその任に当たりたいというものであったとされる。

　ここから今日に至るまで、西郷は征韓論者か、逆に外交交渉によって修好を図ろうとした平和主義者であるのかという、大きく分ければこの二極に分かれて論争が絶えないのである。

　閣議の議事録は、残念ながら残っていない。多くの研究者が『岩倉公實記』や『明治政史』（指原《さしはら》安三　明治二十五年）、『征韓論実相』（煙山《けむやま》専太郎　明治四十年）、そして、『大西郷全集』を始めとして幾つかの史料にも収録されている西郷の板垣宛て書簡を根拠として、西郷が征韓論者であったか否か、征韓を期していたのか否かを論じ合ってきたのである。

　不思議なことは、全く同じ史料を使いながら、西郷を征韓論者とする論者と全く反対の外交交渉を主張したのだとする（平和主義者）論者に分かれていることである。近年は、どちらかといえば後者が〝優勢〟である。

　こういうことは、歴史考察においてはよくみられることで、出典・史料偏重主義（史料原理主義）のもっとも大きな欠陥であると指摘しておきたい。

　建築の専門家である川道麟太郎氏が『西郷「征韓論」の真相』を著された。注目すべきその著書は、次の言葉で締めくくられている。

——西郷は征韓を期していたとする征韓説も、西郷は平和的な交渉を尽くし国交回復を図ろうとしていたとする説も、ともに後世の歴史家が創り上げた虚構なのである。——

私は、この部分についてほぼ同意であり、強いて言えば「死処説《ししょせつ》」に近い考えをもっている。今、この説については何も述べないが、朝鮮に対して軍事力を行使することを「征韓」のひと言に凝縮させるならば、明治六年時点の政府首脳は、恐らく江藤以外は全員「征韓論者」であろう。即ち、開戦やむなし、或いは相応の軍事力行使を前提とする狭義の意味での「征韓論」の範囲で言えば、西郷が征韓を期していたとすることは間違いなく、これについては言を俟《ま》たない。

いずれにしても、「征韓論論争」に深く立ち入ると、本書の紙幅はこの問題だけですべて吹っ飛ぶことになることは確実である。むしろ、西郷の立場に立って私が問題にしたいのは、いわゆる「征韓論」を利用した明治六年の政争である。

「廟堂大分裂《びょうどうだいぶんれつ》」とも称される「明治六年政変」は、通説では「征韓論」をめぐる政府内の対立、分裂であるかのように言われ、信じられてきたが、それは即刻修正すべきであろう。この時「征韓論」、或いは、西郷を使節として派遣するかどうかという遣使問題は、政争の具として利用されただけである。

　事実関係のみを簡略に追っておこう。

　明治六（1873）年八月十七日、西郷を朝鮮派遣使節に任命することが閣議決定された。病身を厭《いと》わぬ西郷自身の奔走と板垣の支援が功を奏した格好である。

　西郷は、五月の初めから体調を崩していた。現代でいうところの高脂血症であったとされる。肥満が原因である。天皇の遣わされた侍医岩佐純とテオドール・ホフマンの診察と指導を受け、食事療法と下剤の服用を行っていたのである。西郷は、下剤による下痢にも苦しんでいた。

　五月末に帰国していた大久保は、岩倉使節団の失態に意気消沈、気力すらなくしたような状態で、八月十六日から休暇をとって関西方面へ旅行に出かけている。この時点で大久保が西郷遣使問題について公式に動くことはなかったが、それは三条実美《さねとみ》からの参議就任要請を固辞した手前もあってのことと考えられる。しかし、大久保は内治優先主義であり、その立場から西郷遣使によって政局が混乱することそのことに批判的であった。ただ、「泰然として傍観」するという態度を採ったこと自体が、この問題についてさほどの危機感を抱いていなかったことを示している。

　大久保から二ヵ月遅れて、気ままな外遊を続けていた木戸が七月二十三日に帰国。

しかし、木戸は、尾去沢銅山事件、小野組転籍事件等、子分たちの起こした政治犯罪のもみ消し工作に忙殺されてしまう。木戸は、明治元年に征韓論を唱えたほどであったが、後に三条に対して征韓反対の意見書を出している。しかし、帰国直後のこの時期、木戸の頭は山縣、井上、槇村たちの政治犯罪の処理でいっぱいであったようだ。

九月二日、開拓次官黒田清隆が樺太出兵を建議。この頃、樺太問題、台湾問題は、朝鮮問題と同列の外交課題であった。後世からみると朝鮮問題のみが大政治課題であったかのような印象を受けるが、三者はどれを先にやるかが議論された同列の外交課題であった。

九月十三日、岩倉が「鉄面皮」でようやく帰国。この頃、使節に内定したものの三条の優柔不断と怠慢によって事態が前へ進まないことに苛立った西郷は、三条に抗議する。閣議決定後三条は、西郷に対して岩倉帰国後に正式決定するから外務卿と相談して準備しておくようにとの指示をしているから、西郷が怒って当然である。

優柔不断で小心、リーダーシップなど望むべくもない三条実美という太政大臣、即ち、我が国初の「総理大臣」とも言うべきこの人物は、長州過激派の操り人形として孝明天皇を利用した挙句、「八月十八日の政変」で長州へ落ちた「七卿落ち」の一人であったことだけを勲章として、新政府成立後その地位を得ただけの公家である。政治的には、何の能力ももたず、岩倉と共に、政局大混乱の元凶であったと断じていいだろう。

内政・外交に渡る諸課題にどう処していいか分からない三条・岩倉は、大久保の参議起用を画策。岩倉が、西郷遣使問題が政治問題であることを認識したのは、愚かにもこの過程でのことであると推断される。

即ち、八月十七日に閣議決定しておきながら、西郷遣使問題が政治課題として浮上するのは実は岩倉帰国後の九月末のことであった。

西郷の抗議、三条・岩倉の狼狽は、画策好きの伊藤博文に格好の餌を与えてしまった。伊藤は、大久保の参議拝命実現に奔走する姿勢を岩倉に見せつつ、大隈を抱き込み新任参議とされる後藤、大木、江藤の追い落としを画策する。本心は、長州閥の勢力奪還であるとみて間違いはない。このような動きによって、朝鮮遣使問題は、本筋から離れて政争の具に利用される方向へ流れ始めた。

三条・岩倉の懇請に、大久保は根負けしたようだ。但し、自らの参議就任に条件を付けた。三条・岩倉から、途中でぶれない、即ち、変節しないという誓約を書面でとったのである。このことは、三条・岩倉が如何に小心で頼りにならなかったかという二人の器量と、太政大臣とはいえ、また、右大臣とはいっても、二人が政治的現実としてはどういう存在であったかを明瞭かつあからさまに示している。

更に大久保は、外務卿副島種臣を同時に参議とすること、工部大輔に〝過ぎない〟伊藤に閣議参加の資格を与えることを第二、第三の条件とした。そうすれば、参議就任を受け、受けたからには二人の意向通りに動きましょうとしたのである。三条・岩倉が、大久保の条件を容れたことは言うまでもない。

十月十二日、大久保は参議を拝命、副島の参議就任は一日遅れて翌十二日。これは、恐らく万事シビアさに欠ける三条の甘さによる手続き上の問題であろうと思われる。早速、大久保が激怒したことも言うまでもない。

この一日の遅れによって、大久保の参議就任に合わせて予定されていた閣議は、二日遅れの十四日に延期された。今度は西郷が激怒する。当然であろう。

公家を頭に戴《いただ》く新政府は、完全に迷走し始めていた。

西郷の激しい怒りに遭って三条は、己の怠慢を顧みて反省するということも忘れ、更に小細工に走る。あらかじめ板垣と副島に使節派遣の延期を内々に納得させて十四日の閣議を乗り切ろうとしたのである。これを知った大久保が、またまた激昂してこれを阻止した。一説には、三条・岩倉・板垣・副島の談合だけは行われたとされるが、これは疑問である。

大久保は、この問題の決着が延びているのは岩倉が帰朝するまでという「行きがかり」上の理由であって、岩倉が帰朝したからには評定の場に乗るのが「御条理」であると、決まりごとの尊重という正論に拠って三条・岩倉の姑息な小細工に反対したようで、西郷の性格を知り抜いている大久保ならではの対応と言うべきであろう。つまり、通説に反するようだが、大久保は端から西郷派遣に反対していたわけではないのである。

また、翌日に閣議を控えた十三日午後に、板垣が閣議の進め方について大久保に一つの策を提案したとされる。それは、遣使問題は西郷の一身に関わる問題であるから、最初に西郷を除いて討議し、後から西郷を審議に加えてはどうかというもので、大久保はこれに同意したとされている。

ところが、閣議当日、西郷が岩倉を訪問、閣議へ同行したので実現しなかった。これは、西郷が察知して先手を打ったものとされるのだが、ここまでくるとこれが事実かどうか、もうさっぱり分からない。事態は既に悪循環に陥っているのだ。

はっきりしていることは、三条・岩倉の一連の不誠実な対応が、西郷の両者に対する不信感を強めたということだけである。そして、現在の安倍政権の国有地払下げ問題や大学学部認可問題に対する対応が、余りにもこれに似ていることに驚かされる。

十月十四日、朝鮮使節派遣問題を審議する閣議が開催された。出席者は、太政大臣三条実美、右大臣岩倉具視、参議の西郷、板垣、大隈、後藤、江藤、大木、大久保、副島計十名、欠席木戸孝允。

木戸は病気を理由としているが、そもそもこの問題にさほどの興味もなく、井上、山縣たちの醜い汚職問題のもみ消しで頭がいっぱいになっていたのであろう。これが、長州閥の頭目、「維新の三傑」と言われる男の正体である。

閣議において、西郷は当然八月十七日の閣議決定の再確認を求める。天皇に上奏している以上は、本来これは決定事項であり、岩倉たちは速やかに追認すべきであるというのが西郷の主張であった。

これに対して岩倉が、樺太問題が先決であると反論、そして、大久保が、三条・岩倉との約束通り、二人の意向を反映して、有名な「征韓論反対七箇条」を展開する。大久保の主張は、朝鮮への使節派遣は開戦に直結することを前提として、戦争になった場合のデメリット、危険を列挙したものである。

岩倉・大久保の反対論を鋭く批判したのが、徹底した法治主義の理論家、俊傑江藤新平である。

江藤は、岩倉の樺太問題先行論に対しては、これは私人間のトラブルであって外交交渉で解決できる問題であり、国家間紛争である朝鮮問題とは次元の異なる問題であるとし、次元の異なる問題を同列に扱うこと自体がナンセンスであると片づけた。

そして、岩倉・大久保たちの、特に大久保の七箇条に対しては、使節派遣が開戦に直結するから一度閣議決定した派遣を延期してまで戦争準備の期間が必要というなら、既に開戦する理由が存在することになる、ならば朝鮮との間で交渉の余地は既にないはずであり、使節を派遣することは無用となる、むしろ征韓戦争の開戦を決議することがスジであるとした。

つまり、江藤は岩倉と大久保の論理の矛盾を衝いたのである。決して、征韓論を支持したわけではないのだ。如何にも理論家江藤らしいが、結果的に西郷を支援したことになったことは否めない。

最終的に、西郷の朝鮮派遣は形式上は大久保を含む全会一致で正式決定された。大久保は怒りの辞表を提出、岩倉までもが辞意を表明、西郷が三条にルールに従って閣議決定を天皇に上奏するように求めるに至って、物事が決断できない三条は高熱を出して人事不省に陥った。

ここでまた、策士伊藤が画策に走る。ところが、大久保が全く同じような策を、同じ薩摩藩の黒田、吉井を使って工作する。大久保の権力欲にはすさまじいものがあるが、肝心の局面ではやはり伊藤ではなく、同じ薩摩の仲間を使うところが興味深い。大久保も、郷中で育った人間であるということか。

大久保の策に従い、岩倉は太政大臣代理に任命され、十月二十三日、閣議決定を上奏すると共に、併せて自分の見解も上奏、閣議決定を裁可しないように若い明治天皇を誘導したとされる。かくして、閣議決定は覆された。

これが事実なら、岩倉の行為は「太政官職制」を始めとする廟堂の法に違反している。これもまた、岩倉・大久保の自説を通すためのあってはならない天皇の政治利用であり、本来ならこの時の天皇の裁可は無効である。

これを受けて、同日、西郷は辞表を提出。翌二十四日、全参議が辞表を提出した。同日、西郷の参議、近衛都督《ととく》を解任、西郷は規則に従い「陸軍大将」のみの身となった。

正規の手続きを経た閣議決定が天皇に裁可されなかったということは、天皇の〝内閣不信任〟に当たり、全参議は辞表を提出しなければならない。大久保、西郷以外の残る参議が全員辞表を提出したのは、この規定によるものである。

大久保の最後の仕上げは、辞表の選別受理であった。岩倉太政大臣代理は、大久保の策に従い、西郷、板垣、江藤、後藤、副島の辞表のみを受理、木戸、大隈、大木、大久保の辞表は却下した。実に露骨な手法と言うしかない。これによって大久保は、反対派の一掃に成功したのである。

以上が、「征韓論政変」とも言われる「明治六年政変」の、あくまで概要である。西郷以下の参議は、「征韓論」に敗れて辞職したわけではない。これは、江藤以外にはまだガバナンスの論理を理解していなかった新政府首脳たちの醜い政争であったのだ。

勝者は大久保であった。これによって、土佐、肥前の勢力が後退、薩長による「有司《ゆうし》専制《せんせい》」と呼ばれる藩閥の専制体制ができ上がることになる。これは、言ってみれば「大久保体制」とも呼ばれるもので、すべての面で「官」の圧力が強力で一方的なリーダーシップとなる時代の到来でもあった。

西郷の辞職と共に、西郷系の近衛士官や官吏が多数後を追った。陸軍少将桐野《きりの》利秋《としあき》や同篠原国幹《くにもと》がその代表格であるが、彼らは「西南の役」において中心的な役割を果たすことになる。

政変後、井上馨は再び露骨な利権要求を盟友伊藤博文たちに求めるようなる。江藤も去った今、抜きん出て露骨な金権政治家井上に、もはや恐いものはなかったのであろう。

毛利敏彦氏は、次のようにこの政変を総括している。

――これこそが、内治優先の美名で覆われた「明治六年政変」の赤裸々な現実であった。そして、山城屋和助事件・三谷三九郎事件の山縣有朋、尾去沢銅山事件の井上馨、小野組転籍事件の槇村正直……と、汚職・不祥事を続出させていた長州派は、政変のおかげで罪跡をうやむやにできて、没落寸前の淵から這い上がることに成功した。その意味では、意図して得られた結果であったか否かは別にしても、長州汚職閥こそは、明治六年政変の最大の受益者であったといえよう。――（前出『明治六年政変』）

西郷の内には、新政府に対する失望と怒りが沈殿していったことであろう。板垣の回想によれば、この時既に政府打倒の芽が宿っていたと考えられる。そして、その芽は大きな塊にまで膨れ上がり、明治十年二月、遂に破裂した。「西南の役」である。

この役における西郷は既にシンボルであり、「飾りもの」であった。従って、この戦役の詳細を延々と述べることは、本書の主旨に照らしてさほど重要ではないが、戦の流れだけは後節で触れておきたい。

この役を仕上げの舞台として、薩摩の郡方書役助という一介の小役人に過ぎなかった西郷吉之助は、英雄と化し、時を経て伝説と化していく。残されたものは「大西郷」という「虚像」であった。

しかし、その虚像とは、「文明」だ、「近代」だといって「官」から一つの価値観を強制された市井の人びとが、希求して止まなかったからこそ生まれたものではなかったか。この点に、いわゆる「明治維新」という変革の正体をあからさまにしようとする時、「大西郷」という虚像の存在とその解明を避けて通れない理由がある。

討幕戦には勝ったものの、政変に敗れ、「西南の役」にも敗れ、僅かな時間の間に「官」と「賊」という位置づけを往復した西郷とは、果たして幕末維新史における勝者であったのか、それとも敗者であったのか。

2　私学校と西郷

武家自身の手によって、武家の存在を抹殺することになる「廃藩置県」という第二のクーデターは、大規模な抵抗もなく不思議なほど穏便に実行された歴史上の大変革であったが、存在を否定された武家に全く不平不満がなかったということではない。鬱積した不満の噴出として発生した反乱は、「明治六年政変」や廃刀令、秩禄《ちつろく》処分などが直接のきっかけになった感があるが、背景にあった極端な欧化政策も影響している。昨夜まで「復古」「攘夷」を旗印にしておきながら、夜が明けた途端に百八十度転換し、卑しいほどの西欧崇拝を新しい「お上」が押しつけたのであるから無理もない。

明治の欧化主義は平成も終わろうとする今日まで続いているが、ジャポニスムの影響を強く受け、「西南の役」の五年後に来日したフランス人風刺画家ジョルジュ・ビゴーでさえ、十五年以上の滞在の後、嫌気がさして離婚までして日本を去っている。

彼の妻は、士族の娘である。

不平士族は、次々と反乱を起こすに至る。「佐賀の乱」（明治七年）、「神風連の乱」（明治九年）、「秋月の乱」（明治九年）、「萩の乱」（明治九年）などがそれである。しかし、これらは「佐賀の乱」（江藤新平・島義勇《よしたけ》）を除いては、いずれも勢力としては百数十名から二百名強という小規模な反乱であった。熊本鎮台や広島鎮台の幾つかの連隊や大隊が出動して簡単に制圧している。

この反乱の流れが、後の自由民権運動に姿を変えるのである。即ち、自由民権運動とは、純粋に「自由」と「民権」を求めて発生したものではなく、本意としては士族特権廃絶に対する反撥、「有司専制」の名で指弾された薩摩・長州閥の専横に対する抵抗であったのだ。

民権運動という形を採らなかった一連の不平士族の最後の反乱が「西南の役」であったと解釈できる。武家の手による武家のためにあらざる御一新は、遂に伝統的な〝独立国〟薩摩の中央政府に対する反乱を惹き起こしたのである。

ただ、この役は、決起の瞬間から一つの重大な問題を抱えていた。それは、決起するだけの「大義名分」である。

凡そ西郷ほど「名分」を重視する者はいない。その西郷が、何を「名分」として武装蜂起に至ったのか。

不平士族の反乱が続発した頃から新政府は、「次は薩摩士族か」と神経を尖らせていた。新政府は、頻繁に密偵を放ってその動向を注視していたが、明治九（1876）年末、約二十名から成る視察団を薩摩に送り込んだ。彼らは、情報収集だけでなく、私学校党の説得も目的としていたが、翌年二月初め、少警部中原尚雄《なおお》たちが私学校党に逮捕される。拷問による取り調べの結果、中原が西郷暗殺計画を自供する。その後、野村綱《つな》なる人物が自首し、大久保がこの暗殺計画に関与していることになり、中原たちの口供書が取られたのである。

結局、これが「名分」となった。西郷は、

「政府へ尋問の筋これあり」

と宣言して、東京を目指して挙兵したのである。

暗殺計画について政府を尋問する——果たしてこれが挙兵の「名分」となるのか。土佐士族も政府にマークされていた一つであったが、板垣退助はこれが「名分」になり得るかに迷い、結局、同調して挙兵することを思い留まったとされている。

思うに、繰り返し述べている「テゲ」の文化に育まれた西郷は、最後まで「小稚児」「長稚児」「二才《にせ》」の上に立つ、薩摩の郷中若衆組の「二才頭」であり続けたのではないか。幕末動乱の推移と共にその世界を広げていったとしても、薩摩若衆組の「総頭」であり続けたのではないだろうか。

「二才」に任せず直接「長稚児」「小稚児」の面倒をみる「二才頭」西郷は、下の者から慕われた。若衆組を組織として考えれば、「二才」はさしずめ管理職であり、軍隊で言えば士官であろう。士官に任せず、大将が直接兵たちと交流する。実は、この図式が西郷という個人の吸引力となっていたのではないか。別の見方をすれば、西郷はあくまで西郷という個人であって、組織人ではないのだ。

薩摩士族挙兵の報を受けた新政府は、西郷が加わっているかどうかを先ず確かめようとした。大久保たちの目には「稚児」である兵たちは目に入っておらず、「二才頭」である大将西郷の動向ばかりを懸念したのである。

この一事は、「西南の役」における西郷の位置づけを、ひいては御一新後の薩摩における「総頭」西郷のシンボル性というものを図らずも顕している。

「稚児」たちの不平は沸騰している。そうなれば、「二才頭」或いは「総頭」としては己の意思は別にして、「稚児」たちの求める「頭」であってやらねばならないのである。このように考えると、西郷が紛れもなく「征韓論者」であったということも自ずと結論として落ち着くのである。

但し、決定的に重要なことは、西郷の視線は常に「稚児」たちに向けられてはいたが、武家・士族の外、即ち、郷中の外の庶民には向けられていなかったという点である。士族の数が異常に多い鹿児島県において、彼の視線が士族以外の百姓、庶民に深く注がれることはなかったということに注目しておきたい。

「二才頭」西郷が、薩摩不平士族に担がれるような形で武力蜂起に至った経緯を、簡略にみておこう。

明治六（1873）年、東京に集義塾という塾が開設された。これは、西郷や大久保、桐野利秋たちが、下賜された賞典禄を拠出して設立されたところから「賞典学校」とも言われるが、翌明治七年、これが鹿児島へ移された。また、同七年六月には、鹿児島城（鶴丸城）厩跡《うまや》に銃隊学校と砲隊学校が創設され、西郷下野と行動を共にするように除隊、帰藩してきた近衛兵たちを受け入れた。

銃隊学校は篠原国幹、砲隊学校を村田新八が指揮し、その人数は銃隊約五百名、砲隊約二百名に達している。

更に、明治八（1875）年には、下士官養成所とも言うべき吉野開墾社を設立、これらを総称して「私学校」と呼ぶ。

明治六年一月、「徴兵令」が施行され、平民、即ち、かつての農工商という階層出身の兵隊が出現することとなった。このことは、戦闘が武家、士族の専権事項ではなくなったことを意味する。現実に、「御親兵」の時代まではまだ「武」を支えに生きることができたものの、徴兵令の施行によって無職となった士族も存在したのである。薩摩への帰郷兵の中にも、多くの無職化した士族が含まれていた。

彼らの中には、身を持ち崩し、堕落した生活に落ちる者も珍しくなかった。私学校は、このような士族の統制を図るために西郷の側近たちが構想し、設立したものである。つまり、これは、私設の士官学校とも言うべきもので、当てを失った士族を吸収したのはいいが、旧薩摩藩の兵力は大量の武器弾薬と共に温存されることになったのである。

更に、私学校は県内各地に分校を設け、全県を網羅するような存在となった。この存在は、新政府にとっては「火薬庫」のようなもので、いつ暴発するかという大きな懸念材料となっていく。

余談に属するが、西郷はもともと徴兵制には消極的であった。西郷の視線は常に士族に注がれており、「壮兵」という言葉で一種の志願兵制度を構想していた時期がある。

「西南の役」で主導的な役割を担う桐野利秋になると、彼は明確な徴兵制の反対論者であった。この二つの事実は、「西南の役」を考える上では重要であり、常に頭に置いていただくといいだろう。

私学校に関しては、更に無視できない問題がある。

賞典学校はともかく、特に銃隊学校、砲隊学校の運営資金は、県から支出されていたという点である。「私学校」という名称から、これは、あくまで西郷或いはその側近一派によって運営された私設の塾のようなイメージを受けるが、実態はそうではない。県内に張りめぐらされた分校網を含め、鹿児島県が運営していたようなものなのだ。換言すれば、鹿児島県が旧薩摩藩の士族を組織化していたと言ってもいい。

この時の県令は誰であったのか。

大山綱良《つなよし》である。本三部作の読者は、大山格之助《かくのすけ》という名前を覚えておられるだろうか。

そう、戊辰東北戦争の際、かの長州・世良修蔵と共に奥羽鎮撫総督府の下参謀を務めた、あの大山格之助である。世良が二本松・会津方面を担当し、大山は庄内藩を受けもったが、強力な庄内藩部隊に連戦連敗した経験をもっている。

その大山格之助が、御一新後、大山綱良を名乗り、廃藩置県によって鹿児島県の大参事を経て県令となっていたのである。この男、確かに剣の使い手ではあったようだが、西郷同様、組織戦は下手で、これまた西郷同様、独断の傾向が強かった。

例えば、新政府に反乱を起こして敗走した長州・大楽《だいらく》源太郎が日田県庁を襲撃した際、討伐軍司令官を命じられて鹿児島から現地へ向かったものの、到着後直ぐ独断で解兵してしまったり、県令に就任するや旧薩摩藩の公文書を勝手に焼却処分してしまうなど、問題の多い県令であった。

もともと誠忠組に属していたが、御一新後は島津久光に近く、西郷に対しては常に批判的であったが、西郷が「明治六年政変」で下野するや否や、一転して西郷を支援した。

大山県令は、資金面で私学校を支援しただけではない。私学校関係者（私学校党）を県の官吏に登用し、私学校党の県支配とも言うべき状況を積極的に創り出したのである。

その独断の極みとも言うべき行動が、徴収した租税を新政府に納入しなかったことである。つまり、私学校は公金で成り立っていたのである。このことは、鹿児島県民が、その意志とは無関係に、新政府と対立の色を深める私学校党に資金を拠出していたことを意味する。

では、百姓が私学校へ入ることができたかといえば、それは許可されていなかった。私学校への入学を許可されるのは「城下士」のみであった。薩摩では、旧藩時代から「城下士」と「郷士」の違いは、全く身分が違うようなもので、同じ武家とはとても言い難く、城下士からすれば郷士とは殆ど百姓と変わらない者で、強烈な差別意識が存在した。その関係は、土佐における「上士」と「郷士」の違い以上のものがあったとさえ言われる。

私学校は、不平士族の暴発を防ぐという名目で設立されたものであるが、実態は、帰藩した城下士を組織化し、新政府の組織を形式的に利用しつつ、旧藩庁に代わって郷士以下の県民を〝統治〟していたと言ってもいいだろう。そして、漢文の素読以外は殆ど軍事教練ばかりという指導内容は、とても学校とも塾とも呼べるものではなかったのだ。更に、無視できない重要な事実は、私学校では退校を許さなかったという点である。この点に、私学校設立に関わった幹部たちの真意が潜んでいる。

私は、いろいろな場で、薩摩の中世以来の独立性に触れてきた。述べてきたような、大山県令と私学校党の支配する鹿児島県の状況を指して、木戸孝允は「まるで独立国のようだ」と、怒り、嘆いている。

確かに、新政府の県令は、旧藩との関係を断つために他府県出身者を充てることが原則であったが、唯一の例外が、この鹿児島県大山県令であった。ここに、中央政府の西郷という存在に対する〝遠慮〟があったとみられるのだ。

西郷は、城下士の末端とはいえ、どこまでも城下士の出身である。大山県令以外に、この時点で彼の周囲にいた幹部たち、桐野利秋、篠原国幹、村田新八、池上四郎、別府晋介たちにとっては、西郷の存在は「反政府」の旗印として不可欠であった。下野したとはいえ、維新の功労者にして前参議であり、今も陸軍大将である。中央政府内でも〝顔の利く〟、郷党では唯一の存在なのだ。ややリベラルな思想傾向をもつ村田新八を別にすれば、彼ら幹部たちにとって重要なものは、西郷のもつキャリアであり、それに基づく中央政府に対する薩摩の、正確には薩摩士族（城下士）の存在感そのものであったろう。今、西郷が何を考えているのか、それは二の次ではなかったか。必要なものは、「大西郷」の「顔」なのだ。つまり、いつの間にか西郷は「神輿《みこし》」として、シンボルとしてのみ必要であったとみられるのだ。

もし、シンボルとして西郷という存在がなかったら、彼らが反乱を起こしたとしてもそれは他の士族反乱と同列に並べられる程度の規模と位置づけで終わったのではないだろうか。

現実に、「西南の役」を実質的に立ち上げた中心人物は、篠原国幹と桐野利秋である。鹿児島視察を目的として、この時期鹿児島に滞在していたアーネスト・サトウも二人の名前を挙げている。そして、サトウは、注目すべき記録を残している。

——西郷には約二十名の護衛が付き添っていた。かれらは西郷の動きを注意ぶかく監視していた。——(『遠い崖—アーネスト・サトウ日記抄　西南戦争』朝日新聞出版)

幹部たちが恐れたのは、西郷の変節である。ひとたび蜂起したら、その決意が揺らいでは困るのである。

西南戦争を通じて、一般兵卒が西郷の姿を見ることは殆どなかった。それは、彼が常に護衛兵に取り囲まれ、実質的に監視下にあったからである。

では、西郷の真意はどうであったのだろうか。これについては、英国公使パークスが間接的ながら的確な見方をしていると思われる。曰く、

・薩摩士族は自分たちの力を過信していなかったか

・薩摩士族は自藩の威信と、その指導者の名声と、この二つのものへの信頼によって、判断を誤りはしなかったか
・おそらく真の原因は、いま大胆な一撃を加えて政府を威圧しておかなければ、自分たちの影響力を保持する機会はまもなく失われると、薩摩士族が感じていることである（同）

私は、右の第三項が西郷自身にもあったとみている。西郷は、熊本鎮台を軽くみていた。樺山参謀長以下薩摩出身者の寝返りも想定していたようである。熊本鎮台を制圧し、その上で大久保政権と談判に及ぶ。これが、西郷の真意ではなかったか。

薩摩士族全体を郷中と捉えれば、篠原や桐野以下の稚児たちの沸騰を、総頭として認めてあげないわけにはいかない。日朝修好条規も締結され、明治六年政変直後のように士族の不満のはけ口を外征に求めることも難しくなった今、蜂起そのものを止める説得力のある指導ができるか。総頭らしく振舞ったその時、陸軍大将たる我が身はどうなるか。

つまり、西郷は、決死の覚悟で蜂起したわけではない。私は、この推断に確信をもっている。

3　田原坂

私学校党は沸騰している。大久保政権は、しきりに密偵を放っている。明治十（1877）年一月、政府は三菱の汽船を派遣、草牟田弾薬庫の銃や弾薬の接収を開始した。とにかく火器・火薬・弾薬を鹿児島に置いておくことは危険であった。

ところが、この動きは私学校に察知され、一月二十九日深夜、約二十名の私学校生徒が弾薬庫を襲撃、弾薬を奪うという事件が発生した。その数、六万発と言われている。

翌日、この動きに加わる者が数百名に膨張、磯の弾薬庫、海軍造船所も襲撃され、武器、弾薬が強奪されるという事態に発展した。海軍造船所造船次長菅野少佐は、一部の弾薬を海に沈めた上で海軍省に電信急報、県庁にも急報し、鎮圧を要請したが、大山県令は手に負える事態ではないと、これを拒否した。この事件が、「西南の役」

勃発の直接のきっかけである。

政府は既に、大警視川路利良の指揮で、少警部中原尚雄ら約六十名を鹿児島県に潜入させていた。中原たちの多くは郷士出身者であり、伝統的な郷士の城下士への反撥を利用したものである。

しかし、県内警察網は私学校が押さえており、二月三日、中原が逮捕され、県庁は「東獅子狩り」（密偵狩り）を展開して、多くの政府密偵を捕縛、「ボウズヲシサツセヨ」との電報を押収した。密偵の間では、西郷のことを「坊主」、桐野を「鰹節」と呼ぶ合言葉があったのである。この電文が間違いのないものなら、中原たちは西郷暗殺の指令を受けていたことになる。中原は拷問にかけられ、「西郷刺殺」の密命を受けていたことを自白した。

西郷刺殺の密命があったかどうかは、定かではない。しかし、既述した通り、このことが「政府へ尋問の筋これあり」という名分となったのである。

二月五日、幹部による対策会議が開かれ、ここで西郷は、自分の身を預けると言明した。

翌六日、私学校に「薩軍本営」の看板が掲げられ、作戦会議が開催された。

海路長崎を奇襲して軍艦を奪取、そのまま一気に大阪・東京を衝くという案、長崎・熊本・大分三方向を分進するという案などが提起されたが、全軍で熊本鎮台を攻略することで議論はまとまった。これは、池上四郎が主張したものであったが、会議を主導したのは桐野と篠原であったとされる。

久光側近の市来四郎の証言（『丁丑騒乱記』）に由れば、西郷は「熊本には樺山資紀《かばやますけのり》あり。肥堺に我が軍進まば一、二の台兵は我に帰すべし」と述べ、熊本鎮台の薩摩出身者が薩軍に帰順するという見通しをもっていたようである。同時に、大山県令に至っては「川村（純義、海軍中将）が下関で迎えの艦船を寄こすだろう」という、実に甘い観測をしていたらしい。勿論、西郷、大山の見込みは、すべて外れる。

一方、政府の対応は迅速であった。二月九日、警視庁は巡査を召集、少警視綿貫吉直を指揮官とする六百名の警視隊を編成し、十一日に横浜を出港、九州へ向かった。重要な局面で活躍した警視隊は士族で構成されており、実戦経験をもっている者が多く含まれていた。このあたりは、政府自身が一般徴募の鎮台兵の弱点を十分認識していたとみることができるだろう。

薩軍は、二月十日過ぎには編成を終え、総勢一万二千とも一万三千とも言われる。各部隊の指揮官は、以下の通りである。

本営　西郷隆盛（陸軍大将）
一番大隊　篠原国幹（陸軍少将）
二番大隊　村田新八（宮内大丞）
三番大隊　永山弥一郎（陸軍中佐）
四番大隊　桐野利秋（陸軍少将）
五番大隊　池上四郎（陸軍少佐）
六番七番連合大隊　別府晋介（近衛陸軍少佐）
六番大隊　越山休蔵（近衛陸軍少尉）
七番大隊　児玉強之助（近衛陸軍中尉）
砲隊一番小隊　岩本平八郎（陸軍大尉）
二番小隊　田代五郎（陸軍少佐）

これら各隊は、二月十五日から順次練兵場を出発した。折しも、鹿児島は大雪にみまわれていた。殿《しんがり》は本営及び砲隊で、雪の止んだ十七日に練兵場を出発。陸軍大将の正装に身を包んだ西郷は、桐野利秋、村田新八を引き連れ、二百名ほどの護衛兵に囲まれながら進軍した。

二月十九日、政府は「征討令」を発令。有栖川宮熾仁親王を「征討総督」とし、長州・山縣有朋（陸軍中将）、薩摩・川村純義（海軍中将）をそれぞれ陸海の参軍として征討軍団を編成した。

まずまず迅速な対応であったと言えるだろうが、それだけに規模的には〝とりあえず〟の感が否めない。征討軍は、歩兵・工兵・砲兵・輜重《しちょう》を混成させた野戦軍団ではあったが、二千名規模の旅団二個旅団に過ぎなかった。司令官は、第一旅団が薩摩・野津鎮雄少将、第二旅団は長州・三好重臣少将である。

野津・三好は、軍医や砲兵を二つの旅団で共有することにしたが、そうなると、旅団とは言うもののこれはもう質量共に兵力としては連隊並みと考えた方がいい。

しかし、軍事行動においてはスピードがすべてという側面がある。両旅団長は現地で増援を待つことを前提に、二十日に神戸を出港、二十二日に博多に上陸したのである。十九日に「征討令」が発令されたことを考えると、これは「緊急展開」と言ってもいいだろう。実は、このスピードが、熊本鎮台攻城戦の戦局に大きな影響を与えたと見て取れるのだ。

第一、第二旅団が博多に上陸したこの日、熊本鎮台の置かれている熊本城において、薩軍と熊本鎮台の激戦の幕が切って落とされたのである。

二月二十五日、政府は、西郷・桐野・篠原の官位を剥奪した。

鹿児島を発った薩軍が向かったのは、熊本鎮台である。強壮無比を以てなる薩摩士族城下士は、徴募兵である鎮台兵を「糞鎮」と呼んで見下して、熊本鎮台は容易に落とせると読んでいたのだ。

しかし、熊本城攻城戦のさまざまな激しい局地戦のことを割愛し、結果をみれば、薩軍はこれを落とせなかったのである。

薩軍の攻城に対して、籠城戦を決意して熊本城を守る熊本鎮台司令長官は、土佐・谷干城（陸軍少将）であった。参謀長は、薩摩・樺山資紀（陸軍中佐）、参謀に徳山・児玉源太郎（陸軍少佐）、薩摩・川上操六（陸軍少佐）といった陣容で、長府・乃木希典（陸軍少佐）の小倉第十四連隊が入城を果たせなかった一方で、警視隊が籠城前の最後の入城を果たし、籠城総数は３３９７名であった。この数以外に、将校の家族、県令、県庁幹部たちも籠城に加わっている。更に、この場には意外な人物と言ってもいいだろうが、出張中であった内務省の品川弥二郎（長州）も籠城していた。

なお、後に昭和陸軍が「軍神」と崇めた乃木希典の第十四連隊が予定通り入城を果たせなかったのは、スナイドル銃への交換に手間取り出発が遅れたことに加え、兵士の「靴擦れ」で進軍スピードが遅かったことが原因であると言われている。乃木隊は、入城を果たせなかったばかりか、熊本城手前の植木辺りで薩軍に軍旗を奪われるという失態を演じた。乃木といういきなり士官から軍人生活を始めたこの男は、絶えずこの種の失態を演じ、日露戦争で児玉源太郎の足を引っ張ったことは周知の通りである。

熊本鎮台攻城戦の山場が、「田原坂《たばるざか》の戦い」である。この激闘に敗れた薩軍は、この後、転戦しながら鹿児島へ落ちていくことになる。

転戦しながらの敗走。その詳細はそれを主題とする書き物や軍記物に譲りたい。

三月十一日、旧会津藩士山川浩率いる選抜隊の奮戦によって熊本城の包囲が解かれた。四月二十七日、政府軍が鹿児島へ上陸。六月一日、人吉陥落。七月二十四日、都城陥落。

八月十六日、長井村において西郷は、全軍の解散を宣言した。そして、政府軍部隊を突破して鹿児島へ入るが、九月二十四日、城山で最後の戦いを挑み、二発の銃弾を浴びて斃れた。西郷をはじめ、桐野利秋、村田新八、桂久武、池上四郎、別府晋介、辺見十郎太を含む七十三名が、同日戦死した。

結局、約七ヵ月に及んだ「西南の役」は、「田原坂」の激戦によって帰趨が決したと言えるだろう。

ところで、やはり新政府に強く反撥していた島津久光は、この役に際してどうしていたのか。

西郷が下野して後も、薩摩藩父・島津久光と西郷の関係は修復されなかった。「西南の役」に際しては、久光は中立的な立場をとり、最後の城山決戦の際は、今なお活動を続ける桜島へ避難した。薩軍と政府軍の攻防はそれほど激しく、活火山である桜島の方が安全であったということだ。

城山から桜島を望む（筆者撮影）

繰り返しになるが、両者が最後まで良好な関係を取り戻せなかった原因の多くは西郷にある。島津斉彬の取り立てによって世に出た西郷は、最後まで斉彬を尊崇し、その反動として久光を敬うことができなかったのではないだろうか。討幕に至る西郷の行動や新政府になってからの個々の施策についても、久光は新政府の軸となった西郷、大久保を憎悪した。西郷のことを「安禄山」と呼んで非難したこともある。

蛇足ながら、安禄山とは、唐時代に玄宗に対して反乱を起こした、玄宗からすれば反逆者である。このことから、我が国では逆臣、不忠者の代名詞として使われた言葉である。

城山での血戦が終結した後、薩摩の城下は激しい雨に見舞われた。日頃は城山から見慣れていた桜島に身を引いた久光は、対岸にある敗残の雨の城下をどういう心境で眺めていたのであろうか。

西郷の討幕活動、新政府の構築活動は、絶えず久光からの憎悪の視線を感じながら進めざるを得なかった。藩内でも、最後まで孤立していたのである。

言ってみればそれは、大八車に薩摩という独立性の強い重い大藩を乗せて、ぬかる む悪路を喘ぎ喘ぎ進んできたようなものであったろう。その上で、「廃藩置県」とい う、運んできた藩を葬るという仕事をやり遂げた上で「西南の役」で滅んだ。見方に よっては、ようやく運命とも言えるであろう苦悩から解放されたようにもみえる。

西郷という人物は、何事も理屈では片付かない、綺麗事を並べても最後は武力だと考えていたことはまず間違いではない。このことは、例えば「小御所会議」の時に「短刀一本あれば片が付く」と言い放った姿勢に端的に表われている。自らも「軍好き」であると公言して憚《はばか》らなかった。

しかし、「西南の役」とは、そのような西郷の本性が惹き起こした反乱ではない。「行き場」を失った西郷の自分自身の「始末」の場であったことは間違いないが、一方で歴史上の意味として中世以来の独立圏・薩摩の終焉であり、その時点で御一新後の主導権が完璧に薩摩から長州へ移った決定的な事件であったとみることができるだろう。

「西南の役」を代表する「田原坂」の、激戦と言うには余りにも凄惨な戦闘においても、西郷は前線に立って全軍を鼓舞して戦うといった行動を採っていない。この役を通じて、西郷は常に護衛という名の監視下にあるような様相であった。果たしてこの役は、実質的には誰が惹き起こしたのか。それは、桐野利秋と篠原国幹であろう。この役においては、西郷はもはや「お飾り」のような存在に過ぎなかった。

例えば、熊本城攻城戦の戦端を開いたのは別府晋介であるが、彼は砲隊の到着を待たず、西郷の裁可も得ずにこれを行っている。また、開戦直前の西郷が、外征の機会を待つような姿勢をみせていたことに対して、桐野が「其説古し」と批判したことも知られている。

しかし、「明治六年政変」という、余りにも低劣な政争に怒り、失望して下野した西郷の心情を思えば、そこまでで十分であろう。

「田原坂」とは、中央政府という大人社会に怒った若衆宿の「稚児」たちの蜂起を「二才頭」として放っておくわけにいかなかった西郷の仕上げの舞台であったとしか思えないのである。

土地の老女が、田原坂の戦に比べりゃ大東亜戦争なんか小さいと語った田原坂の激闘の詳細は、やはりその種の物語に任せた方がいいだろう。僅か十六日間の間に薩摩軍と新政府軍が撃ち合った弾丸は、三十数万発に上る。戦場は、長さ八キロ、幅六キロという狭いエリアで、飛び交う弾丸の密度を想えば、確かに大東亜戦争なんぞ、という回顧もあながち誇張とは思われない。

たった一人の老女の感覚ではない。後の日露戦争で第三軍司令官として「二〇三高地」を何とか攻略して〝英雄〟となった前述の乃木希典は、この戦役の時、小倉第十四連隊を率いて薩軍に連戦連敗、挙句に連隊旗を奪われたことは余りにも有名で、その一部は述べた通りである。その乃木が、激しい旅順攻防戦の最中《さなか》にぼそっとひと言幕僚たちに漏らしたと伝わる言葉がある。

「田原坂の方がもっと酷かった……」

当時の小銃弾は鉛である。政府軍の弾と薩軍の弾が空中でぶつかり、そのまま噛み合って固まったものが今も残されている。これを「行き合い弾」と言う。こういう苛烈な戦闘を経て、薩軍は薩摩本領へと退却し、城山を枕にして壊滅する。その退却戦の途中、日向で、西郷が島妻・愛加那との間にもうけた長男菊次郎が、片足の膝下を失うという重傷を負った。

田原坂への道には、新政府の腐敗、不平士族の発生と困窮、極端な欧化政策への反撥、薩摩と肥後の歴史的関係、征韓論の真実、関ヶ原以来の怨念等々、さまざまな武家の想いと思惑、生態が転がっているのだ。そして、「西南の役」によって確実に一つの時代が終焉を迎えるのである。

慶應義塾の創始者にして『学問のすゝめ』を著した近代日本の思想的先駆者とのみ認知されている福澤諭吉は、「西南の役」に関して大久保政権に対して激しく怒った。先に述べたが、「西南の役」直後に書き上げながら、明治三十四年になって時事新報に掲載された『丁丑公論《ていちゅう》』において、福澤は激しく怒っている。

「今、西郷氏は政府に抗するに武力を用いたる者にて、余輩の考《かんがえ》とは少しく趣を殊にする所あれども、結局その精神に至ては間然すべきものなし」

「西郷は生涯に政府の顚覆を企《くわだて》たること二度にして、初には成りて後には敗したる者なり」

「西郷は天下の人物なり。日本狭しと雖も、国法厳なりと雖も、豈《あに》一人を容るゝに余地なからんや」

つまり、福澤は、武力による抵抗は自分の主義とは違うとしながらも、西郷の「抵抗の精神」を評価しているのである。福澤という人物は、この「抵抗の精神」というものを常に重視した。人が権力を握れば、それが誰であれ必ず腐敗する。それは、仕方がない。その時、「抵抗」することが肝要なのだと説く。

そして、西郷の「抵抗」については、一度は御一新という形で成功したものであり、その際は最大の功労者としてもち上げながら、新政権に反旗を翻すや一転「賊」として非難するとは、何を根拠としているのかと怒る。更に、法の大切さは分かるが、西郷という天下の人物を生かす対処の仕方があっただろうが、と嘆く。

私は、偏狭とも言うべき性分をもつ西郷を「天下の人物」とは思わないが、福澤諭吉という新時代の要件というものの導入に大きな功績を果たした人物が、農本主義を唱える郷土主義者（ナショナリスト）である西郷を、何故ここまで擁護し、西郷を討つた大久保新政権に対して怒りを露わにしたのか。大久保政権もまた、新時代の要件を備えることに躍起となっていた点では、福澤と同じ軌道を歩んでいたはずである。

益して福澤は、西郷とは一面識もない。

この点については、司馬遼太郎氏の以下のコメントが核心を衝いている。

――西郷は、武士が好きだったのです。特に、薩摩武士が好きだったのです。人間として信頼できるのはこの層だと思っていました。この層を制度として生かせば〝国民〟はできあがらない。かといって、彼にとって宝石以上のものである武士を廃滅させることはできない。西南戦争の真の原因はそこにありました。同時に、これを滅ぼした政府は〝議論〟をもって滅ぼさず、権力と武力をもって滅ぼしたのです。あまつさえ、その〝武士〟である敵を〝賊〟としました。福澤の嘆きは、この〝賊〟ということにあります。せっかく欧米特に新教国と、精神の面で張り合って十分遜色のない〝武士の心と生活〟というものを、政府は〝賊〟としたということを、福澤は、国家百年のために惜しみかつ、心を暗くしたのです。『丁丑公論』の文章の激越さは、その憤りにあります。――（前出『「明治」という国家』）

ひと言補足すれば、司馬氏は「武士」という言葉で括っているが、西郷が大事にしたのは「城下士」であって、「郷士」に視線をやってはいない。

いずれにしても、この見方は、福澤自身が「武士」であり、「武士」の精神を高く評価していたことを意味する。実は福澤諭吉のアイデンティティとは、自分が武士であるという点にあるのだ。殆どの福澤諭吉論には、剣豪と言われたほどの福澤の、この点に対する洞察が欠落しているのである。このことは、『瘠我慢《やせがまん》の説』をみれば、一層明白となることである。

そして、このことこそ繰り返して指摘しておく必要を感じるのだが、福澤は、西郷という人物について決定的なことを述べている。


「西郷の罪は不学に在りと云わざるを得ず」


武家福澤は、西郷の罪は「不学」にあると言い切りつつも、一方で、西郷を惜しむのである。「稚児」たちにとっても、西郷が理論家であるよりも精神の人、情緒の人であったからこそ吸引されていったと言えるのではないだろうか。

隼人の系譜であることを誇るかのように薩摩の士風という表現がよく使われるが、この薩摩人にとっての美意識とそれを具現する薩摩武士も「西南の役」で死滅したと言っていい。改めて、この役はそれほど大きな意味をもっていたと思われるのである。

長州と組んで、土佐・肥前を巻き込み徳川幕府を倒すことに成功した薩摩は、「西南の役」によって分裂した。薩摩武士の象徴でもあった西郷の下野に伴って行動を共にした者たちと、大久保政権に残った者たちとの間には、同じ薩摩人ではあっても、薩摩武士であるという自意識のもち様に決定的な違いがあったとみるべきであろう。勿論、このことは事の是非論ではない。

つまるところ、薩摩の士風や精神文化というものは「西南の役」を節目として滅びの道を辿ったということでもある。

精神文化という面でみれば、例えば熊襲の系譜と考えられる肥後の気質が土着性、風土性、民族性の強いものであるのに対して、薩摩の士風というものは高度に人工的なものであった。これは、戦国後期に練り上げられ、その後三百年の間、徹底して教育、躾によって維持されてきたものである。薩摩の士風に代表される薩摩気質というものが、「西南の役」の敗北によって崩壊の一途を辿った根源的な原因も、実はこの薩摩の分裂という歴史事実にあるのだ。

「西南の役」における政府軍の戦死者は、６８４３名とされている。そして、多くの研究者が薩軍戦死者もほぼ同数としている。つまり、この役で戦死した者は、両軍合わせて約一万三千名である。

因みに、戊辰戦争の犠牲者数については、その範囲の設定の仕方がさまざまであることから諸説あるが、最小の説で七千名、最大のそれは三万人である。即ち、この役は、犠牲者の数だけでみれば戊辰戦争に匹敵するのだ。

その中には、無理矢理薩軍に組み入れられた者も多い。親が病気だという偽電報で国許へ呼び戻され、そのまま薩軍へ参加させられた者もいる。何よりも戦場となった地域の庶民にとっては、薩軍蜂起は天災以上の不幸であった。熊本城下は、「射界の清掃」のために、鎮台によって焼き払われた。

この役においては、両軍とも庶民に視線を注ぐことが少なかった。特に西郷の視線は、常に城下士の上にのみ注がれ、彼の視線が庶民を温かく包むことはまずなかったのである。

役を通じて、西郷は幾つも戦術上の誤りを犯している。しかし、福澤の言う「不学に在り」という西郷の罪は、そういうことを指しているのではない。その視線が、庶民を主役とした「生きる未来」に向かっていなかったことを糾弾しているのではないだろうか。

♪雨は降る降る　陣羽《じんば》は濡れる
越すに越されぬ　田原坂
♪右手《めて》に血刀　左手《ゆんで》に手綱
馬上ゆたかな　美少年
♪山に屍《かばね》　川に血流る
肥薩の天地　秋にさびし
♪草を褥《しとね》に　夢やいずこ
明けのみ空に　日の御旗
♪泣いてくれるな　かわいの駒よ
今宵しのぶは　恋でなし
♪どうせ死ぬなら　桜の下よ
死なば屍に　花が散る
♪田原坂なら　昔が恋し
男同士の　夢の跡
♪春は桜よ　秋ならもみじ
夢も田原の　草枕　♪

今は熊本民謡とされる、ご存知『田原坂』である。幕末御一新の動乱は、慟哭しながら戦ったともみられる二本松・会津の一途《いちず》な抵抗戦から十年を経て、会津を討つ西軍の将であった西郷の滅びを以てようやく終焉を迎えたのである。そして、私たちは、長州を核とする勝者の言に従いその後の時代を「近代」と呼び、今日の行き詰まりを迎えているのである。

完

あとがきに代えて　～明治百五十年、琉球と沖縄が訴えるもの～

各地の各種団体や企業などからお招きいただき、明治維新の解釈についてお話をさせていただく機会が増えた。平成三十年という節目の年となる今年は、更にその機会が増えているが、それは今年が「明治150年」という、まさに節目の年となるからであることは疑いない。

どこでお話しするにしても必ず申し上げることは、この150年＝「明治近代」を生んだ「明治維新」という出来事は、いい加減に検証されなければならないということである。歴史の検証なくして、これからの社会のデザインを描くことはできないという危機感が益々強く私に迫ってくるのだ。

講演というものは、テーマが同種である限り、行く先々の土地柄や歴史事情に合わせて変更することがあってはならないと考えている。具体的に言えば、同じテーマで会津と山口県とでは話す内容に違いがあってはおかしいということだ。

当たり前のことであるが、これを貫こうとするには、ちょっとした勇気と覚悟が要るもので、時に思わぬ出来事にも遭遇する。

確か、昨年末のことであったが、今年の一月某日を候補日として山口県のある団体から講演のオファーをいただいた。対象は、県内企業の経営者約四百名、二日間にまたがる講演ということで、直ぐスケジュール調整を行い、基本的にはお受けする旨、返信メールをお出しした。

私は、詳細をお聞きする前に、基本的にお受けするか否かを先ずお答えするようにしている。依頼主の企画の根幹を為す事柄だと考えるからである。そして、原則としてスケジュールが可能な限り、すべてお受けするようにしている。

ところが、その後返信がなく、この時は依頼主が山口県の団体（仮にA社としておくが）であったところから、私は確認のご連絡を入れることにした。

私は、現在の都道府県とかつての藩というものを、地理的範囲が一致していたとしても、安易に直線的に結びつけることはおかしいと思っている。現在の山口県は、確かにかつての長州であるが、現実には周防《すおう》も存在し、防長《ぼうちょう》二ヵ国が一体であったとしても、今の山口県が往時の政治的環境をそのまま保持しているはずはないのである。

とはいえ、現実に私が、かつての薩摩・長州という維新クーデター勢力のエリアで生活している方々から猛烈な反撥を受けていて、時にそれが過激な反応になっていることもまた事実である。

そこで私は、A社に確認を入れるに際して、仮に私がその地でお話しするにしても、いつもと同じスタンスでお話しするが、それで問題はないか、そのことでA社に迷惑が及ぶことはないか、主催者としてメリットはあるか、これらのことを予《あらかじ》めご判断いただいているか、という旨、念のためのお尋ねとして付け加えた。

これに対して、約一ヵ月、全く返信はなく、その後にようやく係の若い女性と判別できる内容の返信をいただいたのだが、それは、今回は白紙に戻すという簡潔なご返信であった。

つまり、A社では、私がいつも通りのスタンスで話をするとは想定していなかったものと考えられる。となると、A社は逆に、山口県は長州であると明確に訴えておられるとも思ってしまうのだ。いずれにしてもこの対応が、私でなく維新について別の見解をもつ他の誰の場合であっても、幾つかの点で非礼であることは言うまでもなかろう。

先だっては、彦根藩井伊家の町・彦根市で、彦根藩が早々《はやばや》と恭順したことについて、確実に存在した彦根藩立藩のポジショニングに照らして如何《いかが》なものかと異議を申立て、以前会津に伺った時には、会津が報復戦争の被害者であることは明白であるが、いつまでもいつまでも被害を訴えるだけでいいのかという問題提起をさせていただいたが、共に率直な質問やら健全と思える反論をいただいた。A社の対応だけが、異例であったというに過ぎない。

今、私たちの社会は、見解を自由に書く、自由に述べるということが難しくなってきている。敗戦後永く続いた自虐史観と言われる考え方はようやく修正されつつあるが、その反動的な動きが目立ち、社会全体が確実に右傾化しているのだ。このことは世界的な潮流であるが、我が国の場合は、再び「国粋主義化」していると感じられるのである。

現在の内閣は、尊攘激派である吉田松陰を信奉する長州出身者を首班としているが、この内閣が民間との癒着をあばかれようが、公文書を改ざんしようが、今なお命脈を保っていられるのは、私には社会の「国粋主義化」が多少なりとも関係しているように感じられる。現内閣と明治維新に対しては、多少でも否定的なことを書くと、忽《たちま》ち匿名性の強い立場から激しい反撥が巻き起こるのがその証左である。

そういう中で、『明治維新という過ち』三部作は、本書を以てひとまず完結とさせていただくことになった。決して臆《おく》したからではない。

ひとまずのまとめに過ぎないが、「完結編」ということで、シリーズとしての主張を意識し、敢えてこれまでの著作と重複することではあっても、維新解釈のポイントと考える事柄については繰り返し述べたことをお許しいただきたい。

これまでの官による明治維新についての叙述は、多くの悪質とも言える捏造《ねつぞう》と隠蔽《いんぺい》を含んでいる。これを正したい一心で、繰り返しての指摘に紙幅を割いたが、これによって前二作を省いて本書のみをお読みいただく読者の方も、私の主張の動脈に当たる部分だけはご理解いただけたものと信じている。

物事は、時に引いて観察しないと全容を把握することができなくなるものだ。歴史の検証という作業においては、特にこの姿勢が必要であると痛感している。このことは、時間的にも空間的にも当てはまるのではないだろうか。

維新クーデターがもたらした御一新という社会変革は、慶応四年＝明治元年という点とも言うべき一時期に発生し、終結したものではない。短くみても、その前二十年、その後十年という期間の中で発生し、一応の終結に至ったとみるべきであろう。つまり、明治十（1877）年に薩摩士族が西郷隆盛を担《かつ》いで蜂起した「西南の役」を、幕末動乱のゴールとすることができるのではないだろうか。

つまり、慶応四年＝明治元年を基準とするにしても、少なくとも前後三十年間を俯《ふ》瞰《かん》できる程度には引いた目線が求められるということである。

その「西南の役」の主役である西郷とは、極めて土着性の強い、ナショナリストと呼ぶに相応《ふさわ》しい人物であった。彼を育んだ土地、薩摩について多少詳しく述べたのも、西郷に強い土着性を感じるからである。風土というものをこれほど強く感じさせる幕末人は、彼を措《お》いて他にはいないのではないか。薩摩という風土なくして西郷という人物は生まれなかったと言っていいだろう。この見方が、一つの空間的な俯瞰であると考えている。

ところが、本書は、薩摩をみながら琉球を視野に入れていない記述となっている。空間的な俯瞰が不十分だと指摘されても弁明の余地がないのだ。

幕末の薩摩を語るには、その密貿易を語らねばならない。薩摩による禁令を無視した密貿易とは、幕末史の上ではそれほど重要なファクターの一つである。討幕の資金源ともなったその密貿易は、琉球王国を盾《たて》として行われた。

つまり、密貿易を語るには、琉球を語ることが必要となるのだ。本書では、書き手の力不足でそこまで筆を延ばすことができなかったことをお詫びしたい。

言い訳のようになるが、簡略に触れておくと、薩摩が琉球を侵略したのは慶長十四（1609）年のことである。「関ヶ原」からまだ日も浅く、幕府の基盤が整っていない時期のことであった。

この年三月二十六日、軍船百隻に分乗した樺山久高以下三千の薩摩兵が本島北部に上陸し、同四月五日、首里城を接収した。翌慶長十五年、藩主島津忠恒《ただつね》が琉球王国第二尚氏第七代尚寧《しょうねい》を伴い、駿府《すんぷ》の徳川家康、江戸の徳川秀忠に謁見。このセレモニーを経て、琉球は奄美群島の割譲、薩摩の琉球に対する支配権を認めさせられたのである。「掟十五ヵ条」を押しつけられ、琉球の貿易は薩摩藩が監督することになった。

この後、江戸期を通して、薩摩は那覇に「琉球在番奉行」を置き、琉球を間接支配した。王国は、琉球国王の代替わりには「謝恩使」を、徳川将軍の代替わりには「慶賀使」を江戸へ送った。しかし、琉球は明《みん》から冊封《さっぽう》を受けており、江戸期の琉球は、明(後に清)と薩摩藩の二ヵ国に両属していたということになる。

この、薩摩の琉球侵略は、欧米列強のアジア侵略より遥かに露骨、単純なもので、まるで大航海時代のポルトガル、スペインのようにただ欲しいから、必要だから奪うというものであった。

ところが、幕府は公式には琉球を「独立国」として位置付けている。幕府がどのような性格のものであれ、使節を受け容れることは「通信」(外交)関係をもつことを意味するのだ。幕府が外交関係をもっていたのは、琉球と朝鮮であった。

では、琉球王国が日本に属するようになったのは、いつからなのか。私たち本土の日本人は、このことに全く無頓着ではないだろうか。米軍の事故や米兵の犯罪が発生する度に盛り上がる米軍基地反対運動には、本土から極左と呼ばれる活動家が多数押しかけるのが常であるが、彼らの中にこの素朴な問いに答えられる者は恐らく一人もいないのではないか。極左だけでなく極右勢力も本土メディアも、同様、または似たようなものであろう。

甲子園の高校野球を思い起こしていただきたい。私どもの世代がまだ若者であったいつ頃かまで、沖縄県代表校の選手たちは、出場に際してはパスポートが必要であった。甲子園に出場するには、日本国へ入国しなければならないからである。そのことは、高校野球中継に見入っていたファンも承知していたことであった。

簡潔に言えば、琉球王国を日本領としたのは、明治新政権であった。

明治五（１８７２）年、「王政一新」を祝う「慶賀使」三名が皇居を訪れた。新政権から「朝命」であるとの命令を受けて、「来日」したものである。玉座《ぎよくざ》の明治天皇の前で副島《そえじま》外務卿が天皇の詔《みことのり》を代読した。

「尚泰《しようたい》を琉球藩王となし、華族に列す」

使節たちが困惑し、驚いたことは言うまでもない。琉球王国がいきなり「琉球藩」

となり、国王が「藩王」となったのであるから無理もない。

これが、明治新政権による「琉球処分」の始まりである。明治新政権は、琉球王国の主権を「琉球藩」の名の下《もと》に覆い隠すという巧妙な手法で、これまで日本国天皇とは無縁であった琉球王国を天皇と君臣関係をもつものとして、その位置づけを強硬に押しつけたのである。松田道之《みちゆき》「処分官」が武力を以て首里城の明け渡しを迫り、「琉球処分」を断行したのが、明治十二（１８７９）年のことであった。

その後も琉球の抵抗は続き、清国をはじめ、琉球と独自に「修好条約」を結んでいたアメリカ、フランス、オランダ、加えてイギリスの反撥などもあったが、明治十二年のこの時を基準とすれば、昭和二十年八月までの六十六年間は、琉球は日本国に併合されていたのである。

維新クーデターは、琉球に対して「独立の喪失」と「日本への併合」をもたらしただけであった。しかもそれは、琉球王国の意思とは無関係に断行されたものである。

副島外務卿が唐突に天皇の詔を代読した時、岩倉や大久保、木戸は、岩倉使節団として外遊中であり、留守政府を預かっていたのは西郷であったことを付言しておく。

大東亜戦争敗戦によって、沖縄は米軍の統治下に置かれた。日本に〝返還〟されたのは、昭和四十七（１９７２）年五月である。その時から今日まで約四十六年間、沖縄は日本国の一部である。「琉球処分」という併合から敗戦までの六十六年間を併せて、沖縄が日本領であったのは僅か百十二年に過ぎないのである。私たち本土の日本人は、この事実に無頓着ではないかと言っているのだ。

西郷を育んだ薩摩の背景には、薩摩の財政を支えた密貿易の窓口としての琉球がある。琉球は、薩摩の盾となる役割を負わされていたと言えるだろう。そして、西郷が武力行使の先頭を切ることによって成立した明治新政権は、吉田松陰の唱えた対外膨張主義そのままに琉球を抜き打ち的に併合し、琉球人の「皇民化」を推し進めた。そして、戦後四十六年間、沖縄は米軍基地の島として「日米地位協定」に支配されたまま今日を迎えている。

沖縄の海は、見事に碧《あお》い。この、歴史的に「武」の行使を好まない島には、今日の我が国の抱える問題が、シンボリックに凝縮されている。

百五十年以上に及ぶ日米交渉の歴史を振り返る時、私は三つの事例を比較・検証することを訴えている。

一つは、最初の日米交渉、即ち、林復斎《ふくさい》とペリーの交渉である。二つ目が、岩倉使節団の対米交渉、そして、三つ目が、現在の沖縄のみならず日本を支配している「日米地位協定」である。

どれ一つを語るについても、書籍一巻を以てしても事足りるものではない。これまでの著作と本文を参照していただければ幸いである。

最初の日米交渉とは、ペリー来航時に行われた徳川幕府と米国海軍提督マシュー・ペリーの交渉である。

周知の通り、ペリーは二度に渡って来航しているが、公式に日米交渉がもたれたのはペリー再来航時、即ち、嘉永七（1854）年のことである。日本側交渉団（応接掛）は、全権林大学頭以下五名であった。

林大学頭とは、幕府の官学であった朱子学を正しく継承することを担っていた林羅《ら》山《ざん》を始祖とする林家第十一代林復斎のことで、この日米交渉の直前とも言うべき前年に林大学頭家の家督を継いだばかりであった。

〝鎖国〟という施策は採っていなかったものの、幕府が閉鎖的な対外方針を堅持してきたことは事実であり、従って、幕府には外交を専門に扱う組織は存在しない。当然、今日でいう専任の外交官もいないのだ。強いて言えば、林復斎は学問ができる、だからお前がやれ、といった理由で全権に指名されただけであった。

ところが、この林大学頭が軍人ペリーを相手にして見事な外交交渉を展開し、ペリーが最大の目的としていた通商要求を取り下げざるを得ないほど押し気味の交渉をやってみせたのである。

凡《およ》そ外交という国家行動を考える時、軍事力という背景をもたない外交交渉というものは成立しない。しかし、幕府はまだ海軍力をもっていなかった。一方のペリーは、その海軍力を背景として恫喝《どうかつ》的な交渉を仕掛けている。これは、琉球に対しても同様であった。

例えば、ペリーは対メキシコ戦争を引き合いに出し、具体的に「戦争」という言葉を使って恫喝したが、これに対して林は、まず、

「戦争もあり得るだろう」

と堂々と受け止めてから、冷静に反論する。

結局、この交渉によって締結された日米和親条約（神奈川条約）は、アメリカ側が主張した二十四ヵ条案は簡略に十二ヵ条に圧縮され、幕府は漂流民保護と薪水《しんすい》給与のために箱館、下田二港を開港したが、アメリカの治外法権は一切認めなかったのである。

永い日米交渉の歴史において、日本がアメリカと対等に、或いは対等以上に渡り合ったのは、幕臣によるこの第一回の日米交渉のみであろう。

このことが、この交渉の詳細が明治近代になってから殆ど語られることがない最大

の理由であると考えられる。それほど、その後の日米交渉は、日本にとって惨《みじ》めなものであった。

明治新政権が派遣した岩倉使節団は、その最たるものである。

この使節団に関するこれまでの歴史叙述は、虚飾に満ちている。官軍正史は、幕府が締結した〝不平等条約〟の改定を目的としていたかのように語るが、出発時に岩倉具視《ともみ》にも、大久保利通にも、はたまた木戸孝允《たかよし》にも、それについての強い意思は全く認められない。このことを含めて、岩倉使節団の対米交渉における失態は、本文で述べた通りである。

政府首脳の大半が、成立したばかりの新政府を二年近くも放ったらかしにして「聘《へい》問《もん》の礼」と称する物見遊山の旅。薩摩・長州が、討幕後の青写真を全く描いていなかったことをあからさまに示しているが、新政府の財政状況を考えても、信じられないほど不毛な使節団であった。

先の幕臣林大学頭や、その後の対外交渉において欧米各国と渡り合った川路聖謨《としあきら》、井上清直、岩瀬忠震《ただなり》、水野忠徳、小栗忠順《ただまさ》、木村喜毅《よしたけ》等々の幕臣官僚と比較するのは酷というものであろうが、アメリカに旧幕府とのギャップを印象づけた岩倉使節団の罪は大きい。それは、「明治六年政変」「西南の役」にまで影響を与えているからである。

三つ目の「日米地位協定」。これは、今の私たちがその存在に責任をもつ日米間の〝条約〟である。

昭和二十七（１９５２）年、対日講和条約が発効し、日本はようやく外国軍の占領から形式的には解放されたが、その直前アメリカは日本と日米安全保障条約（旧安保）を締結した。これによって、米軍は、実質的には占領軍の状態と殆ど変わらず日本に引き続き駐留することとなった。この旧安保は、昭和三十五（１９６０）年、新安保に引き継がれたが、その第六条に基づき制定されたのが「日米地位協定」である。この協定は、我が国の法令区分では「条約」に当たる。

ひと言で言えば、これほどの「不平等条約」も珍しい。否、こういう条約が存在すること自体が、信じ難い。沖縄で多発している米軍犯罪が正当に裁かれないのも、すべてこの「不平等条約」が米軍とその関係者を法的に保護しているからである。

例えば、米兵が職場で飲酒して、帰宅途中に事件や事故を起こしても「公務中」と扱われる。これについては、日本側は密約で第一次裁判権さえ放棄しているのだ。

昭和四十九（１９７４）年に発生した「伊《い》江《え》島《じま》住民狙撃事件」では、さすがに在日米軍は「公務外」を認めたが、直ぐさま本国の国務省・国防総省がこれをひっくり返し、事件概要そのものを改変して一次裁判権を日本から取り上げたのである。

更に、米軍機やヘリコプターの事故が相次いでいるが、今では「米軍機事故の現場はすべて米軍管轄地」という拡大解釈がまかり通っている。つまり、日本は、警察力さえ行使できないのである。

そもそも、今現在、何人の米兵が日本に在住しているかという基本的な現況すら日本は正確に把握する「権利」を認められていないのだ。米兵の出入国は、出入国管理法の適用外となっているし、営外居住をする者がいても住民登録は当然行う必要もなく、外国人登録さえ適用外である。

もっと身近な例を出せば、米軍車輛の有料道路通行料は、私たち日本人納税者が負担しているのだ。在日米軍はこの証明書を、私用のレンタカー、果ては米軍関係者の観光旅行にまで乱発しているという現状がある。車については、米軍関係者のみは、本人が「保管場所は基地内」とさえ言えば、他の外国人にも義務づけられている車庫証明は一切不要である。

更に、つけ加える。

米軍関係の無線局のみが、我が国の電波法の適用を受けない。米軍機のみは、航空法による高度規制や迷惑飛行規制の適用を受けない。彼らは、好きなように日本の空を飛びまわることができるのだ。私たちが日頃利用しているＪＡＬやＡＮＡといった民間航空機は、米軍に許可された範囲内でしか航路を設定できない。日本人は、日本の空を米軍に支配され、自由に飛ぶことはできないのである。

更に更に、頻発する米兵による日本女性強姦事件においては、真っ当な裁きを受けることなく、降格などの単なる人事処分だけで済まされているケースが如何に多いことか。軍国日本の時代に「鬼畜米英」という官制キャッチフレーズが盛んに叫ばれたが、このような強姦事件のもみ消し的な処理に対してこそ、「鬼畜米兵」と声を挙げてもおかしくないのではないか。

このような「日米地位協定」という「条約」を「不平等条約」と言わずして何と言うか。その前に、現在の日本国は、果たして「独立国」の要件を満たしているのか。

明治近代（明治〜平成）の政権中枢は、徳川治世下で締結された通商条約などを「不平等条約」として一貫して幕府を蔑《さげす》む材料としてきた。しかし、ここで挙げた三つの日米交渉を簡略にでも比較検証してみれば、それが全く的を外れた歴史認識であることは明々白々であろう。

日米関係、日米交渉の歴史をみるだけでも、今の「明治近代」という時代が、如何にアメリカに隷属することによって成り立っているかが浮き彫りになるのである。このことは、特に沖縄という、日本に併合された島国に顕著に顕《あらわ》れているのである。同時に、改めて徳川政権の対米交渉力、対外交渉力のレベルの高さを思わずにはいられないのだ。

ロシア大統領を長州にまで招き、見事に北方四島に対する経済協力を約束させられるだけで何ら本来の外交成果を挙げられなかった現政権は、「女性活躍」だ、「一億総活躍」だ、「働き方改革」だと麗しいキャッチフレーズだけは、軽々しく賑やかに掲げるが、現在の対米不平等条約に手を付けようという意欲をもっているとは全くみえない。逆に、憲法第九条への自衛隊の明記に躍起となっているが、これは占領軍憲法を固定化、強化するだけで「憲法改正」でも何でもないことは明白である。

さて欧米列強に正面から立ち塞がった幕臣たちは、この貧弱な「明治近代百五十年」をどのような思いでみているであろうか。

「明治百五十年」という虚構の歴史を検証することは、実はさほど難しいことではないのではないか。先ずは維新をなし遂げた偉人とされている人物の「虚」の部分を剥《はが》していけばいいのだ。沖縄について語られる「虚」も剥していかなければならない。歴史の検証にタブーと例外があってはならない。たとえ「大西郷」と雖《いえど》も、虚像は剥さなければならないのである。たとえ内閣総理大臣にまで昇りつめた元老であっても、必要とあらばその墓を暴《あば》く覚悟も時に必要であろう。

まもなく平成という一つの時代の幕が引かれる。私たちは、次の時代をどうデザインしていくのか。しつこく検証の必要性を訴えるのは、明治の轍《てつ》を踏むことなく、有効な青写真を次世代に残す責任があると考えるからに他ならない。

主な参考引用文献・資料

氷川清話　勝海舟（講談社学術文庫 講談社）

幕末外交談（一〜二）　田辺太一（東洋文庫 平凡社）

幕末政治家　福地桜痴（岩波文庫 岩波書店）

京都守護職始末（一〜二）　山川浩（東洋文庫 平凡社）

ペリー提督日本遠征記（上・下）　M・C・ペリー（KADOKAWA）

英国外交官の見た幕末維新　A・B・ミットフォード（講談社学術文庫 講談社）

大君の都（上・中・下）　R・オールコック（岩波文庫 岩波書店）

「鎖国」という外交　ロナルド・トビ（小学館）

岩倉公實記　上巻・中巻・下巻（原書房）

大西郷全集　第一巻・第二巻・第三巻　大西郷全集刊行會（平凡社）

大日本古書　島津家文書（東京大学史料編纂所）

大久保利通文書（七）　大久保利通（東京大学出版会）

西南記伝（下）1　黒竜会編（原書房）
島津斉彬言行録　（岩波文庫 岩波書店）
桐野利秋日記　栗原智久編（ＰＨＰ研究所）
田原坂　西南役連作　橋本昌樹（中央公論社）
松平春嶽全集　松平慶永（原書房）
新訳南洲翁遺訓　松浦光修編訳（ＰＨＰ研究所）
西郷南洲逸話（尚友ブックレット№９収録）　重野安繹（芙蓉書房出版）
有待庵を繞る維新史談
（尚友ブックレット№９収録）　大久保利武（芙蓉書房出版）
逆賊と元勲の明治　鳥海靖（講談社学術文庫 講談社）
明治六年政変　毛利敏彦（中公新書 中央公論新社）
大久保利通　毛利敏彦（中公新書 中央公論新社）
相楽総三とその同志　長谷川伸（講談社学術文庫 講談社）
秩禄処分　明治維新と武家の解体　落合弘樹（講談社学術文庫 講談社）
西郷隆盛伝説の虚実　安藤優一郎（日本経済新聞出版社）
西南戦争と西郷隆盛　落合弘樹（吉川弘文館）

西郷「征韓論」の真相　川道麟太郎（勉誠出版）
西郷隆盛と士族　落合弘樹（吉川弘文館）
西南戦争　西郷隆盛と日本最後の内戦　小川原正道（中公新書　中央公論新社）
西南戦争と西郷隆盛　落合弘樹（吉川弘文館）
勝海舟と西郷隆盛　松浦玲（岩波新書　岩波書店）
西郷隆盛と明治維新　坂野潤治（講談社現代新書　講談社）
西郷隆盛の幻影　森田健司（歴史新書　洋泉社）
明治の国軍創設と兵士の反乱・農民の暴動　山崎善啓（創風社出版）
実録・天皇記　大宅壮一（だいわ文庫　大和書房）
英国公文書などで読み解く江戸無血開城の新事実　（山岡鉄舟研究会）
街道をゆく　肥薩のみち　司馬遼太郎（朝日文庫　朝日新聞社）
街道をゆく　長州路　司馬遼太郎（朝日文庫　朝日新聞社）
街道をゆく　南伊予・西土佐の道　司馬遼太郎（朝日文庫　朝日新聞社）
幕末　五人の外国奉行　土居良三（中央公論社）
幕末外交と開国　加藤祐三（講談社学術文庫　講談社）
遠い崖―アーネスト・サトウ日記抄　大政奉還　萩原延壽（朝日新聞出版）

遠い崖―アーネスト・サトウ日記抄　江戸開城　萩原延壽（朝日新聞出版）
遠い崖―アーネスト・サトウ日記抄　岩倉使節団　萩原延壽（朝日新聞出版）
遠い崖―アーネスト・サトウ日記抄　大分裂　萩原延壽（朝日新聞出版）
遠い崖―アーネスト・サトウ日記抄　西南戦争　萩原延壽（朝日新聞出版）
福澤諭吉著作集　丁丑公論　瘠我慢の説　福澤諭吉（慶應義塾大学出版会）
黒船以降　政治家と官僚の条件　山内昌之・中村彰彦（中央公論新社）
明治維新と幕臣　「ノンキャリア」の底力　門松秀樹（中公新書　中央公論新社）
「朝敵」から見た戊辰戦争　水谷憲二（歴史新書　洋泉社）
廃仏毀釈百年　佐伯恵達（鉱脈社）
神々の明治維新　安丸良夫（岩波新書　岩波書店）
オランダ風説書と近世日本　松方冬子（東京大学出版会）
日本史有名人の身体測定　篠田達明（ＫＡＤＯＫＡＷＡ）
「鎖国」という言説　大島明秀（ミネルヴァ書房）
幕末維新　消された歴史　安藤優一郎（日本経済新聞出版社）
武器と防具　幕末編　幕末軍事史研究会（新紀元社）
国益の検証　日本外交の百五〇年　武田龍夫（サイマル出版会）

ある明治人の記録　会津人柴五郎の遺書　石光真人（中公新書 中央公論新社）
幕臣たちは明治維新をどう生きたのか　樋口雄彦（洋泉社）
明治憲法の思想　日本の国柄とは何か　八木秀次（PHP新書 PHP研究所）
幕末の朝廷　若き孝明帝と鷹司関白　家近良樹（中公叢書 中央公論新社）
「明治」という国家（上・下）　司馬遼太郎（日本放送出版協会）
「昭和」という国家　司馬遼太郎（日本放送出版協会）
この国のかたち（一～六）　司馬遼太郎（文藝春秋）
文明としての徳川日本　芳賀徹（筑摩書房）
文明としての江戸システム　鬼頭宏（講談社）
文明開化　失われた風俗　百瀬響（吉川弘文館）
逝きし世の面影　渡辺京二（平凡社）
「大東亜共栄圏」の思想　栄沢幸二（講談社現代新書 講談社）
「琉球処分」を問う　（新報新書 琉球新報社）
沖縄の自己決定権　琉球新報社（高文研）
琉球フォーラム　vol299　（琉球新報社）
箱館戦争と榎本武揚　樋口雄彦（吉川弘文館）

軍国日本の興亡　猪木正道（中公新書　中央公論社）
坂の上の雲（一〜六）　司馬遼太郎（文藝春秋）
日本人へ　国家と歴史篇　塩野七生（文春新書　文藝春秋）
歴史人口学で見た日本　速水融（文春新書　文藝春秋）
庄内藩酒井家　佐藤三郎（東洋書院）
高松宮と海軍　阿川弘之（中央公論社）
国家なき日本―戦争と平和の検証―　村上兵衛（サイマル出版会）
会津人群像27〜31・33（歴史春秋社）
東大講義録　文明を解く　堺屋太一（講談社）
昭和陸軍秘録　西浦進（日本経済新聞出版社）

本書は講談社文庫のために書下ろされました。

|著者|原田伊織　作家。歴史評論家。京都市生まれ。大阪外国語大学卒。広告代理店でマーケティング・プランニング、コピーライティングやTBS系列「赤いシリーズ」などの番組企画に携わる。2005年私小説『夏が逝く瞬間』(河出書房新社)で作家デビュー。『明治維新という過ち 日本を滅ぼした吉田松陰と長州テロリスト』が歴史書としては異例の大ヒット作となり、「明治維新論争」に火をつけた。本書は、「明治維新三部作」の完結編。主な著書に『三流の維新 一流の江戸』(ダイヤモンド社)、『官賊に恭順せず 新撰組土方歳三という生き方』(KADOKAWA)、『明治維新 司馬史観という過ち』(悟空出版)、『日本人が知らされてこなかった「江戸」』(SBクリエイティブ)、『原田伊織の晴耕雨読な日々 新版 墓場まであと何里?』(毎日ワンズ)などがある。

明治維新《めいじいしん》という過《あやま》ち・完結編《かんけつへん》
虚像《きょぞう》の西郷隆盛《さいごうたかもり》 虚構《きょこう》の明治《めいじ》150年《ねん》

原田伊織《はらだいおり》

2018年6月14日第1刷発行

講談社文庫
定価はカバーに
表示してあります

発行者——渡瀬昌彦
発行所——株式会社　講談社
東京都文京区音羽2-12-21　〒112-8001
電話　出版(03)5395-3510
　　　販売(03)5395-5817
　　　業務(03)5395-3615

Printed in Japan

進行———今井路子(Jプロジェクト)
デザイン—田村美優(Jプロジェクト)
本文データ制作—若松麻子(Jプロジェクト)
印刷———大日本印刷株式会社
製本———大日本印刷株式会社

ISBN978-4-06-511829-0

講談社文庫刊行の辞

二十一世紀の到来を目睫に望みながら、われわれはいま、人類史上かつて例を見ない巨大な転換期をむかえようとしている。

世界も、日本も、激動の予兆に対する期待とおののきを内に蔵して、未知の時代に歩み入ろうとしている。このときにあたり、創業の人野間清治の「ナショナル・エデュケイター」への志を現代に甦らせようと意図して、われわれはここに古今の文芸作品はいうまでもなく、ひろく人文・社会・自然の諸科学から東西の名著を網羅する、新しい綜合文庫の発刊を決意した。

激動の転換期はまた断絶の時代である。われわれは戦後二十五年間の出版文化のありかたへの深い反省をこめて、この断絶の時代にあえて人間的な持続を求めようとする。いたずらに浮薄な商業主義のあだ花を追い求めることなく、長期にわたって良書に生命をあたえようとつとめるところにしか、今後の出版文化の真の繁栄はあり得ないと信じるからである。

同時にわれわれはこの綜合文庫の刊行を通じて、人文・社会・自然の諸科学が、結局人間の学にほかならないことを立証しようと願っている。かつて知識とは、「汝自身を知る」ことにつきていた。現代社会の瑣末な情報の氾濫のなかから、力強い知識の源泉を掘り起し、技術文明のただなかに、生きた人間の姿を復活させること。それこそわれわれの切なる希求である。

われわれは権威に盲従せず、俗流に媚びることなく、渾然一体となって日本の「草の根」をかたちづくる若く新しい世代の人々に、心をこめてこの新しい綜合文庫をおくり届けたい。それは知識の泉であるとともに感受性のふるさとであり、もっとも有機的に組織され、社会に開かれた万人のための大学をめざしている。大方の支援と協力を衷心より切望してやまない。

一九七一年七月

野間省一

東野圭吾 仮面山荘殺人事件
東野圭吾 天使の耳
東野圭吾 ある閉ざされた雪の山荘で
東野圭吾 同級生
東野圭吾 名探偵の呪縛
東野圭吾 むかし僕が死んだ家
東野圭吾 虹を操る少年
東野圭吾 パラレルワールド・ラブストーリー
東野圭吾 天空の蜂
東野圭吾 どちらかが彼女を殺した
東野圭吾 名探偵の掟
東野圭吾 悪意
東野圭吾 私が彼を殺した
東野圭吾 嘘をもうひとつだけ
東野圭吾 時生
東野圭吾 赤い指
東野圭吾 流星の絆
東野圭吾 新装版 浪花少年探偵団
東野圭吾 新装版 しのぶセンセにサヨナラ

東野圭吾 新参者
東野圭吾 麒麟の翼
東野圭吾 パラドックス13
東野圭吾 祈りの幕が下りる時
東野圭吾作家生活25周年祭り実行委員会 東野圭吾公式ガイド（読者1万人が選んだ東野作品人気ランキング発表）
姫野カオルコ ああ、懐かしの少女漫画
姫野カオルコ ああ、禁煙vs.喫煙
平野啓一郎 高瀬川
平野啓一郎 ドーン
平野啓一郎 空白を満たしなさい(上)(下)
平山讓 片翼チャンピオン
百田尚樹 永遠の0《ゼロ》
百田尚樹 輝く夜
百田尚樹 風の中のマリア
百田尚樹 影法師
百田尚樹 ボックス！(上)(下)
百田尚樹 海賊とよばれた男(上)(下)
ヒキタクニオ 東京ボイス
ヒキタクニオ カワイイ地獄

平田オリザ 十六歳のオリザの冒険をしるす本
平田オリザ 幕が上がる
ビッグイシュー 枝元なほみ 世界一あたたかい人生相談
久生十蘭 久生十蘭「従軍日記」
東直子 さようなら窓
東直子 らいほうさんの場所
東直子 トマト・ケチャップ・ス
平敷安常 キャパになれなかったカメラマン(上)(下)〈ベトナム戦争の語り部たち〉
樋口明雄 ミッドナイト・ラン！
樋口明雄 ドッグ・ラン！
平谷美樹 藪の奥〈眠る義経秘宝〉
平谷美樹 小倫敦の幽霊〈居留地同心・凌之介秘帳〉
蛭田亜紗子 人肌ショコラリキュール
樋口卓治 ボクの妻と結婚してください。
樋口卓治 続・ボクの妻と結婚してください。
樋口卓治 もう一度、お父さんと呼んでくれ。
樋口卓治 「ファミリーラブストーリー」
平山夢明 どたんばたん(土壇場譚)〈大江戸怪談〉
平山夢明 魂《たま》豆《どう》腐《ふ》〈大江戸怪談どたんばたん(土壇場譚)〉

町田　康　宿屋めぐり
町田　康　人間小唄
町田　康　スピンク日記
町田　康　スピンク合財帖
町田　康　スピンクの壺
舞城王太郎　煙か土か食い物〈Smoke, Soil or Sacrifices〉
舞城王太郎　世界は密室でできている。〈THE WORLD IS MADE OUT OF CLOSED ROOMS〉
舞城王太郎　熊の場所
舞城王太郎　九十九十九
舞城王太郎　山ん中の獅見朋成雄《しみともなるお》
舞城王太郎　好き好き大好き超愛してる。
舞城王太郎　SPEEDBOY！
舞城王太郎　獣の樹
舞城王太郎　イキルキス
舞城王太郎　短篇五芒星
松浦寿輝　花腐《くた》し
松浦寿輝　あやめ鰈ひかがみ
真山　仁　虚像の砦
真山　仁　新装版 ハゲタカ(上)(下)
真山　仁　新装版 ハゲタカII(上)(下)
真山　仁　レッドゾーン(上)(下)〈ハゲタカIV〉
真山　仁　グリード(上)(下)
真山　仁　ハーディ(上)(下)〈ハゲタカ2・5〉
真山　仁　そして、星の輝く夜がくる
牧　秀彦　裂《れっ》帛《ぱく》〈五坪道場一手指南〉
牧　秀彦　凜《りん》々《りん》〈五坪道場一手指南〉
牧　秀彦　雄《ゆう》飛《ひ》〈五坪道場一手指南〉
牧　秀彦　清《せい》冽《れつ》〈五坪道場一手指南〉
牧　秀彦　美《び》剣《けん》〈五坪道場一手指南〉
真梨幸子　孤《こ》虫《ちゅう》症《しょう》
真梨幸子　深く深く、砂に埋めて
真梨幸子　女ともだち
真梨幸子　クロク、ヌレ！
真梨幸子　えんじ色心中
真梨幸子　カンタベリー・テイルズ
真梨幸子　イヤミス短篇集
真梨幸子　人生相談。
牧野　修　巴亮介漫画原作　ミュージアム〈公式ノベライズ〉
松本裕士　兄弟〈追憶のhide〉
円居　挽　丸太町ルヴォワール
円居　挽　烏丸ルヴォワール
円居　挽　今出川ルヴォワール
円居　挽　河原町ルヴォワール
松宮　宏　秘剣こいわらい
松宮　宏　くすぶり亦《また》蔵《ぞう》〈秘剣こいわらい〉
松宮　宏　さくらんぼ同盟
丸山天寿　琅《ろう》邪《や》の鬼
丸山天寿　琅《ろう》邪《や》の虎
町山智浩　アメリカ格差ウォーズ99%対1%
松岡圭祐　探偵の探偵
松岡圭祐　探偵の探偵II
松岡圭祐　探偵の探偵III
松岡圭祐　探偵の探偵IV
松岡圭祐　水鏡推理
松岡圭祐　水鏡推理II〈インパクトファクター〉
松岡圭祐　水鏡推理III〈パレイドリア・フェイス〉
松岡圭祐　水鏡推理IV〈アノマリー〉

松岡圭祐 水鏡推理V〈ニュークリアフュージョン〉
松岡圭祐 水鏡推理VI〈クロノスタシス〉
松岡圭祐 探偵の鑑定I
松岡圭祐 探偵の鑑定II
松岡圭祐 万能鑑定士Qの最終巻〈ムンクの《叫び》〉
松岡圭祐 黄砂の籠城(上)(下)
松岡圭祐 シャーロック・ホームズ対伊藤博文
松岡圭祐 八月十五日に吹く風
松岡圭祐 生きている理由
松岡圭祐 黄砂の進撃
松島泰勝 琉球独立宣言〈実現可能な五つの方法〉
松原始 カラスの教科書
益田ミリ 五年前の忘れ物
三好徹 政・財 腐蝕の100年
三好徹 政・財 腐蝕の100年 大正編
三浦綾子 ひつじが丘
三浦綾子 岩に立つ
三浦綾子 青い棘《とげ》
三浦綾子 イエス・キリストの生涯

三浦綾子 愛すること信ずること
三浦明博 感染広告
三浦明博 滅びのモノクローム
宮尾登美子 新装版天璋院篤姫(上)(下)
宮尾登美子 新装版 一絃の琴
宮尾登美子 東福門院和子《まさこ》の涙(上)(下)〈レジェンド歴史時代小説〉
宮本輝 ひとたびはポプラに臥す1〜6
宮本輝 骸骨ビルの庭(上)(下)
宮本輝 新装版 二十歳《はたち》の火影《ほかげ》
宮本輝 新装版命の器
宮本輝 新装版 避暑地の猫
宮本輝 新装版 ここに地終わり 海始まる(上)(下)
宮本輝 新装版 花の降る午後(上)(下)
宮本輝 新装版 オレンジの壺(上)(下)
宮本輝 にぎやかな天地(上)(下)
宮本輝 新装版 朝の歓び(上)(下)
宮城谷昌光 俠骨記
宮城谷昌光 夏姫春秋(上)(下)
宮城谷昌光 花の歳月

宮城谷昌光 重耳《ちょうじ》(全三冊)
宮城谷昌光 春秋の色
宮城谷昌光 介《かい》子《し》推《すい》
宮城谷昌光 孟嘗君 全五冊
宮城谷昌光 春秋の名君
宮城谷昌光 子産(上)(下)
宮城谷昌光他 異色中国短篇傑作大全
宮城谷昌光 湖底の城〈呉越春秋〉一
宮城谷昌光 湖底の城〈呉越春秋〉二
宮城谷昌光 湖底の城〈呉越春秋〉三
宮城谷昌光 湖底の城〈呉越春秋〉四
宮城谷昌光 湖底の城〈呉越春秋〉五
宮城谷昌光 湖底の城〈呉越春秋〉六
水木しげる コミック昭和史1〈関東大震災〜満州事変〉
水木しげる コミック昭和史2〈満州事変〜日中全面戦争〉
水木しげる コミック昭和史3〈日中全面戦争〜太平洋戦争開始〉
水木しげる コミック昭和史4〈太平洋戦争前半〉
水木しげる コミック昭和史5〈太平洋戦争後半〉
水木しげる コミック昭和史6〈終戦から朝鮮戦争〉

2018年3月15日現在